世界一やさしい 株の 信用取引の 教科書1年生

ジョン・シュウギョウ

ソーテック社

ご利用前に必ずお読みください

本書は株式売買、投資の参考となる情報提供、技術解説を目的としています。株式売買、投資の意思決定、最終判断はご自身の責任において行ってください。

本書に掲載した情報に基づいた投資結果に関しましては、著者および株式会社ソーテック社はいかなる場合においても責任は負わないものとします。

また、本書は2019年8月現在の情報をもとに作成しています。掲載されている情報につきましては、ご利用時には変更されている場合もありますので、あらかじめご了承ください。

以上の注意事項をご承諾いただいたうえで、本書をご利用願います。

Cover Design & Illustration...Yutaka Uetake

はじめに

私は前作「世界一やさしい 株の教科書 1年生」を通じて、みなさまが投資の本質を理解するのに少しは役に立つことができたと感じています。読者からいただいた多くの評価は「わかりやすい」「実践的」ということでした。と同時に多くの人から続編として望まれていたのは「かぎられた資金をもっと効率的に働かせる方法はないか?」「市場全体が下げていくときに利益を取る方法とは?」などでした。**「すべての要望に応えるのが〝信用取引〟というしくみ」**で、本書はまさしく「信用取引の教科書」です。

信用取引をしたら何かいいことがあるらしい、自分が持っている資金より大きい取引ができるから儲かるといった漠然としたイメージが先行していますが、本書が、しっかりと正しい道を案内します。

メリットばかりが先立つことも危ないことですが、「信用取引は危ないのでやらない」という姿勢も、せっかくのチャンスを逃してしまっている可能性が非常に高いです。

本書の執筆においても基本的な考え方は変わりません。「信用取引のしくみ」と「下げで利益を取る」を両軸に、まず信用取引とは何かを明確に定義し、そのメリットとデメリットをしっかり理解していただきます。裏を返せば、信用取引にまつわる誤解と真実を明らかにします。「**〝信用**

取引はレバレッジが効く〟というのが最大のメリットではない」という「**常識破り**」からはじめます。では何が一番のメリットか？　それは目次を見て本文を読むことへの楽しみにしておいてください。

定義・メリット・デメリットを理解したうえで、その実践に入りましょう。そもそも信用取引はどのようにはじめるのかからスタートし、メリットはどのように生かすか、デメリットはどのようにコントロールするのかを実際の画面を交えながら進めます。これは本書の特徴のひとつで、「**本質の理解と実践を同時に進める、そうでないと理論だけが頭に残り、一歩踏み出すことができなくなる**」のです。

そして最後に、信用取引のしくみを利用して利益を最大化していく方法についてお話しします。ルールの説明だけでもない、うまいメリットばかり並べることでもない、投資の最終目標である「利益をあげる」ことに信用取引は強力な武器になることを実感して、実践できるようになります。

本書を読み終えるころには、「上げでも下げでも、利益を取ることができる」「最大のレバレッジ効果を最小の損失で働かせる」プロ並の投資家に変貌している自分を見つけることができます。プロに変貌して経済的自由、メンタル的な自由を手に入れたあなたに会うことを楽しみにしています。

ジョン・シュウギョウ（J.Jung）

目次

はじめに …… 3

0時限目 信用取引を勉強する前に

01 計り知れない信用取引の魅力 …… 16
❶ 株で勝てるようになってくると、もっともっと勝ちたくなる!
❷ 信用取引の旅に出る前に「信用取引の歩き方」を読みましょう

02 信用取引を勉強する旅の流れ …… 22
❶ 本書の構成をしっかり理解しておけば安心できる
❷ 信用取引の理解 まずはしくみをちゃんと理解するのが大切
❸ 信用取引の実践 口座をつくって、実際に注文してみよう
❹ 信用取引と利益 しくみを使って利益をあげてみよう

❺ プロの技と投資の心得 すべての根底に技と心得あり

1時限目 そもそも信用取引って何?

01 「信用取引」のことをちゃんと知りましょう …… 28
❶ 信用取引って何?
❷ 文字どおり、あなたの「信用」で取引できること
❸ 信用取引でできることを理解しよう

02 信用取引のメリット・デメリット …… 38
❶ 信用取引の概念を覆そう!
❷ 信用取引の魅力❶ 時間のレバレッジとは?
❸ 資金のレバレッジはやはり魅力的なメリット

2時限目 信用取引の流れを理解しよう

01 信用取引のもっと深いところを押さえる …… 46
❶ 信用取引にも種類がある ❷ 取引所がルールを決める「制度信用取引」
❸ 投資家と証券会社間が直接契約するのが「一般信用取引」
❹ 基本は「制度信用」を選ぶ

02 信用取引で買うことを理解する …… 50
❶「信用買い」は、基本的に「現物買い」と同じ
❷ これで早わかり、信用買いの流れ ❸ これで早わかり、信用買いで買った株式を売る

03 信用買いで必要な資金と費用 …… 58
❶ 借りるには費用がかかる
❷ 委託保証金よりも大きな損失は追証で守られる
❸ 代用有価証券 実はもうひとつある追証発生のしくみ
❹ 追証への対応は「おとなしく撤退」

04 信用取引で「売り」からはじめることを理解する …… 66
❶「売り」からはじめるとはどういうこと？
❷ これで早わかり、「信用売り」の流れ
❸ これで早わかり、信用売りで売った株式を買い戻す

05 信用売りで必要な費用とリスク …… 74
❶ 株を借りるのも立派なレンタルなので、レンタル料が発生する
❷ 売りの損失は理論的には無限大！

3時限目 信用取引を実践してみよう

01 信用取引口座を開設して、取引をしてみよう …… 80
❶ 信用取引は現物口座とは別の口座が必要
❷ 信用取引口座の開設のしかた ❸ 信用が関わるので審査が必要
02 委託保証金の入れ方 …… 86
❶ 口座に入金して取引の準備を整える
❷ 資金を入金して、移動させてみよう
03 信用買いで株を買ってみよう …… 94
❶ 基本は現物で買うときと一緒 ❷ 信用買いした株を売るときは「返済」になる
04 空売り（信用売り）で株を売ってみよう …… 102
❶ 空売りの基本ポイントを押さえる ❷ 空売りの実践
❸ 空売りの返済は「買い戻し」になる
❹ 空売りのスタートポイントに残る疑問
Episode 1 信用取引はお金持ちだけの舞台？ …… 112

4時限目 下げでも利益をあげる準備 空売り入門

01 下降相場の4原則を理解する …… 114

❶ 株価が自分の思惑とは違う方向に動くのは自然なこと？
❷ 下げが上げより早い理由
❸ 損失が嫌いだから現れる矛盾した動き
❹ 短期間で資産形成するなら空売りを平行して行う

02 下げの局面と投資家心理 …… 122

❶ 下降相場におけるプロの投資家戦略
❷ 高値に再挑戦⇓下降1回目へ
❸ 下降2回目、ここからプロの投資家による仕掛けがはじまる
❹ 下降3回目・暴落、投げの相場
❺ 下げ止まり・大きなトレンドの転換

Episode 2 本当に振り向いた経験からきた、誰か見てるでしょ？ …… 127

03 下げの局面別投資戦略 …… 128

❶ 局面別に作戦の流れを覚えておく

❷ 高値に再挑戦から下降1回目
利益は小さく、下げのはじまり
❸ 下降2回目
静かにグッと大きな利益をねらう
❹ 下降3回目
パニック相場、最短で大きな利益を
❺ 下げ止まり・大きなトレンドの転換
視点の切り替えが鍵
Episode 3 本物の相場は上げにあり、上げを先に極めよう……134

5時限目 空売りを極める 空売り投資戦略のすべて

01 下降1回目の「空売りポイント」の見つけ方……136
❶ スタートは「逆張り」だから、75日線が上向きでも売る!
❷ 売り建てるポイントの設定のしかた
❸ 売り建てたら、市場が終わってすぐにロスカットの設定をする
Episode 4 のど自慢大会に出なくてもいいですよ……143
02 利益を確定させる「買い戻しポイント」の見つけ方……144
❶ 空売りの利益確定はボリンジャーバンドに尽きる
Episode 5 せっかく分析したのに空売りできない! 空売りができる銘柄は別にある……149

03 下降2回目・3回目の「空売りポイント」の見つけ方 …… 150
❶ 下げで次の波に乗るかは線1本で決まる
❷ 下げ局面におけるトレンド転換線の描き方
❸ トレンド転換線の空売りポイント
Episode 6 ダース・ベイダーとジェダイのライトセーバー対決 …… 157
04 下降の最終局面の見極め方 …… 158
❶ いつまでも下げてはいられない
❷ 慣性が働くことで視点が固定される
❸ 下げ止まったことを確認する3つのポイント
❹ 「テスト売り」と「テスト買い」でトレンドの転換を確認

6時限目 銘柄探しから管理のしかた プロの技大全

01 銘柄の仕入れ方 …… 166
❶ ランキング主義で行こう！
❷ 仕入れ先❶ ランキングは上昇、下降の両方が見つかる宝箱

02 銘柄をポートフォリオで管理する …… 170
❶ 見つけたものはポートフォリオに登録して、全サイクルで作成！
Study 1 「信用銘柄（非貸借銘柄）」は空売りできないから、一方通行になりやすい …… 173

03 「チャートフォリオ」の使い方 …… 174
❶ 仕入れ先❷ 木を見て森も見る「チャートフォリオ」で流れに沿った銘柄をピックアップ
❷ 「チャートフォリオ」を使って同じパターンを検索
❸ ITやツールは万能ではないことを認識しておく

04 ロスカットポイント 困った！を解決するプロの技 …… 182
❶ 入った途端にロスカットポイントをすぎてしまった
❷ ロスカットで最も意識するのは「高値」と「安値」
❸ 買い建てても安値で問題解決
Study 2 教えられたメソッドを実行してもロスカットばっかり 悩みはじめたら、それは成長の証拠！ …… 189

05 買い増しのタイミング …… 190
❶ もっと買っておけばよかった！を解決する「買い増しの理論」
❷ 勢いが増すところにチャンスあり
❸ 勢いが増すことがポイント

06 売り増しのタイミング …… 196
❶ もっと売っておけばよかった！を解決する「売り増しの理論」

❷ 売り増しは買い増しを応用するだけ
❸ 特別に私のトレードの一部始終を大公開します
Episode 7 「利益は思いっきりほしい」と遠慮なく言えますか……200

7時限目 プロの頭をコピーする銘柄選定から利益確定まで

01 勝つための「取引の7ステップ」……202
❶ 「取引の7ステップ」と読者特典について
❷ トレード戦略の7ステップシートの全体像と構成
02 取引概要 市場全体の環境認識から銘柄の選定と分析まで……206
❶ 取引概要の意味と目的
❷ Step1 日経全体の動きを把握する
❸ Step2 気になる銘柄をテクニカル的に選ぶ
❹ Step3 ファンダメンタル分析をして、トレードの根拠を固める
Study 3 「信用評価損益率」を見れば、人間の心理が読める……213
03 取引詳細 トレード戦略の立て方と検証のしかたまで……214

❶ 取引詳細の意味と目的
❷ Step 4 実際に売買戦略を立ててみる
❸ Step 5 売買戦略の検証と戦略の修正のしかた

04 取引後のフォロー 利益を出し続けるためのしくみ …… 226
❶ 取引後のフォローの意味と目的
❷ Step 6 ポートフォリオを管理することで次の一手が見えてくる
❸ Step 7 取引の取引記録、結果と教訓を書こう

05 投資も人生も同じことです …… 234
❶ やれるかぎり実行してほしい
❷ いつだって答えは自分の中にある
Study 4 「信用評価損益率」で天井と底がわかる …… 237

あとがき …… 238

0時限目
信用取引を勉強する前に

信用取引をすぐにはじめたいと思いますが、まずは信用取引についてちゃんと理解しなくてはいけません。でもその前にもうひとつ知っておいてほしいことがあるんです！

01 計り知れない信用取引の魅力

1 株で勝てるようになってくると、もっともっと勝ちたくなる！

株式投資に慣れてきたころ、いくつかのジレンマが私を襲ってきました。

- そもそも資金が少ない ⇓ ある銘柄を買うと、ほかにいい銘柄が見つかっても買えない（見逃した銘柄にかぎってグングン上がっていく） ⇓ もうちょっと資金を増やす方法はないだろうか
- 買って利益をあげることはできる ⇓ 資金が少ない分、利益幅も小さい ⇓ 何とか現状で資金を増やすことができないだろうか
- 市場を見ていると、半分くらいの時間帯は下げている ⇓ 下げているときも利益に変える方法はないだろうか

本書を手に取ったあなたも、おそらく同じことを考えたことがあるでしょう。こういったことを考えているのは、あなただけではありません。自分を「欲深い人間」だと責める必要もありません。

実は、前著「世界一やさしい 株の教科書 1年生」を読んで、ある程度投資に慣れてきた読者、株が上がっているときに利益をつくり出すのには困らなくなった投資家が共通して持つ疑問で、よく寄せられる相談内容なのです。

こんな素晴らしい世界を想像してみてください

- あなたと私が考えているこれらのことがたったひとつの口座で可能になって、しかもとても簡単にできる
- 市場が上げているときも下げているときも、利益をつくり出すことができる
- つまり、1年中、24時間あなたの資金は休むことなく増え続ける
- 銀行にお金を借りに行かなくても、親戚の家を転々と金策で回らなくても、あなたの投資資金が一気に3倍になる
- 資金が3倍になると、上げていても下げていても利益が増えるチャンスは単純に2倍ではなく、9倍以上になる！

この素晴らしい世界に案内してくれるのが「**信用取引**」です。

信用取引のことを知らなくても、私はそれなりに利益をあげることができていました。しかし市場全体が下がるトレンドで、上昇する銘柄を見つけるのが困難なときは、次の上昇トレンドが来るのを待ちながら焦りを感じる普通の投資家でした。

せっかく格好よくサングラスと革ジャンをまとったから、両手に機関銃を構えて打ちまくりたいのに、実際には片手に猟銃を持っているだけで、片手にしか武器を持っていないターミネーターのようなものでした。

信用取引のことがわかった瞬間、ついに、両手に武器を装着できた！　と思いました。

「**株価が上がっているときも下がっているときも、資金の3倍の取引を可能にしてくれる無敵の武器**」、これが私の考える信用取引の定義でありメリットです。

少ない資金で早く資産を形成していきたい個人投資家にとって、信用取引は計り知れない魅力を持っている武器なのです。

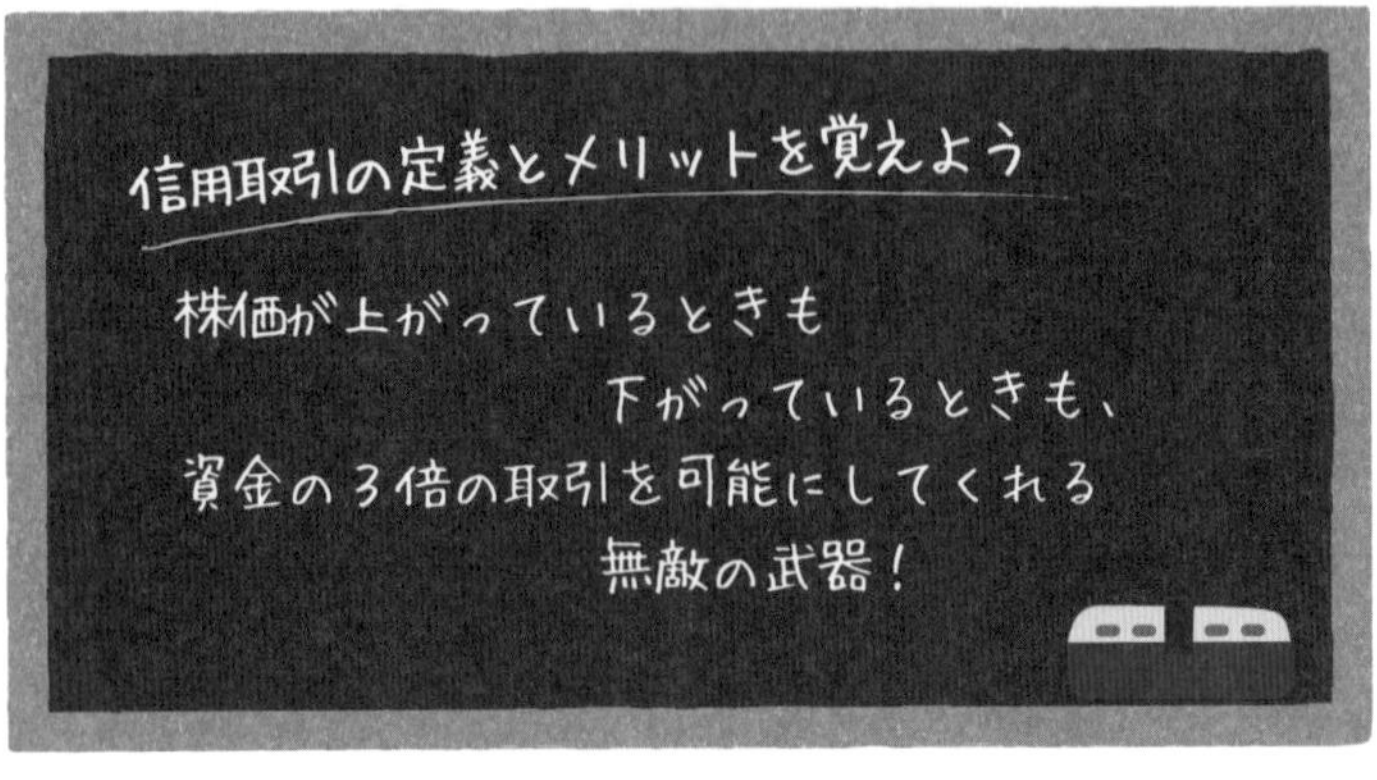

信用取引の定義とメリットを覚えよう
株価が上がっているときも
下がっているときも、
資金の3倍の取引を可能にしてくれる
無敵の武器！

2 信用取引の旅に出る前に「信用取引の歩き方」を読みましょう

強力な武器を求めて、早速旅立ちたくなりましたか？

鼻息荒く証券会社の「信用取引口座の開設」ページに向かうあなた、ちょっと待ってください！　その気持ち、よくわかります。1秒でも早く開設して早速はじめたいでしょう。私もまったく同じ思いでした。焦って、一気に10社くらいの信用取引口座を開くこともしました（今はほとんど使っていませんが）。

しかし、ここでよく考えてみてください。私が今見せたのは、ペナン島の美しいビーチの写真だけです。ビーチの写真だけ見て「あ、きれい！　行きたい、行こう行こう！」と、すぐに荷物をまとめて出かけますか？　さすがにそんなことはないはずです。どうやって行くのか？　注意すべきことはないか？　気温は？　通貨は……こんなふうにいろいろと調べてからにしますよね。

信用取引も一緒です。**「素晴らしいことばかり並んでいるようですが、そのしくみとリスクを理解しておかないと大きな損失につながったり、そもそも信用取引の口座すら開けない場合も」**あります。

え、そんなことがあるの？　証券会社はどんどん口座をつくってほしいんじゃないのと思ってしまいますよね。

ところが、そんなことあるんです。

信用取引は、自分の資金だけで取引するときとは異国の国だと思ってもいいくらい違います。その国を尊重し、決まったルールを理解して守らないと、入国拒否されるのと同じことです。とはいっても、面倒なことや危険な側面ばかり過剰に反応するのも考えものです。

初心者の人に会って話をすると、信用取引に関して意外と誤解をしていて、否定的な見方をする人が多いことに気づきます。

「自分のお金の3倍使えるって、どうせギャンブルでしょ」

「信用取引で大きな損をしてしまった人を何人も知っています」

これでは、「ビーチには泥棒がいるので、ペナン島には行きません」というのと同じ言い方になってしまいます。身を守り、盗難を防ぐ方法をちゃんと知っておかないと、日本だって、世界のどこのビーチだって危ないのは同じです。

「信用取引が危ないのではなく、そのしくみとリスクを理解していない投資家が危ない」だけです。

しくみが危ないのではなく投資家自身が危ないなんて……びっ

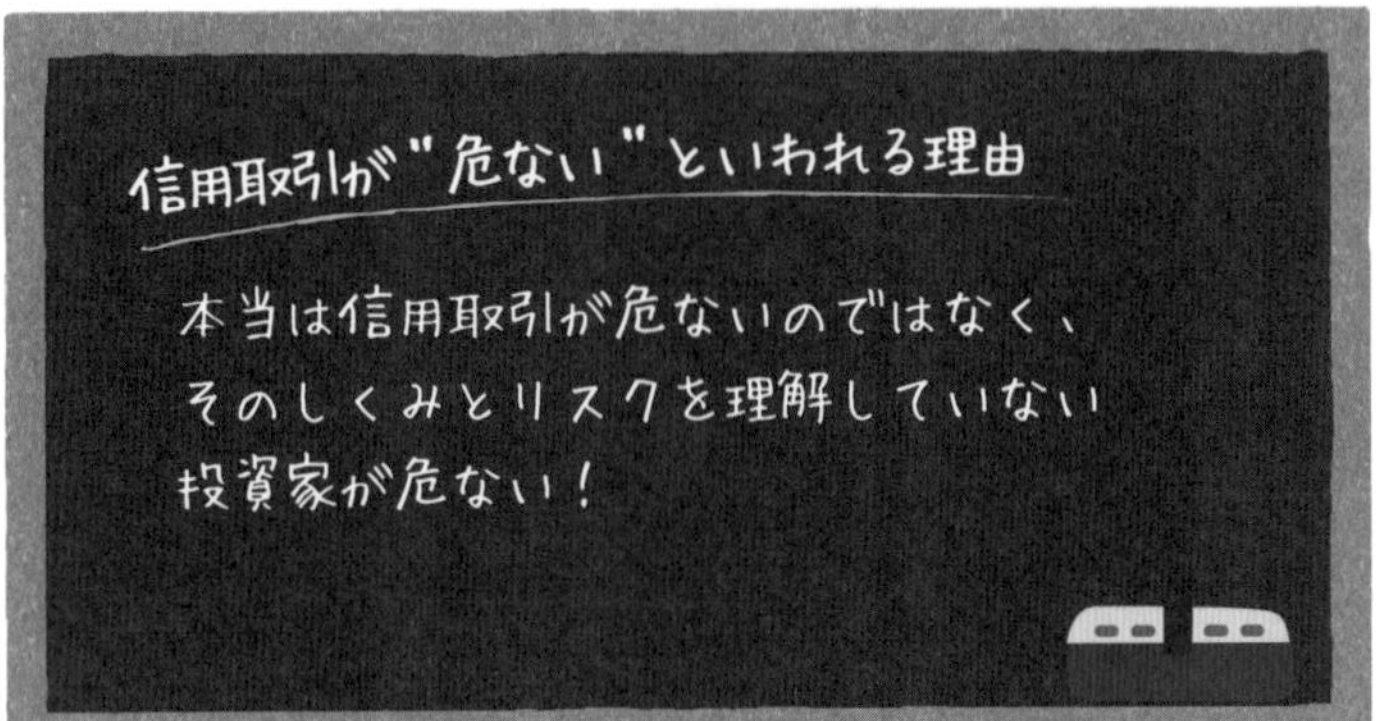
信用取引が"危ない"といわれる理由
本当は信用取引が危ないのではなく、
そのしくみとリスクを理解していない
投資家が危ない！

くりしましたか？　でも、事実です。「信用取引で損をした人」は存在しません。**「信用取引をちゃんと理解していなかった投資家が損を出してしまった」**というのが正しい言い方です。そのためにもまず、信用取引とは何かをちゃんと理解することが必要です。

わかってしまえば簡単で強力な味方になってくれるしくみですが、間違った常識が先行してなんとなく怖いというイメージを持ってしまっているのが現状です。しかし順を追ってじっくり理解することで、その誤解をなくしましょう。

株式投資は危ない、ギャンブルだという認識を持っていたあなたも、そのしくみと正しい使い方がわかったので私のところにたどり着いたはずです。本書が**「素晴らしい世界に安全に導いていく〝信用取引の歩き方〟」**になります。わかるまで何度も読み返して、信用取引を味方につけましょう。夢を実現してくれる強力な武器を使わない手はありません。まずは**「信用取引は私の味方だ」**ということをしっかり頭に入れておいてください。

信用取引のしくみを
ちゃんと理解して
↓
リスクを受け入れる
↓
リターンを得る！
信用取引のしくみを
理解していないと
↓
リスクがわからない
↓
損失を抱える！

02 信用取引を勉強する旅の流れ

1 本書の構成をしっかり理解しておけば安心できる

本格的な話に入る前に、最初に本書の流れを確認しておきましょう。旅行に出発する前に地図で旅先の概要を見るのと同じイメージです。

どのような考え方に基づいて話が展開されるのか、ここは大事な部分なので、面倒くさいと思わずに目を通してください。

本書は大きく4段構成になっています。まず次頁の図を見てください。

2 信用取引の理解 まずはしくみをちゃんと理解するのが大切

最初のパート（1〜2時限目）で、**「信用取引に関する知識がまったくない投資家を対象に、信**

用取引のルールと正しい活用方法」についてお話しします。これが「**信用取引の理解**」部分です。こちらはすべての基礎になる部分なので、経験があるという方もぜひ読んでみてください。今までの常識とは異なる点もあるので、新たな気づきがあるはずです。

3 信用取引の実践 口座をつくって、実際に注文してみよう

2つ目のパート（3〜4時限目）で、「**信用取引の知識をもとに、信用口座の開設から、インターネット画面を使って実際に注文する方法**」についてお話しします。実践がわかったところで、利益をあげるために、株式投資を大きい視点で捉える基礎体力をつけていただきます。これが「**信用取引の実践**」部分です。

特に「**大きな視点を持つ部分は疎かになりがちですが、慌てずに相場に対応する投資家になるためには必須の知識**」なので、ぜひじっくり読んで理解するようにしてください。

● **本書の構成**

信用取引の理解 ▶ 信用取引の実践 ▶ 信用取引と利益 ▶ プロの技と投資の心得

- 信用取引の理解：1〜2時限目
- 信用取引の実践：3〜4時限目
- 信用取引と利益：5〜6時限目
- プロの技と投資の心得：7時限目

4 信用取引と利益
しくみを使って利益をあげてみよう

基礎が整ったところで、残りのパート（5〜6時限目）で、「**株価が下がると利益になる取引である空売りを中心に、下げの局面で利益を生み出すスキル**」をお話しします。ここまでくれば、前著の「上げで利益を出す方法」と組みあわせることで、相場のどんな局面においても利益を出せる投資家になれるようになっています。これが「信用取引と利益」の部分です。すでに信用取引の経験がある人も含めて、実践的に利益をつくり出す方法をお話しします。

チャートと注文画面を交えながら実例をわかりやすく解説することで、経験者も初心に戻るきっかけを提供します。

5 プロの技と投資の心得
すべての根底に技と心得あり

「こうすれば儲かりますよ」といった上手い話ばかりではなく、ロスカットの方法をセットで覚えることで、ブレーキの踏み方がわからない投資家にはならないようにします。

信用取引も絶対に、
ロスカットと一緒に
覚えなくてはいけま
せん。
これは鉄則です。

最後の7時限目は、**「プロのやっている銘柄選定から取引記録、そして投資の心得」**についてお話しします。順番としては最後になっていますが、実は投資を行うにあたって基礎を支える屋台骨の役割を果たす部分です。信用取引の理解から、利益のあげ方がひと通り理解できたところで、**「心を整理する意味でもしっかり読んでください」**。さらに、本書を読み終えたあと、実際の投資を行いながらもう一度このパートを読むと、驚くほど実感が湧いてきます。

いよいよ、出発です

これで大きな地図を渡しました。旅に地図は欠かせないものです。地図を手にしたら次にすることは何でしょうか？

はい、旅に出ることなので、旅先について知っておくことが必要ですね。

- **どんなところなのか？**
- **何が楽しいのか？**
- **楽しいことばかりではなく、どんな危険が潜んでいるのか？**
- **もしその危険と直面してしまったらどうすればいいのか？**

地図を手に入れたからといって、まだまだ慌てちゃダメですよ。せっかく地図を手に入れたんだから、しっかり旅先のことを理解したうえで出発しましょう！

などなど、きちんと準備しておかないと旅先で困ることになるし、異国の地で迷子になることだってあるかもしれません。

いきなりパスポートを持って空港に行く前に、信用取引という旅先についてしっかり理解しておきましょう。

まず1時限目、2時限目で信用取引を理解します。1時限目で「**信用取引の定義とできること・できないこと、メリット・デメリット**」をしっかり理解して、2時限目で「**実際の取引の流れとそれに伴い発生する費用・注意点**」を覚えます。

準備はいいですか？　しっかり地図を持ってついてきてください！

● 1時限目と2時限目の流れ

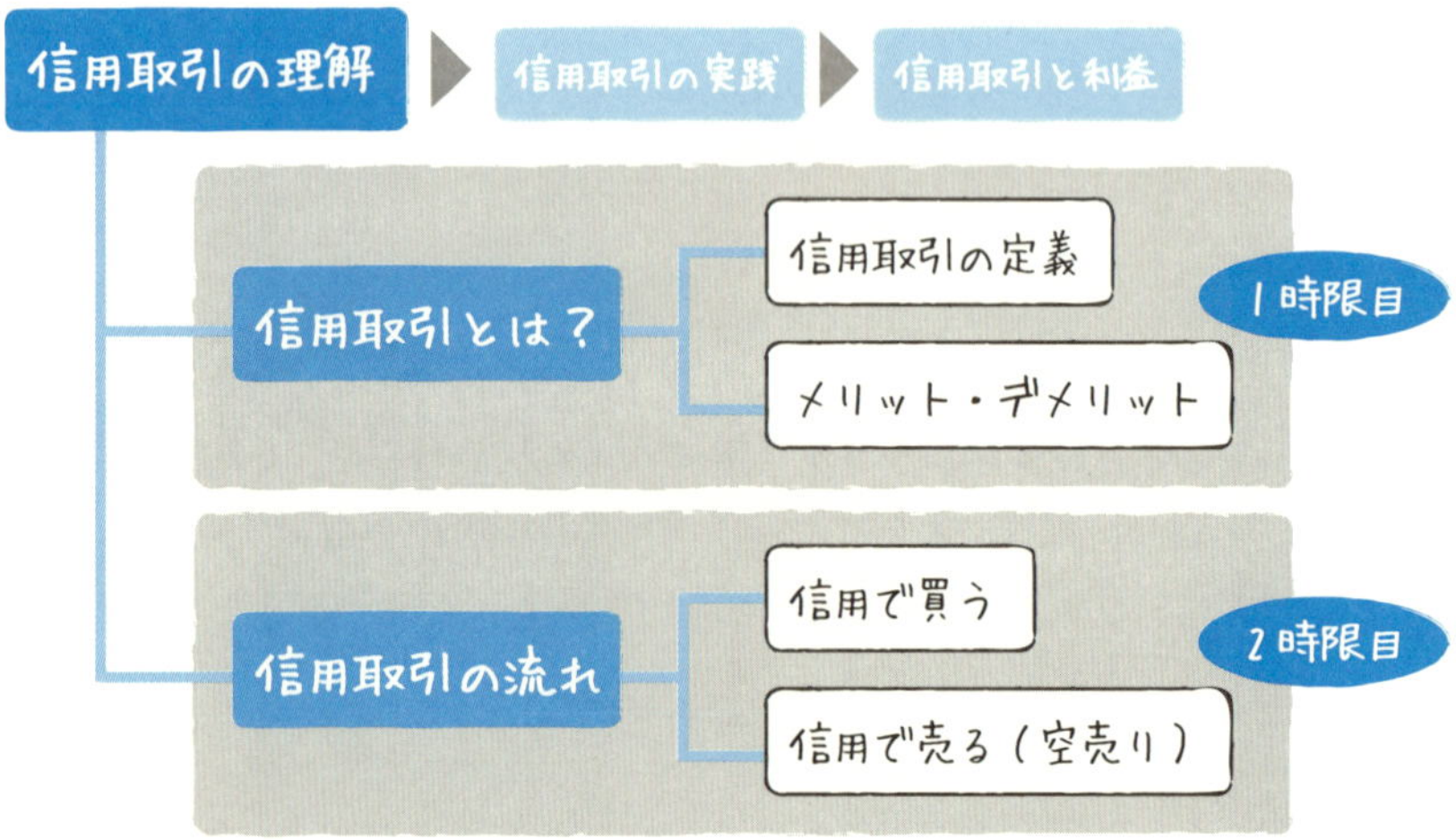

1時限目
そもそも信用取引って何？

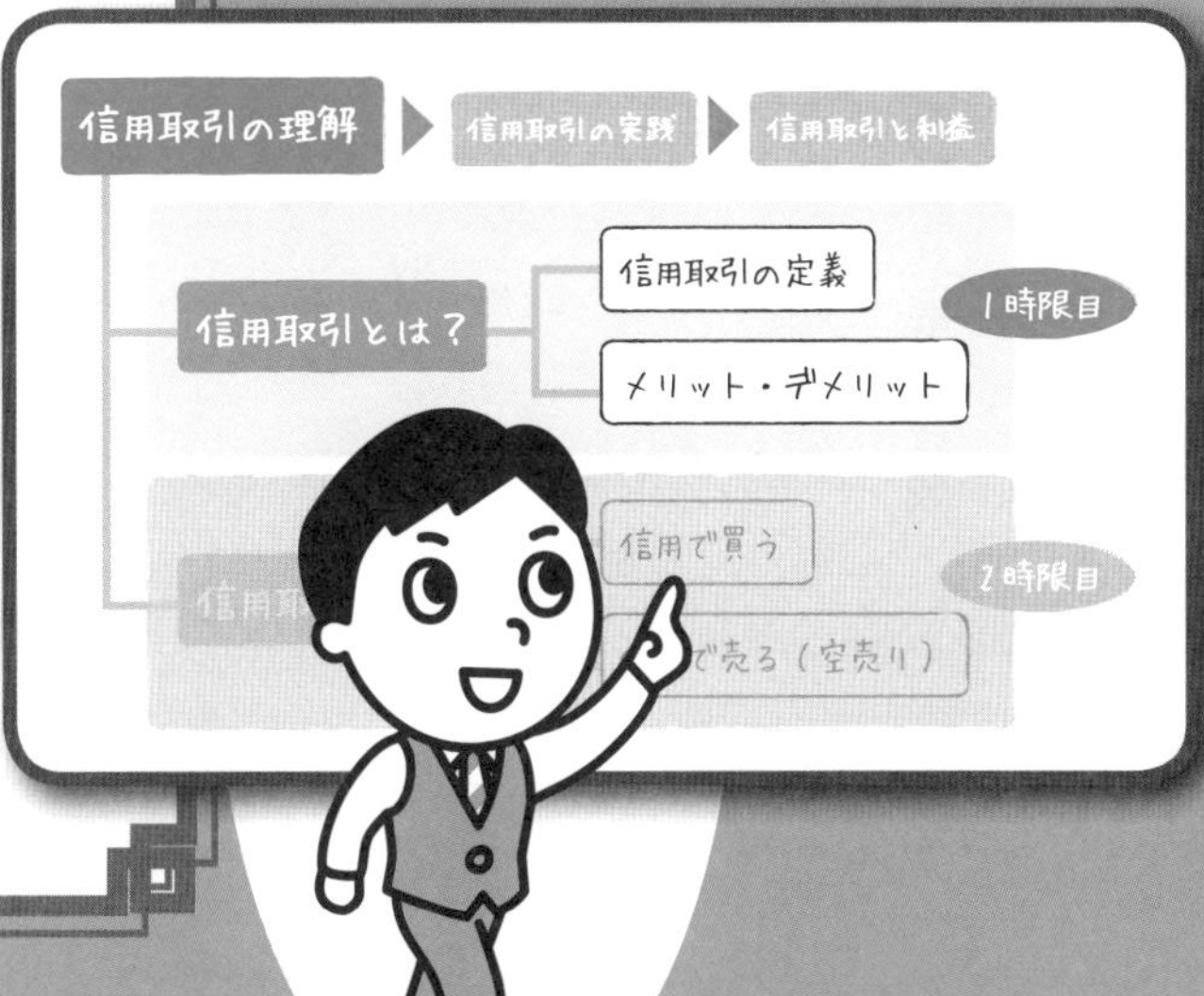
信用取引の理解
信用取引の実践
信用取引と利益
信用取引とは？
信用取引の定義
メリット・デメリット
1時限目
信用で買う
2時限目
で売る（空売り）

01 「信用取引」のことをちゃんと知りましょう

1 信用取引って何？

信用取引でこうすれば儲かるといった話をする前に、そもそも信用取引とは何かを明確にしてみましょう。1時限目では信用取引の定義としくみ、できること、できないことをざっくり理解するところまでを目標にします。

すでに経験があり、もうちょっと詳細なことを期待する人には物足りないかもしれませんが、詳細は2時限目以降にお話しするので少しお付きあいください。

信用取引はひと言でいうと「**あなたの信用で証券会社から資金を借りて、または株式を借りて株を売買する取引**」のことです。

● 信用取引の定義

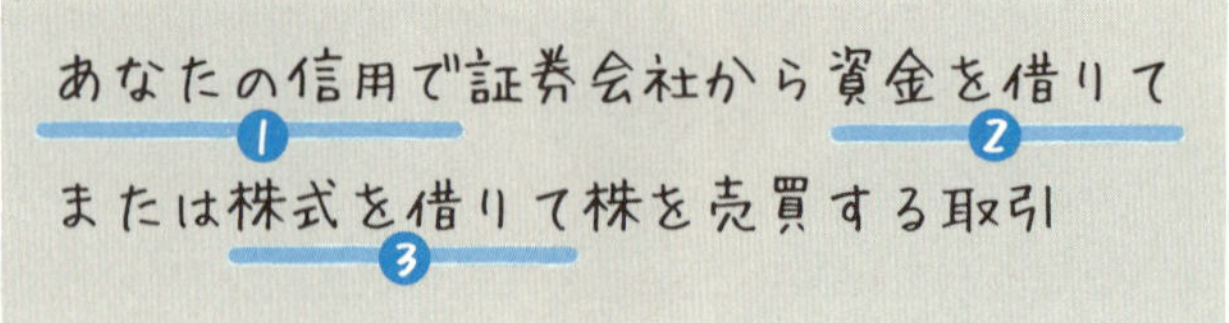

あなたの信用で証券会社から資金を借りて
1
2
または株式を借りて株を売買する取引
3

これが信用取引の最も簡単な定義です。簡単すぎると思わないでください。ここにすべての意味が含まれています。一方、資金を借りることなくすべてを自己資金だけで取引することを「**現**《げん》**物**《ぶつ》**取引**」といいます。信用取引口座を持たない人が行っている取引は、現物取引になります。

とりあえず、信用取引の定義をしっかり頭に入れておいてください。では、もう少し詳しく見てみましょうか。

2 文字どおり、あなたの「信用」で取引できること

信用取引で最も大事なことは「❶**あなたの信用**」です。信用取引という名前はそこから由来しています。あなたの信用を示すために必要なものは何かというと、「資金」や「株式」を借りるための「**担保**」です。

信用取引は、証券会社に担保を差し出して取引を行うことです。「証券会社に差し出す担保を**〝委託保証金〟**《いたくほしょうきん》」といいます。「**委託保証金があなたの信用を証明するひとつの手段**」です。しかし委託保証金など金銭的なことだけが、信用を証明する手段ではありません。では、簡単にあなたの信用を証明する手段についてお話しします。

金銭的なこと以外にあなたの信用を証明するのに必要なことは次の2点です。

Ⓐ身分は確かな人なのか？　確かに存在していて、一定のところに居住している身分の確かな人なのか？

Ⓑ信用取引が行える人なのか？　信用取引というしくみをしっかり理解し、そのリスクを受け入れながら取引を継続する能力があるのか？

難しく考えることはなく、自分がお金を貸すとしたら、どのような観点で人を信頼するのかを考えてみれば、当然出てくる答えです。

Ⓐ身分は確かな人なのか？

まず、一定のところに住んでいなくて、まともな職業もなく、名前も仮名を名乗っているような人物を人として信頼できるかというと、それは難しい話です。証券会社で口座を開設するとき、身分証明書を送ってくださいといわれるのを誰もが経験しているはずです。その理由は、もちろん身分は確かなのかを確認するためです。

証券会社がいろいろ要求してくるので面倒臭いと嫌がる人がたまにいますが、身分の証明は当然やるべきことなので、喜んで送ってあげましょう。面倒臭いというマイナス面で捉えるのではなく、しっかりコンプライアンスを守り、身分のチェックもちゃんとしている証券会社だと、ポジティブに捉えましょう。自分が口座を持っている証券会社が、犯罪者の口座でいっぱいになると考えたらいやですよね？

Ⓑ 信用取引が行える人なのか？

あなたがこの本を読んでいるように、信用取引をはじめるには事前の勉強とある程度の経験が必要です。

自分の取引がどのようなしくみで動き、リスクはどのようにコントロールするのかを理解していない人だったら、お金を貸す側も不安になります。信用取引口座を開く際に、「投資の経験は何年ですか？ 信用取引のしくみを理解していますか？」といった質問項目が入っているのはそのためです。**「本書を読み終わったら、あなたは自信を持って〝理解しています〟と答えてください」**。本書ではそれ以上のことを伝えているので、胸を張って言ってくださいね。だからといって、「ジョンが書けと言いました」などのコメントは証券会社に送らないでくださいね。

委託保証金の金額は最低いくらから？

最後に、担保になる委託保証金の金額についてお話ししておきます。それは担保として何千万、何百万円が必要になるかというと、そんな途方もない大金は必要なく、30万円差し出すことで信用取引をはじめることができるようになります。「**30万円であなたの信用が証明できる**」というのは素晴らしいしくみだと思いませんか？

このように幾つかの必要条件さえ満たせれば、信用を証明することができます。明日からでも自己資金の3倍以上のレバレッジを掛けて取引することができる、これが信用取引です。銀行に行って頭を下げる必要も、菓子折りを持ってあまり会ったこともない親戚のお家に挨拶に行かなくてもいいわけです。素晴らしいしくみですね。

「あれ？〝レバレッジが3倍〟なんて話なかったぞ、何それ？」

大丈夫です。心配しないでください。これからその話をします。

3 信用取引でできることを理解しよう

信用取引が何をするものなのかもわかったし、3倍のレバレッジという話も出てきたけれど、一体何ができるから信用取引と騒がれているのか？ ここでは信用取引でできることをざっくり理解することにしましょう。またできることだけではなく、何ができないのかもここでしっかり理解しましょう。できること、できないことを理解したうえで、各々のメリット・デメリットをお話ししていきます。

できること❶ 自己資金の3倍まで取引ができる

信用取引を説明する際、真っ先に取り上げられるのが、信用取引の定義（28頁参照）の「❷**資金を借りて株を売買する取引**」に該当する部分です。自己資金といいましたが、正確にいうと自分が差し出した委託保証金のことです。つまり「**委託保証金の3倍の金額を証券会社から借りて**

取引できる」ということです。

これは大きなメリットになります。数字で説明すると、50万円を預けたら約150万円分の取引ができるということです。

このように委託保証金の3倍が取引できることを「**3倍のレバレッジを効かせる**」と表現します。レバレッジはテコを意味して、自分が持つ力以上のことができることを指す意味として使われます。

もちろんうまい話ばかりではありません。3倍の資金とはどこからくるのでしょうか？　もちろん証券会社から借りてくるものです。金銭の貸借なので、ただでは貸してくれません。それに相応する金利が発生します。「**金利は年率2％以下で日割り計算されるので、ちゃんとトレンドに乗せて利益が獲得できれば気にするほどの金額ではない**」ので、安心してください。

現物取引には発生しない金利のことに関しては2時限目で詳しくお話しします。

● **信用取引による資金のレバレッジ**

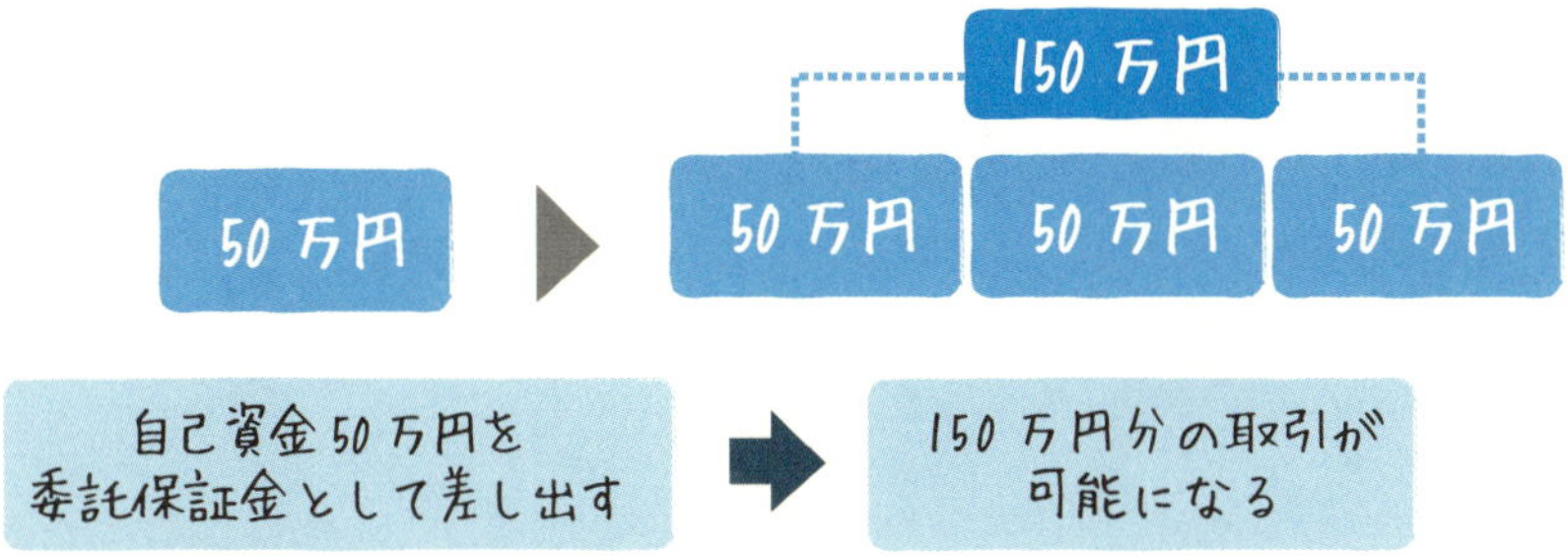
150万円
50万円
50万円
50万円
50万円
自己資金50万円を
委託保証金として差し出す
150万円分の取引が
可能になる

できること② 株式を売ることからはじめられる（信用売り）

投資の初心者に最も難しいことのひとつが、信用売りを理解することです。詳しくは2時限目の「売りからはじめることを理解する」でわかりやすくお話しするので、ここでは、信用取引ならこんなこともできるというくらいの知識で大丈夫です。

簡単にいってしまえば、「**株式を証券会社から借りてきて、市場でその株式を売ることから取引をはじめること**」です。これが信用取引の定義の「**❸株式を借りて売買する取引**」に該当する部分です。

たとえば100円で借りた株を市場で売って、同じ株を翌日に90円で買い取ります。これを普通の買い戻しと区別するために「**買い戻し**」といいます。借りた株式と90円は証券会社に

● 信用売りのイメージ

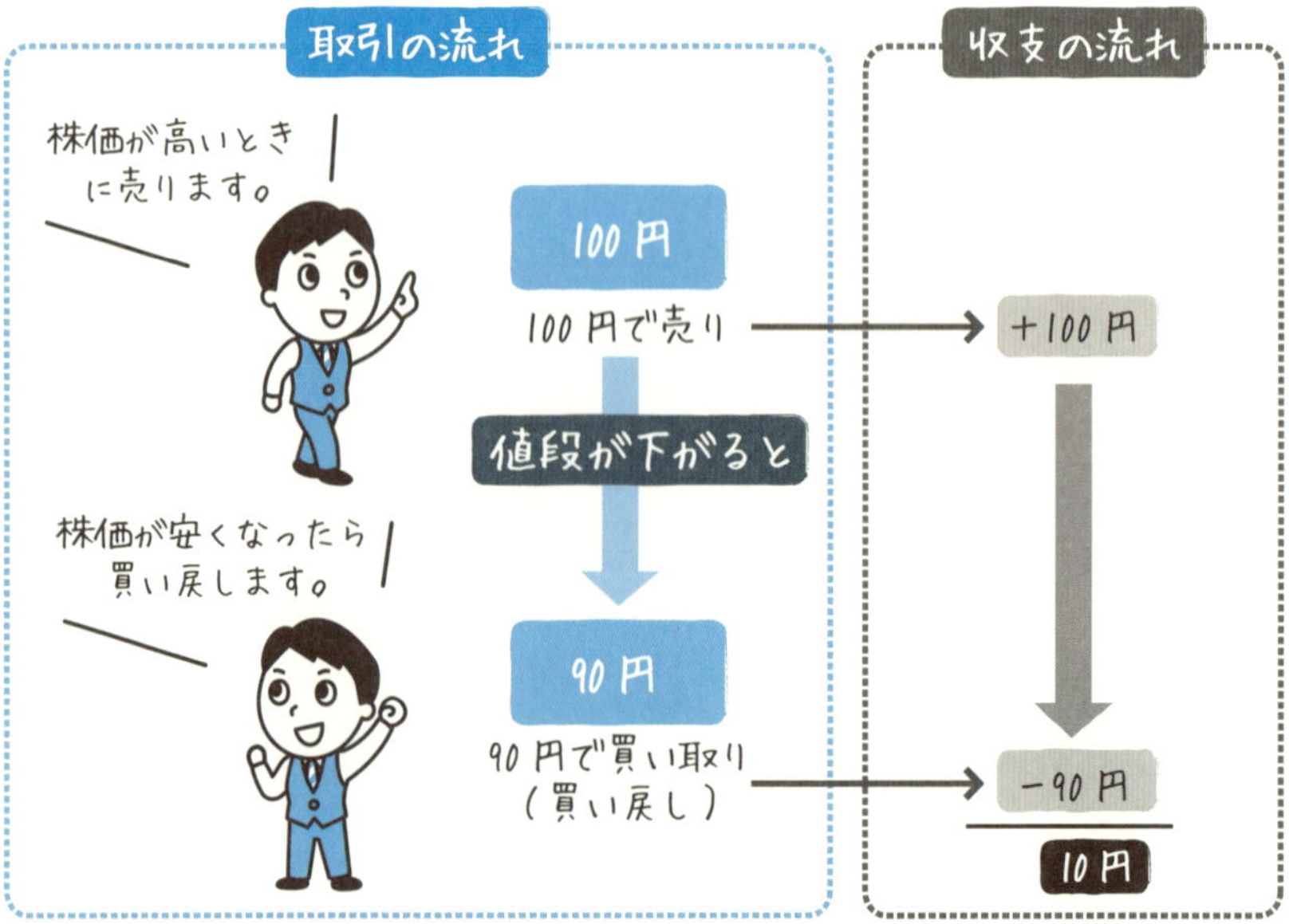

取引の流れ
収支の流れ
株価が高いときに売ります。
100円
100円で売り
+100円
値段が下がると
株価が安くなったら買い戻します。
90円
90円で買い取り（買い戻し）
−90円
10円

返して自分の手元には100円と90円の差額10円が利益として残るわけです。

できること③ 株式の取引がいつでもできる

これは できること② があるからこそ実現できることです。株式を買って利益を得るというのは、株価が上がることを期待する取引です。しかし、市場全体の調子が悪く、何を買ってもほとんど下げてしまう時期というのは存在します。いわゆる下落トレンドというものですが、この時期には買ってもあまり利益は期待できないので、損失を出し続けるか、取引自体を休むことになります。当然働き続けるべき資金は止まったまま、効率が落ちます。最悪の場合は、無駄な損失を重ねることで投資資金が減っていくだけです。

信用取引では、「**下げるときに利益になる信用売りが利用できることで、いかなる局面でも資金は効率的に動くし、休むことなく利益を出し続けることができます**」。これが「**時間のレバレッジ**」です。時間のレバレッジについては次節で詳しくお話しします。

できることばかり並べても中途半端な知識にしかならないので、

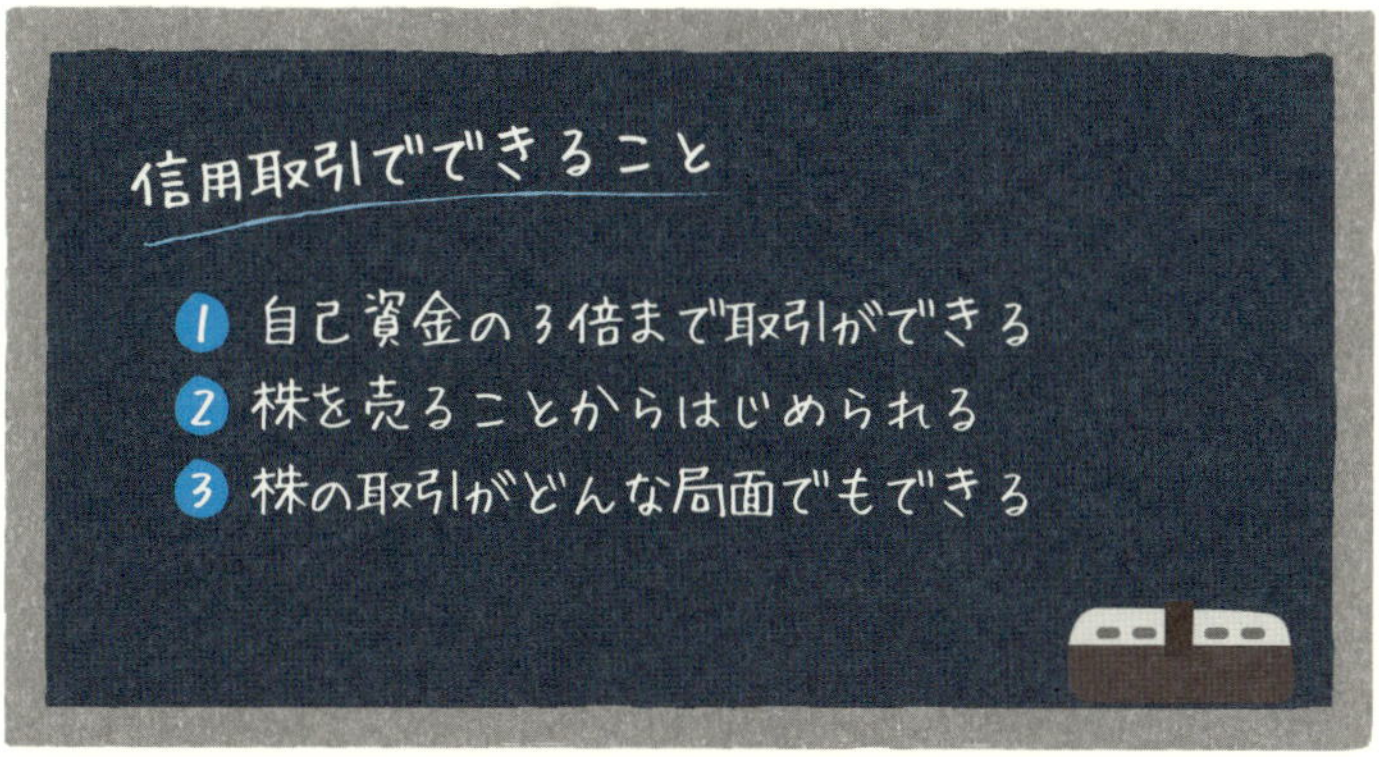
信用取引でできること
1 自己資金の3倍まで取引ができる
2 株を売ることからはじめられる
3 株の取引がどんな局面でもできる

信用取引でできないことも覚えておきましょう。

できないこと❶ 株主優待が受け取れない

日本人投資家は、「**株主優待**」が大好きです。新たに出会う個人投資家の2割くらいは「優待内容のいい銘柄を長期的に持ち続けたい」という傾向を持っています。おもてなしの心が大事にされる日本にしか存在しない株主優待制度なので、このような投資性向は日本にしかない特徴です。しかし「**信用取引で株式を買うための資金は、証券会社から投資家に融資されている**」ため、実際の株式の所有者は投資家の名義にはなりません。よって、「**株主優待は受け取ることができない**」のです。

「**株主優待を目的に長期保有を考えている投資家は、そもそも信用取引で買わない**」ようにしてください。別の言い方をすると、「**信用取引は6カ月以上の取引には向かず、中・短期の投資に向いている**」ということです。

できないこと❷ いつまでも持ち続けることができない

現物取引と信用取引の異なる点は「**期限の有無**」です。現物取引の場合は自己資金で株式を買っているので、いつまでにその株式を売らなくてはいけないという義務がありません。いわば「自分のものなので、売るか売らないかは勝手でしょう?」ということです。

しかし、「**信用取引の場合は、6カ月以内に借りた資金または借りた株式を返済しなくてはいけ**

ない」というルールが存在します。「**制度信用取引**」と呼ばれる証券取引所で決めたルールにしたがって取引する信用取引では、「**返済期限は6カ月**」と決まっています。ですから、損失が発生しても、もう少し待てばきっと戻るはずというように、ずっと持ち続けることはできないのです。

ここではとりあえず、「**信用取引は6カ月という期限が決まっていて、信用買い、信用売り両方に適用される**」ということを覚えておいてください。

信用取引でできること、できないことを見てきました。では、このできること、できないことによって投資家にもたらされるメリットとデメリットは何でしょうか。またデメリットが存在するにもかかわらず、どうして信用取引をする価値があるのでしょうか。

次節で、信用取引のメリット、デメリットを明確にしてみましょう。それくらいわかっているよという人も、あなたが持っている常識とはかなり違うことをお話しするので、必ず目を通してください。

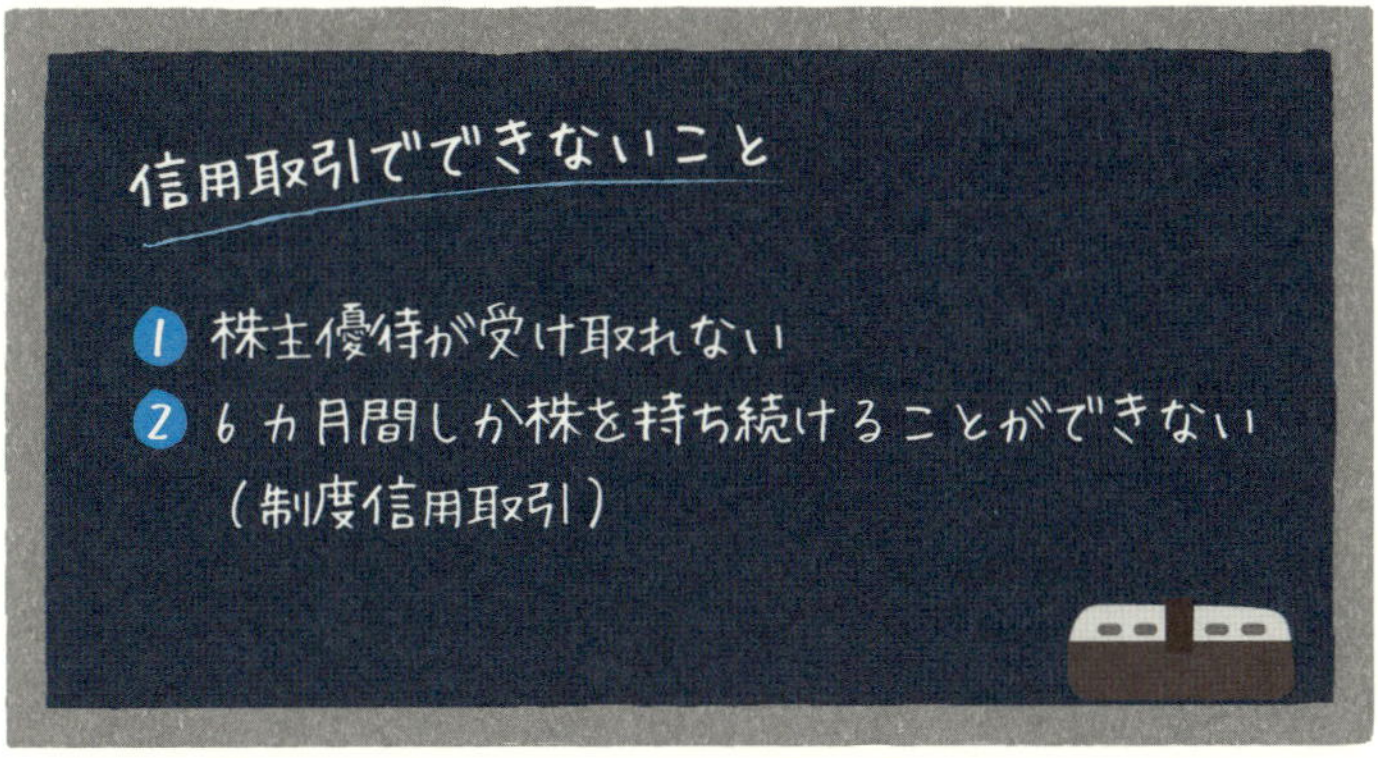
信用取引でできないこと
1 株主優待が受け取れない
2 6カ月間しか株を持ち続けることができない
（制度信用取引）

02 信用取引のメリット・デメリット

1 信用取引の概念を覆そう！

信用取引でできることが理解できたので、ここからは信用取引におけるメリットとデメリットについて詳しくお話しします。前述したように、この部分でも今までの常識とは異なることをお話しするので、経験のある人も飛ばさずに丁寧に読んでみてください。

信用取引の説明をする際、一般的に取り上げられる最初のメリットは「**自己資金の3倍が使える〝レバレッジ効果〟**」です。まず最初に言われるので、これが最大のメリットであるかのように認識されていますが、実は「**信用取引の最大の魅力は〝時間のレバレッジ〟が効くこと**」です。

2 信用取引の魅力① 時間のレバレッジとは？

時間のレバレッジ？　見慣れない言葉が出てきましたが、難しいことではないので安心してください。資金のレバレッジは、自分が持っている資金の3倍を使えることで、利益の大きさを3倍にするチャンスを得ることでした（もちろん反対の場合は、損失が3倍になることを忘れないでください）。時間のレバレッジも同じ概念で、**「自分が利用できなかった時間帯を利用できるようになる」**ことです。しかも、3倍どころではなく、無限大に広がる強力なレバレッジです。

株式市場には上げるトレンドの時間帯と、下げるトレンドの時間帯が存在します。市場はいつも上げているわけではないので、買って利益をあげる一般的なことだけをしていると、市場全体が下げているときはお手上げになってしまいます。これでは持っている時間の半分を失うことになります。

しかし、**「下がるときも利益をあげられる信用売りを活用できるようになると、全時間帯が自分の利益をあげられる時間帯に変わる」**のです。

「**〝信用売り〟のことを〝空売り〟という**」ので、ひとつ覚えておきましょう。

プロはどんな市場でも利益をあげている

「時間のレバレッジというのは2倍じゃないの？　上げだけだったのが、下げも加わって2倍。

無限大にはならないでしょう？」
と思いませんでしたか？　ここからがプロの領域です。そしてこの疑問を解消できたら、プロがいかなる市場状況でも利益をあげられる理由が理解できます。

上げていても下げていても利益が取れるようになると、時間の流れに関係なく利益をつくり出すことができるようになります。時間の流れに順応して考えれば、上げと下げで2倍ですが、「**あえて流れに逆らったこともすると考えれば、チャンスは無限大になる**」ということです。

あえて流れに逆らってこそ無限大になる

上昇トレンドと下降トレンドを組

● **時間のレバレッジ**

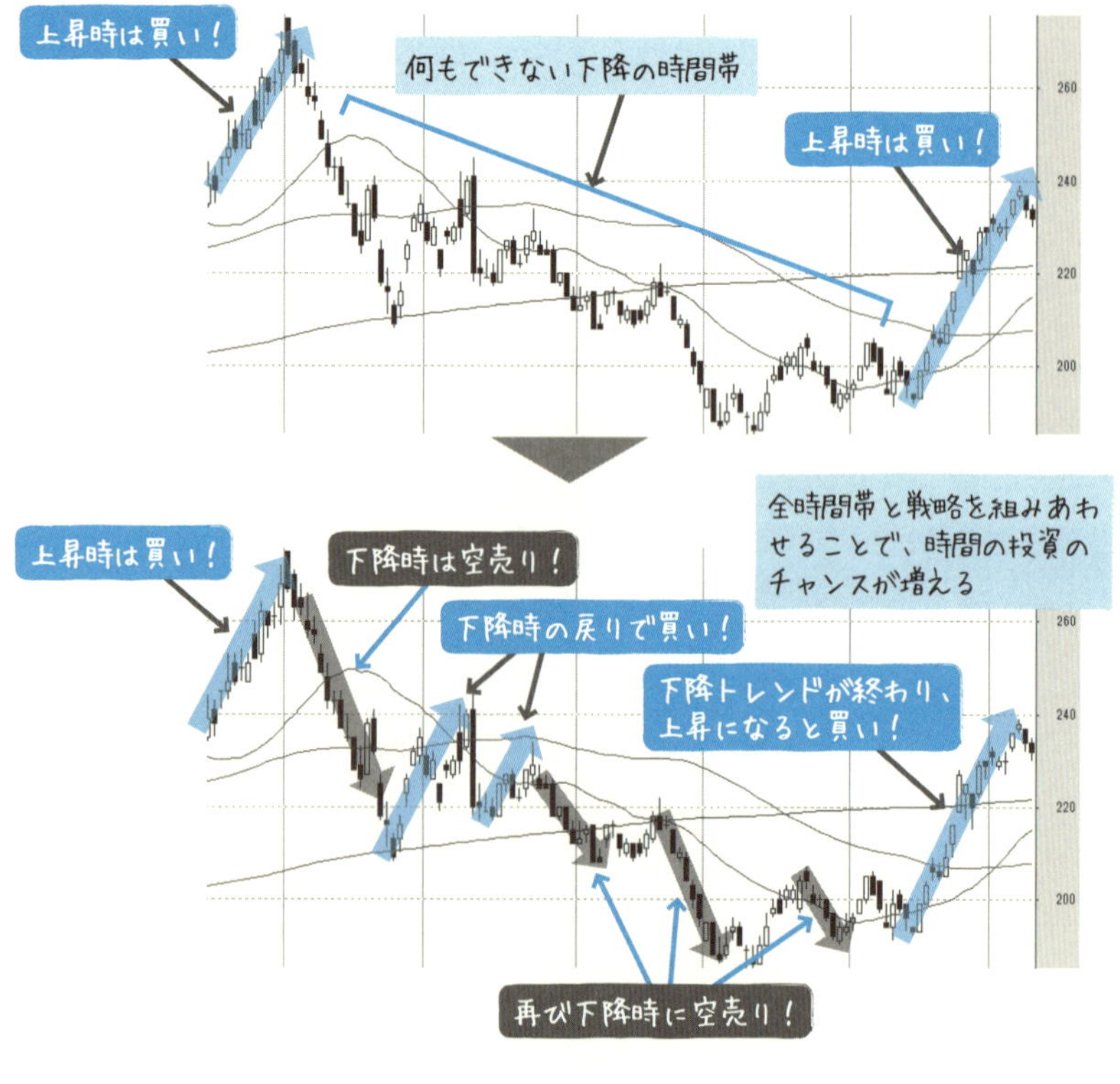
上昇時は買い！
何もできない下降の時間帯
上昇時は買い！
260
240
220
200
上昇時は買い！
下降時は空売り！
下降時の戻りで買い！
全時間帯と戦略を組みあわせることで、時間の投資のチャンスが増える
下降トレンドが終わり、上昇になると買い！
再び下降時に空売り！
260
240
220
200

みあわせることはもちろん、明らかな上昇トレンド中でも、株価が少し調整しているときに空売りで利益を取りにいくこともできます。逆に下降トレンド中に、空売りを持ったまま少し戻る調整のときに買いで利益を取りにいくことができます。

このように、「**流れとは反対のことをする取引のことを“逆張《ぎゃくば》り”**」といいます。逆に、「**流れにしたがう取引を“順張《じゅんば》り”**」といいます。「**順張りと逆張りを組みあわせていくとチャンスは無限大に**」広がります。大変旨味のある話のように聞こえますが、順張りと逆張りを組みあわせてトレードできるようになるには、細かい技術以前に全体のトレンドを読む力が必要になります。全体のトレンドを読む力については4時限目で詳しくお話しします。

ここは見慣れない用語と新しい概念が出てきたので、特典動画でわかりやすく説明します。ぜひ参考にしてください。

特典動画❶ 時間のレバレッジと順張り・逆張りを理解しよう
(http://www.tbladvisory.com/book002)

3 資金のレバレッジはやはり魅力的なメリット

誤解していただきたくないのは、「資金のレバレッジがメリットではない」ということではありません。「**資金のレバレッジは立派なメリット**」です。ここではメリットとしてのレバレッジだけでなく、デメリットとしての側面についても考えてみましょう。

「信用取引は危ない」というのは大きな偏見

信用取引が危ないといわれる要因のひとつが、この資金のレバレッジです。資金の3倍ですから、ちょっとがんばって200万円を差し出すとなると、いきなり600万円という金額を動かせるようになるわけです。これは一歩間違うと大変な損失を被ることになるので、怖くなるのも当然です。損失の可能性だけに着目してしまったら真の意味での使い方がわからなくなってしまうので、「とにかく危ない」という偏見を持ってしまいがちです。

同じ包丁でもシェフの手に渡ると最高のおもてなしの「道具」になりますが、犯罪者の手に渡れば命を脅かす「凶器」になってしまいます。「信用取引は危ない」というのは、「包丁はすべて危ない」というのと同じくらい大きな偏見です。レバレッジを確実にメリットとして働かせる方法を、ぜひ本書を通じて身につけてください。

なんとFXのレバレッジは25倍！

株式の3倍のレバレッジが危ないといったら、世の中には気絶するほどもっと危ないものが存在します。たとえばFXの例を見てみましょう。FXが流行りだした最初のころのレバレッジをご存知ですか？　まともに規制がない中、最大で400倍のレバレッジが利用できるところまで現れました。100万円を担保として出すと、なんと4億円分の取引ができたという意味です。無理なレバレッジで破産する人が続出したので、現在は25倍に規制されています。それでも25倍です。急に株式の3倍がかわいく見えてきませんか？

ここで押さえてほしいポイントは、次の2点です。

> ❶ 資金の3倍を利用できるのはやはりメリット
> ❷ そのメリットは、正しい使い方を身につけるからこそ受けられるメリット

もうひとつメリットについて、必ず言っておかなくてはいけないこと

買いと空売りの両方が使えて、しかも3倍のレバレッジが大きなメリットだと、うまいことだけいって終わる説明をよく見かけます。

● レバレッジは過去400倍の時代も

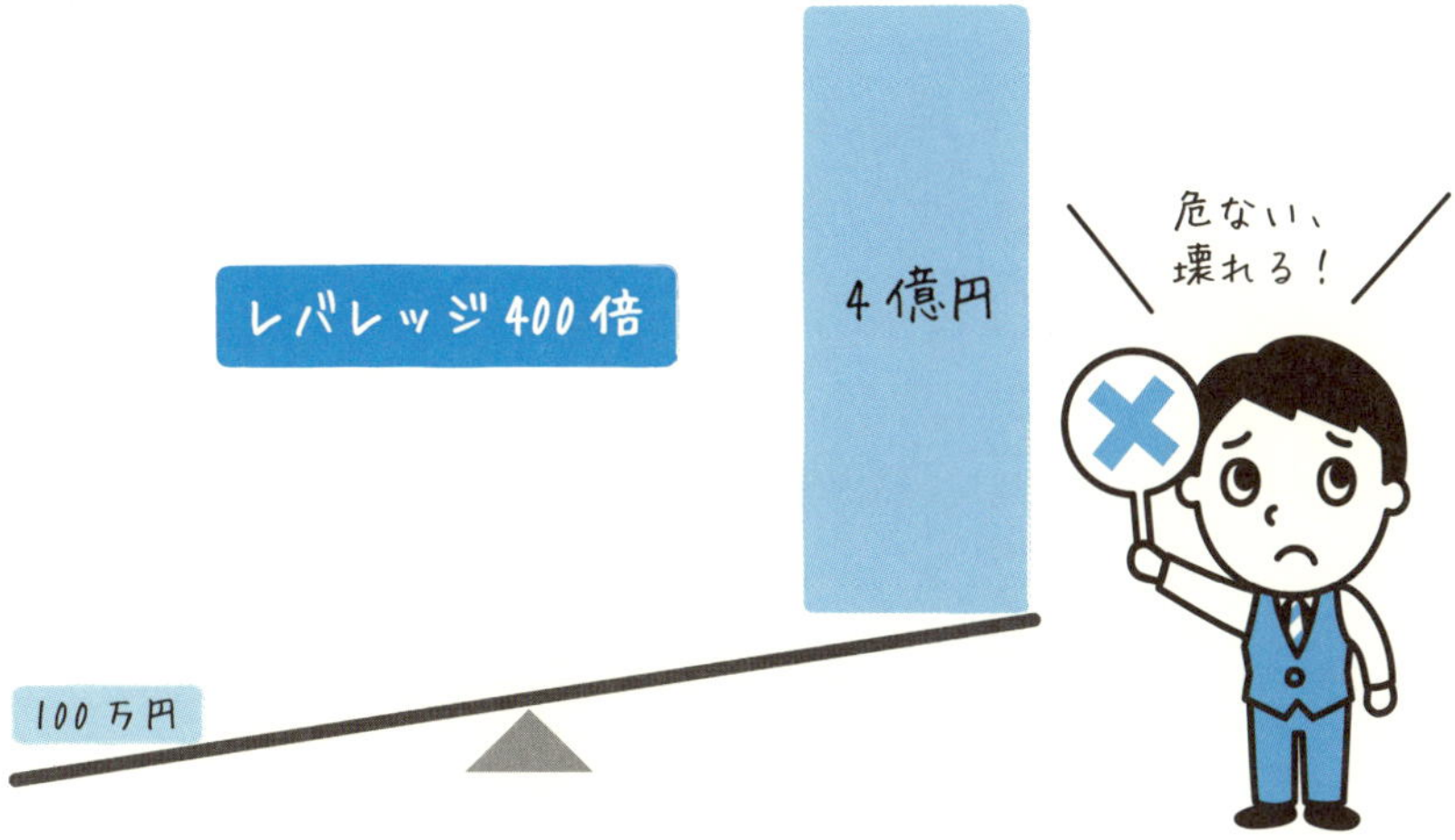

レバレッジ400倍
4億円
100万円
危ない、壊れる！

しかし、現実はまったく逆のことも起こり得るということを必ず覚えておいてください。信用取引をはじめたばかりのセミナー参加者や個人投資家から決まって受ける相談があります。

「せっかく空売りまで覚えたのに、信用買いで入ると株価が下がって、空売りで入ると株価が上がって、両方で損失になります」

これは可能性「0」の話ではなく、両方で損失になる可能性があるということも必ず覚えておいてください。自分の意図と反対に動くと両方で損失になることは理解できましたが、その解決策は？　と聞きたくなりますよね。

最初の答えは「**レバレッジが効くからといって、すべての資金を使わない**」ことです。ここをちゃんとセーブできないのが、個人投資家の持つ大きな問題点のひとつです。「**レバレッジは余裕を持たせて効かせるのがコツ**」です。言葉だけではわかりにくいので、具体的な数字で見てみましょう。

50万円を委託保証金として預けると、150万円分の取引が可能です。しかし、150万円すべてを使うのではなく、ある程度は枠を残しておきます。私の場合、「**最大でも80％以上を超えない**」ようにしているので、150万円なら120万円まで使うというのが目安です。

もうひとつの根本的な解決策は、「**買いでも売りでも損失にならない売買スキルを身につける**」ことです。これができたら簡単なのですが、なかなかそう簡単には身につけられないので、詳しくは4時限目以降で順を追って詳しくお話しします。

2時限目

信用取引の流れを理解しよう

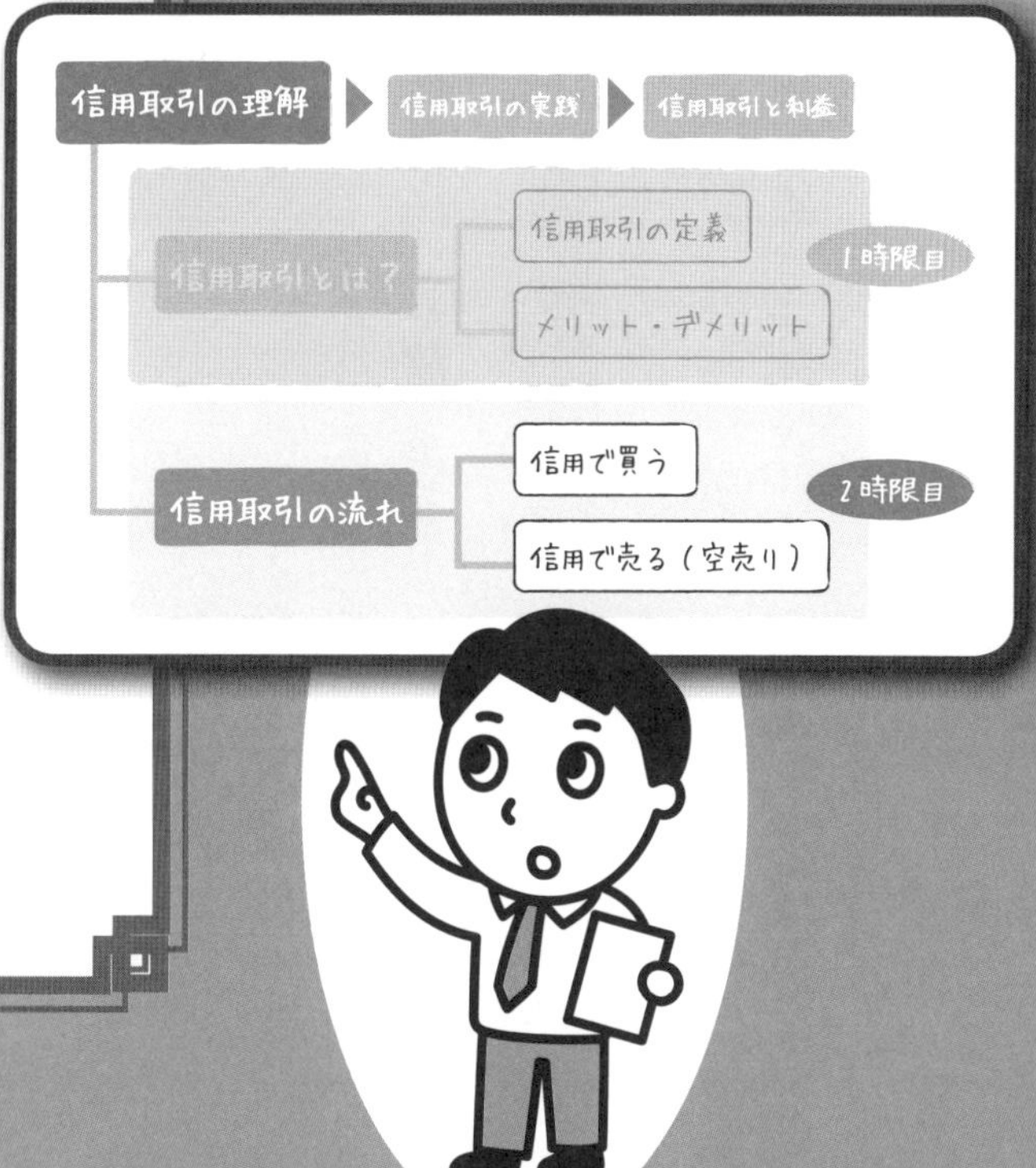
信用取引の理解
信用取引の実践
信用取引と利益
信用取引とは？
信用取引の定義
メリット・デメリット
1時限目
信用取引の流れ
信用で買う
信用で売る（空売り）
2時限目

01 信用取引のもっと深いところを押さえる

1 信用取引にも種類がある

何回も出てきた話ですが、信用取引は投資家のあなたと証券会社間でルールを決めて行う取引です。しかし、市場の公平性を保つためにあなたと証券会社の間に証券取引所が介入してきます。この区別に基づき、信用取引を「**制度信用取引**」と「**一般信用取引**」に分類します。

2 取引所がルールを決める「制度信用取引」

まず、「制度信用取引」のほうがメジャーであるということを覚えてください。「**制度信用取引とは、借りた資金の返済期限、取引できる銘柄など、信用取引にまつわるルールが証券取引所によって決められた取引**」です。よって、制度信用取引で取引する場合は、証券取引所が定めたルールにしたがう必要があります。また、信用取引で売買できる銘柄も「**証券取引所が公表している制度信用銘柄選定基準を満たした銘柄のみに限定**」されます。名前もそのまま「**制度信用銘柄**」といいます。

「制度信用銘柄」は規制ではなくメリット

制度信用銘柄は証券取引所による規制のように見えますが、実は投資家にとってはメリットです。「**厳格な基準を満たし〝制度信用銘柄〟になることは、証券取引所のお墨つきをもらった銘柄になる**」ということです。投資家は制度信用銘柄に投資することで、自分が時間と費用をかけて審査することなく信頼できる銘柄に投資できます。

また信頼性があるので、後述する一般信用取引に比べて貸し出し金利も低くなっていま

● 一般信用取引と制度信用取引のしくみ

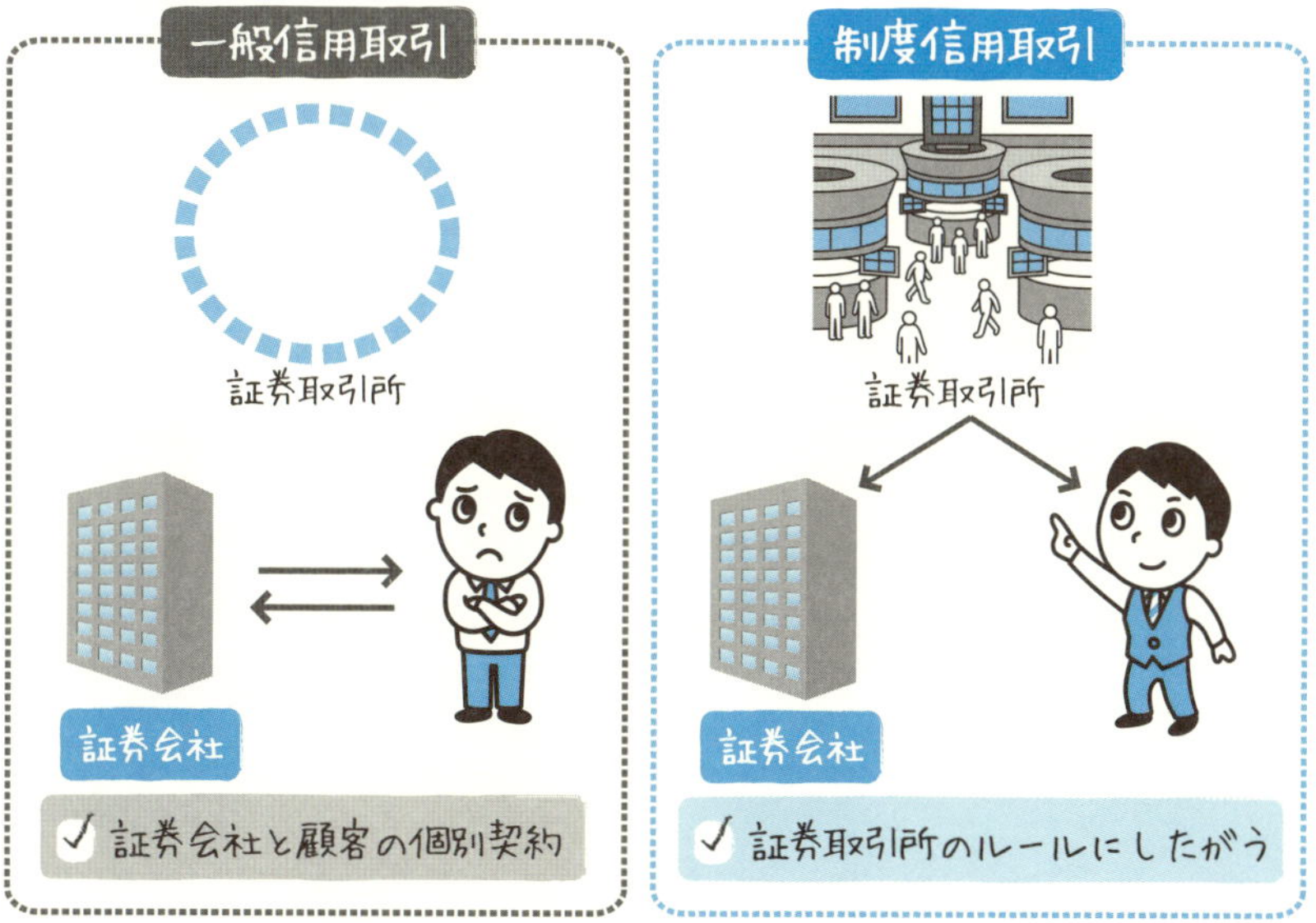
一般信用取引
証券取引所
証券会社
証券会社と顧客の個別契約
制度信用取引
証券取引所
証券会社
証券取引所のルールにしたがう

す。大体の銘柄はこのしくみで取引できるので、本書も制度信用取引を中心に説明します。

3 投資家と証券会社間が直接契約するのが「一般信用取引」

一方、証券取引所が介入することなく、証券会社と投資家が直接取引する信用取引を「一般信用取引」といいます。証券会社と投資家の間の契約なので、「**証券会社が決めた銘柄はすべて取引できるうえ、金利や返済期限なども証券会社によって決められている**」のが特徴です。

制度信用銘柄以外の銘柄が取引できるのはひとつのメリット

特に制度信用では取引できない新規上場銘柄（ＩＰＯ銘柄）も、証券会社が取引可能にしている場合は取引できるので、大きなメリットになります。

しかし、制度信用のように一定の基準を満たして検証された銘柄だけではないので、不安定な銘柄も含まれている可能性があることを覚えておいてください。返済期限も制度信用とは異なり、「**6カ月の返済期限という縛りはなく**」、返済期限が無期限という銘柄も多く見られます。しかし、「**返済期限が長くなる分、貸し出し金利が高くなるというデメリットもある**」ことを忘れないでください。

4 基本は「制度信用」を選ぶ

信用取引をはじめたばかりのまだ慣れていないうちに実際の取引を行う場合は、「**特別な理由がないかぎり〝制度信用取引〟を選ぶ**」ようにしてください。

信用取引の基本の中で、買い・売りを共通して押さえるべきポイントはこれでカバーできました。ここからは信用取引の2つの軸、「**信用取引で買う**」ことと「**信用取引で売る**」ことについて具体的に学んでいきます。

初心者は迷わず
「制度信用」を
選びましょう！

● **一般信用取引と制度信用取引の比較**

項目	一般信用取引	制度信用取引
意味	証券会社と投資家間の取引	取引所によって決められたルールで取引
取引対象銘柄	証券会社が選定する全銘柄	取引所が選定する制度信用銘柄
金利	証券会社によって異なり、制度信用取引に比べて高めの設定	証券会社によって異なり、一般信用取引より低めの設定
返済期限	原則無制限か証券会社が決める	6カ月

02

信用取引で買うことを理解する

1 「信用買い」は、基本的に「現物買い」と同じ

現物取引の場合、基本的な投資の方法は自分の資金で株式を買って、株価が上がったら売ってその利ざやを取ることです。つまり「**自分の資金で値上がり利益を期待する取引**」をすることになります。一般的に株式取引というと、ほとんどの投資家が思うイメージがこの現物取引です。

信用取引の基本も値上がりで利益を期待する「信用買い」です。現物買いとの違いは、資金を借りて株式を買うことになるので、「**金利・管理料など別途の費用がかかる**」ということです。

また制度信用の場合、一般信用または現物取引との決定的な違いは返済期限があるということです。「**買いの注文が成立（約定といいます）してから、6カ月以内に売りの注文を出して、株式を売って借りた資金を返済する**」必要があります。6カ月をすぎても何もしない場合は、証券会社のほうで強制的に株式を売って（これを「**反対売買を実行する**」といいます）資金を回収しま

す。

住宅ローンを返済しなかったら、銀行が担保の住宅を差し押さえ、売却して資金を回収するのと同じことだと思ってください。

2 これで早わかり、信用買いの流れ

信用買いのざっくりしたしくみを理解したので、実際の流れがどうなるのかをお話しします。流れの中で信用取引特有の概念と用語も一緒にお話しするので、ここで押さえるようにしましょう。

まず、信用買いをはじめるプロセスです。次頁の図を見ると知らない用語も並んでいますが、❶から❺までのプロセスの中でお話しするので、心配しないでください。

なおここでは、すでに信用取引の口座を開設して取引可能な状態になっているという前提で話を進めます。信用取引口座開設がまだできていないという人も、3時限目でお話しするので、こちらも心配無用です。

❶ 担保（委託保証金）を預けて注文可能な状態にする

信用取引口座に委託保証金を預けて、信用取引による注文ができる状態にしておきます。

❷ 銘柄を選別したら、買いの注文（買い建て注文）を出す

買う銘柄が決まったら、買いの注文を出します。買いの注文は現物で買うときとほとんど一緒ですが、「これは信用で買います」という意思表明が必要になります。意思表明のしかたは3時限目でお話しします。

ここで信用取引の用語をひとつ覚えてください。信用で買う注文を出すことを「**買《か》い建《た》て注文**」といいます。これは現物取引では出てこない用語なので、覚える必要があります。

例 証券番号9984ソフトバンクの株式を100株買い建て注文する

❸ 証券会社が注文を受けつけ、市場に注文を出す

証券会社は買い建て注文を受けつけたら、証券取引所に注文を出します。この株式の購入代金は、委託保証金に基づいて証券会社が出すことになります。

● 信用買いの取引の流れ

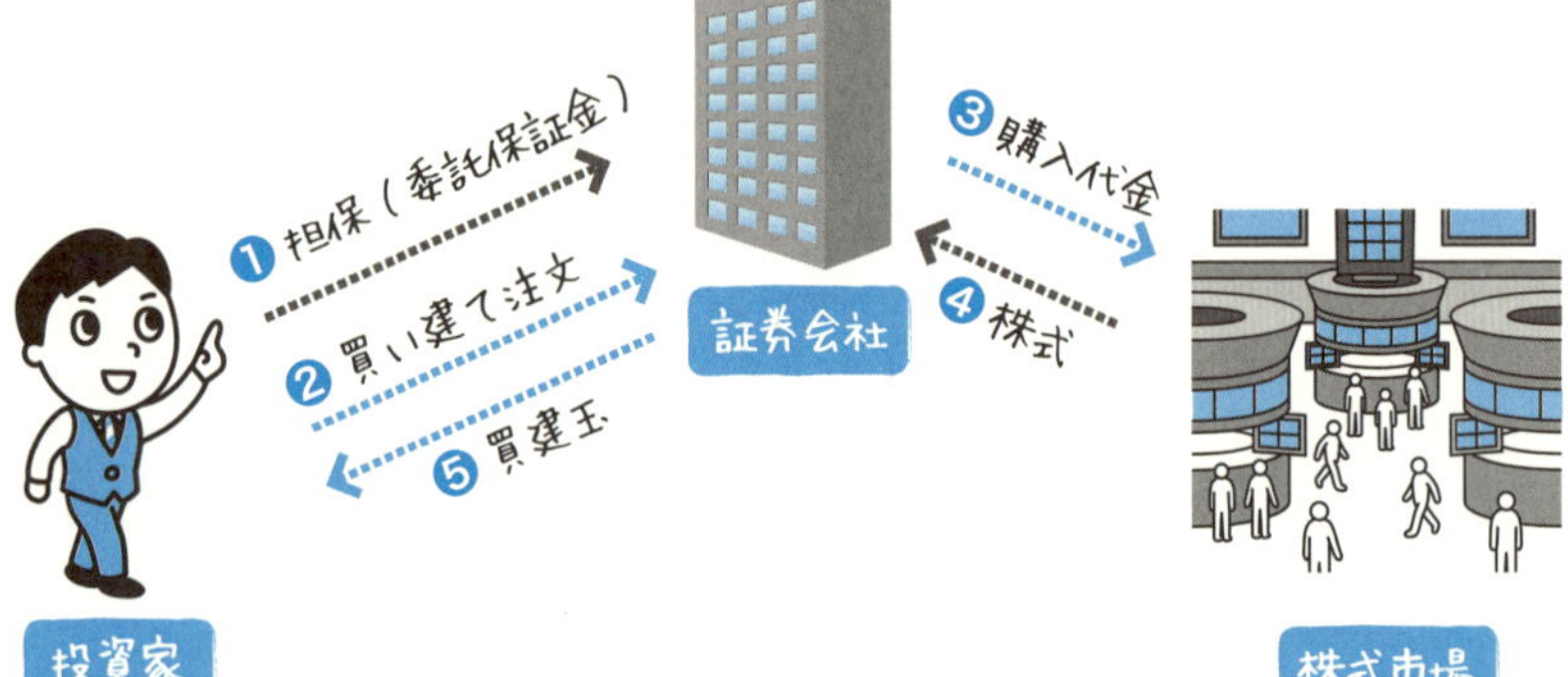

❶ 担保（委託保証金）
❷ 買い建て注文
❺ 買建玉
証券会社
❸ 購入代金
❹ 株式
投資家
株式市場

❹ 注文が成立して証券会社に株式が渡される

買いの注文が成立すると、株式（現在は電子化されているので、実際は株式のデータ）が証券会社に渡されます。ここでのポイントは「**買い建てた株式は証券会社に渡され、投資家には渡されない**」ということです。では、投資家はどうやって自分が買い建てをしているとわかるのでしょうか？　それが次のステップです。

❺ 証券会社が買い建てしているという印をつけてあげる

証券会社は株式を投資家に渡す代わりに、「あなたはソフトバンクの株式１００株を信用で買っています」という印をつけてくれます。これを「**買建玉**《かいたてぎょく》」といいます。「かいたてたま」とは読まずに、「かいたてぎょく」と読むことに注意してください。

このように信用で買った株式を保有していることを「買建玉を持っている」または「買建玉のポジションを持っている」といいます。

● **信用買いと現物取引の言い方の違い**

	現物取引	信用取引
株式を買う	買いの注文を出す	買い建ての注文を出す
株式を買った	株式を買って持っている	買建玉を持っている

例　証券番号９９８４ソフトバンクの買建玉１００株を持っている

難しいですか？　大丈夫です。何回か実際の取引をしてみると自然に覚えてくるので、安心してください。実際の取引をはじめても混乱するときは、必ずここに戻ってきてもう一度確認してください。文章で読むと難しい気もしますが、要は現物取引と違う言い方をするというだけなので、比較しながらまとめてみましょう。

信用買いのプロセスを特典動画でわかりやすくまとめました。ぜひ参考にしてください。

特典動画②　信用買いの取引の流れ
(http://www.tbladvisory.com/book002)

3　これで早わかり、信用買いで買った株式を売る

次のステップは、買っている株式を売ることです。6カ月の期限が来て売るのはもちろん、期限前にも目標にした利益の金額に達した、またはロスカット（損失限定）ポイントに来た場合にも売ることができます。ここで、売るときの言い方が異なる点も覚えてください。現物で買って、売りに出すときは「売却」「売り」と言いますが、信用の場合は借りた資金で買った株を売って返

すことになるので、「売り注文」ではなく**「返済の売り注文」**といいます。

では、信用買いの返済の流れを説明します。

❶ 返済注文を出す

投資家は持っている信用買いの株式（買建玉）が期限になる前でも売りに出せます。これを「返済注文を出す」といいます。3時限目で実際の画面を見ながらお話ししますが、信用の買建玉には「売却」という注文方法は存在せず**「返済注文」**という名前だけがついています。

❷ 証券会社が株式の売却注文を出す

返済注文を受けつけた証券会社は、株式市場に売りの注文を出します。市場で買いと売りの注文が一致すると、売買が成立するのは現物と同じです。

❸ 売却代金が証券会社に入ってくる

売却注文が成立すると、売買代金が証券会社に入ってきま

● 信用買いの返済の流れ

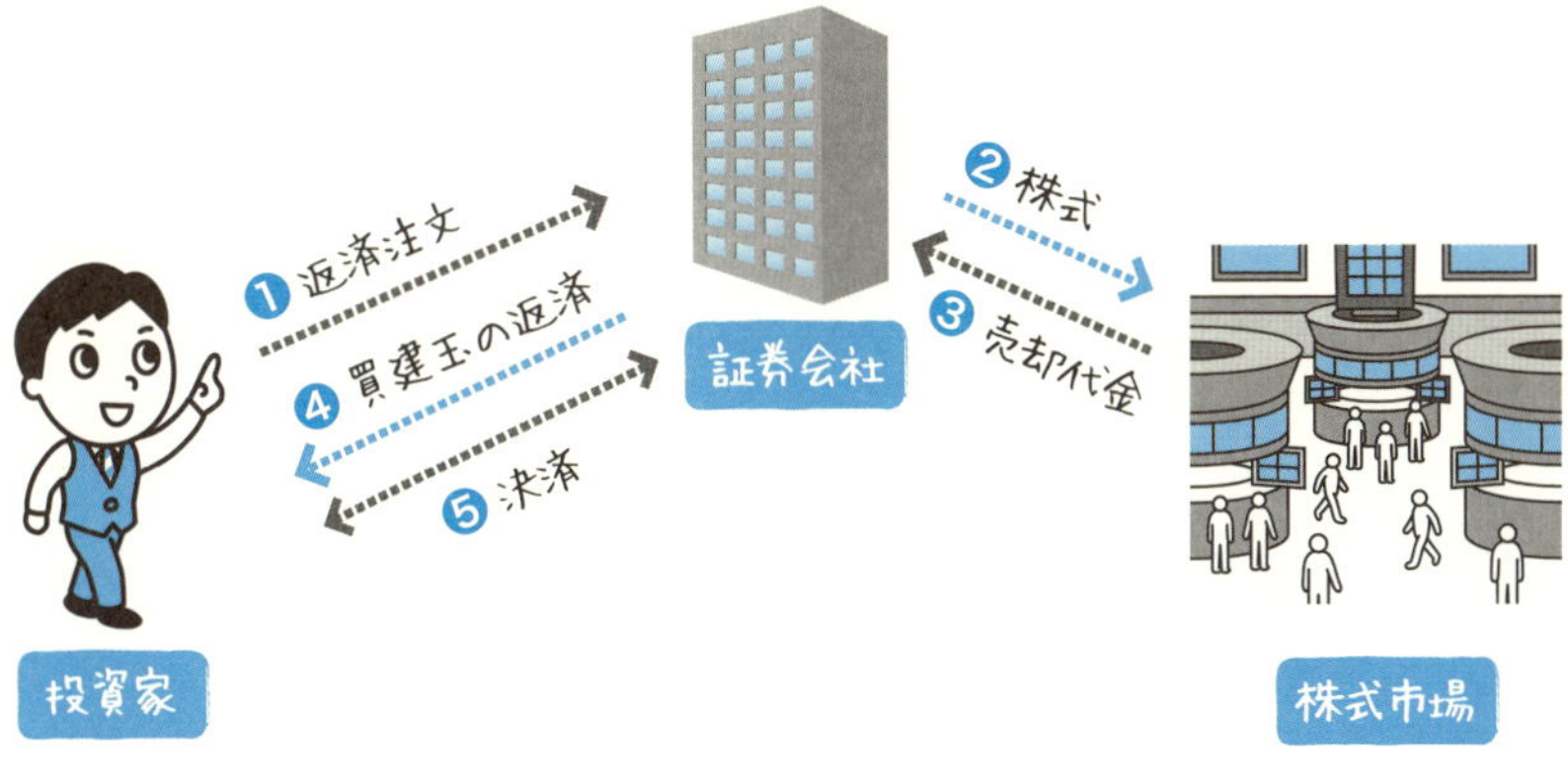

す。売却代金がすべて投資家の口座に入ってくるわけではないことに注意してください。

❹ 買建玉が返済される

株式が売られたので、買い建てはすべて返済されることになります。証券会社が口座につけた印が清算されるということです。

❺ 代金の決済が行われる

買建玉が返済処理されたので、残るのは資金のやりとりです。資金の決済は売却の状態によって2つのケースに分かれます。

Ⓐ 値上がりして利益になった場合

信用買いで買った株式が値上がりして、売却したら利益が発生しました。この場合、証券会社から手数料・管理費などの諸費用を除いた利益分の金額が投資家の口座に入ります。つまり「**委託保証金が増える**」ことになります。

Ⓑ 値下がりして損失になった場合

不幸なことに思惑とは反対に値下がりして、損失になってしまいました。この場合、損失になった分の金額が委託保証金から減額されます。もちろん手数料・管理料などの諸費用もきっちり引かれます。

これで、信用で買う買い建てと返済のプロセスをすべてカバーしました。あとは実際の画面を見ながら実践してみるだけです。

しかし、その前に前記のⒶ、Ⓑ、2つのケースにおいて、もう2つ疑問を感じませんか？

疑問❶ 諸費用というのはどんなものがあって、その金額はどれくらいなのか。もし、費用のほうが大きいと利益になっても意味がないのではないか？

疑問❷ Ⓑの値下がりが極端に進んで、預けた委託保証金よりも大きい損失になってしまった場合、何が起きるのか？

両方とも怖い話ですが、特に疑問❷のほうは可能性が0ではないし、起きたら恐ろしいことですね。

この2つの疑問は、信用取引を実践するにあたってかなり重要であり、特に後者は自己防衛という観点からも必ず押さえておくべきポイントなので、順番に沿ってお話しします。

疑問は全部クリアにしてから実際の売買をするようにしよう！

03 信用買いで必要な資金と費用

1 借りるには費用がかかる

では、信用取引と現物取引では、費用の面で何が違うのか理解して、まず**疑問❶**を解消してみましょう。

委託手数料は現物・信用取引、両方の取引に発生するので、別途説明はしません。まず、大前提をしっかり認識しておいてください。「**信用買いは〝委託保証金〟を預けて、その信用で資金を借りて取引している**」ということです。

❶ 金利（買い方金利、日歩《ひぶ》）

信用取引で株式を買う際、資金を借りて買うことになるので当然金利がつきます。制度信用の場合、年率2％前後です。この金利は「**買い方金利**」または「**日歩**」と呼ばれることもあります。

❷ 管理料

新たに信用買い・信用売りをしてそのポジションを持ち続ける場合、1カ月がすぎる度に管理費が発生します。1株につき10・8銭（税込）（売買単位1株の銘柄については1株につき108円（税込））が加算されます。売買単位が1000株で1単位を保有している場合、売買単位1単位に108円（税込）が加算されます。上限は1080円（税込）です。ただし、毎月徴収されるのではなく、**「買い建玉を返済するときに手数料の中に含まれて徴収」**されます。

❸ 名義書換料

信用買いをして、そのポジションを持ったまま権利確定日（3月末、9月末）を超えた場合に発生する費用です。売買単位1単位あたり54円（税込）です。名義書換料の場合は上限がありません。保有している単位分すべて徴収されます。

実際には**「名義書換料も返済するときに手数料の中に含まれて徴収」**されます。

実際には、費用は心配しなくていい

いきなり難しそうな項目が3つも出てきたので、すごく費用がかかりそうで急に怖くなりましたか？　でも大丈夫です。費用を使うのは、当然、それを上回る利益が見込めるときだからです。思ったほど大きな負担ではないし、十分利益を出す方法までお話しするので、安心してください。

信用取引で買って「買い建て」のポジションを持つ場合、発生する費用を下表にまとめてみました。わからなくなったら、この表に戻ってきてください。

2 委託保証金よりも大きな損失は追証《おいしょう》で守られる

次に 疑問② を解決していきましょう。

「**値下がりが極端に進んで、預けた委託保証金よりも大きい損失になってしまった場合、何が起きるのか？**」

たとえば100万円を預けて300万円分の買い建てをしたけど、値下がりして0円になってしまったような場合です。こうなると証券会社に200万円の借金をしたことになります。このようなことは本当に起こるのでしょうか？

答えは「**委託保証金が一定の範囲（委託保証金維持率：次頁参照）を下回る前に歯止めがかかる**」ということです。つまり、元本が割れることはあるけど、すべてがなくなる前に歯止めがかかることになります。そのために設けられているのが「**追加保証金**」、略して「**追証**《おいしょう》」というしくみです。ここは諸費用の項目よりも大事なので、

● **信用取引の「買い」にかかる費用**

費用項目	信用取引	賦課期間
金利	買い方金利、日歩。「買い」にかかる費用。制度信用の場合、年率2％前後	返済するまで日割り計算
管理料	約定してから月をまたぐ際に発生する費用。売買単位1単位あたり108円、上限1,080円で徴収される	1カ月ごと
名義書換料	信用買いのポジションを持ったまま権利確定日を超えた場合に発生する費用。売買単位1単位あたり54円	権利確定日（6カ月）

しっかり理解するようにしてください。

追証って何？

追証は、相場が予想しなかった方向へ変動して委託保証金維持率が20％を下回ったときに、20％以上の状態に戻るために追加で差し入れないといけない保証金を指します。見慣れない言葉が急に出てきたので、ゆっくり見ていきましょう。

まず、「**委託保証金維持率**」です。信用取引には「委託保証金維持率を20％以上に維持する必要がある」というルールがあります。わかりやすくいえば、「**自分が差し入れた委託保証金が、買い建てた金額の20％を維持する必要がある**」ということです。次の例を見てください。

最初に、委託保証金30万円を預けて100万円分の株式を買い建てて、100万円の建玉を持っています(❶)。この場合は100万円の建玉に対して委託保証金が30万円あるので、「委託保証金維持率は30％」と評価されます。

● **委託保証金維持率と追証の発生**

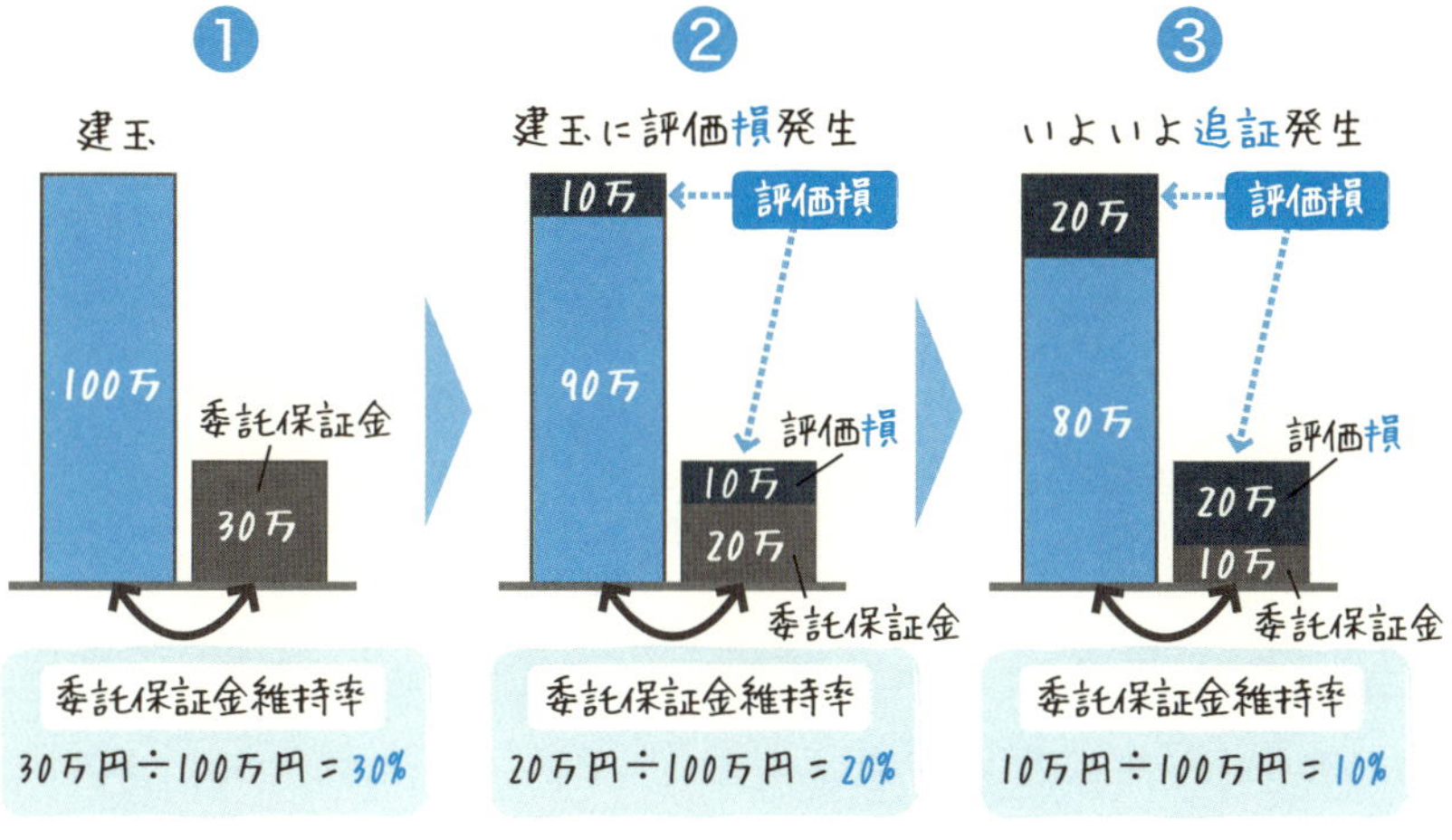
❶
建玉
100万
委託保証金
30万
委託保証金維持率
30万円÷100万円＝30％
❷
建玉に評価損発生
10万
評価損
90万
評価損
10万
20万
委託保証金
委託保証金維持率
20万円÷100万円＝20％
❸
いよいよ追証発生
20万
評価損
80万
評価損
20万
10万
委託保証金
委託保証金維持率
10万円÷100万円＝10％

しばらくすると株価が思っていた方向と反対に動いてしまい、10万円の評価損が発生してしまいました（前頁の❷）。１００万円の建玉が今は90万円の価値しかありません。大事な問題は委託保証金に発生します。評価損になった10万円が委託保証金の評価から引かれて、20万円と評価されることになります。20万円÷１００万円＝20％で、今「委託保証金維持率は20％」になりました。これ以上評価が下がると20％以下になるので、委託保証金維持率20％のルールは守れなくなります。

その心配が実際に現れたのが、前頁の❸です。株価がさらに下がり、20万円の評価損になります。当然、その20万円が委託保証金から引かれ、なんと「委託保証金維持率は10％」になってしまいました（10万円÷１００万円＝10％）。20％維持に10万円が不足している状態です。この10万円が追加保証金、いわゆる「**追証**」です。

追証が発生するとどうなるの？

まず公式的な流れとしては、❸の事態が発生した時点で

● 追証が発生したあとの流れ

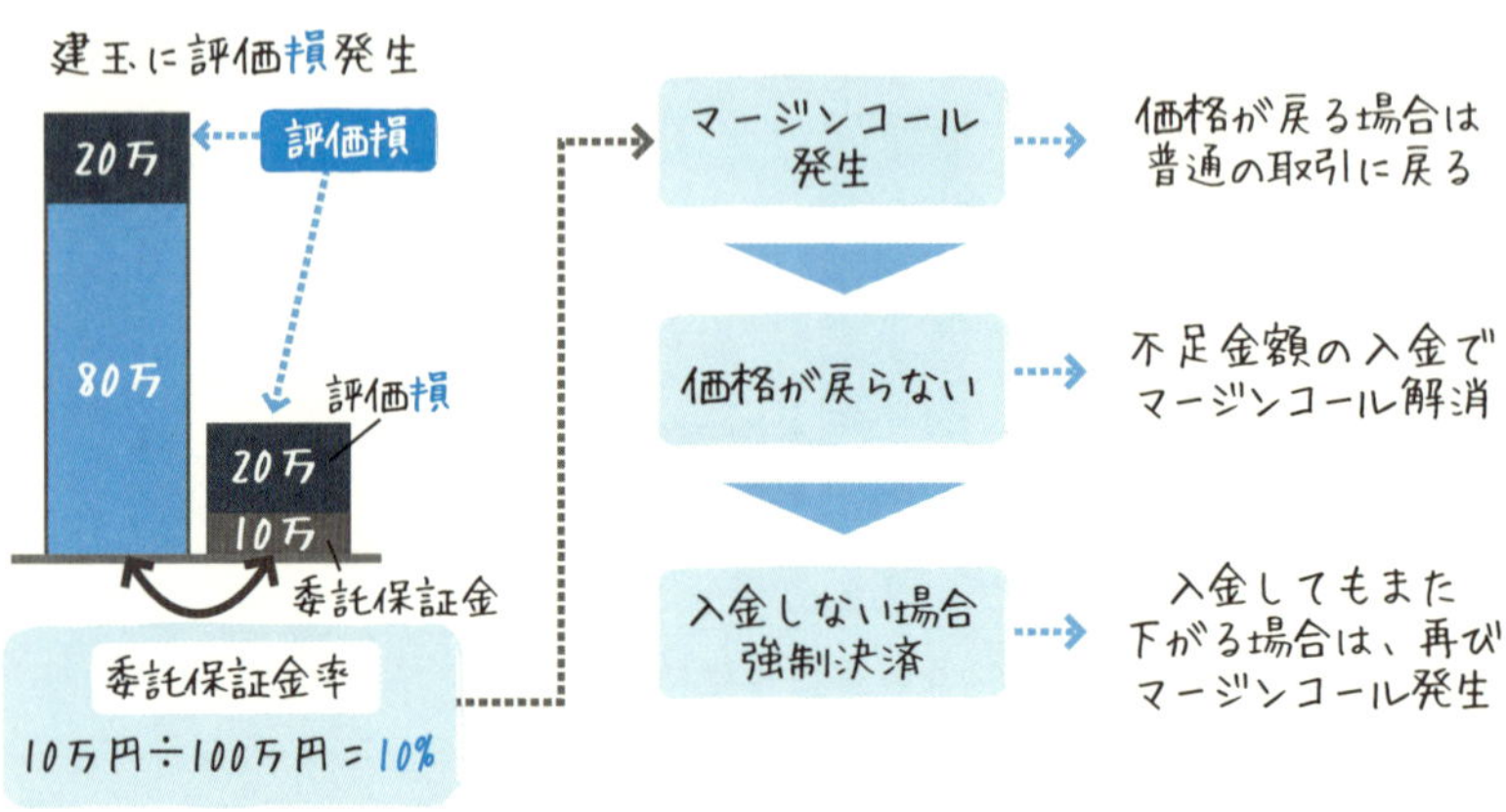

建玉に評価損発生
20万
80万
評価損
評価損
20万
10万
委託保証金
委託保証金率
10万円÷100万円＝10％
マージンコール発生
価格が戻る場合は普通の取引に戻る
価格が戻らない
不足金額の入金でマージンコール解消
入金しない場合強制決済
入金してもまた下がる場合は、再びマージンコール発生

証券会社から通知がきます。「**追加保証金が10万円足りないので、2営業日後の正午までに追加入金してください**」というようなメールか電話がかかってきます。これを「**マージンコール**」といいます。しかしマージンコールの段階ではまだ何も起きません。もし翌日、奇跡的に株価が上がり90万円以上に戻ったら追証の状態が解消されるので、当然何事もなかったかのようにもとの状態に戻ります。

しかし「**株価が戻らず、追加入金もしない場合は、3営業日後に証券会社が強制的に買い建てポジションを返済売りして、返済されてしまう**」のです。ルールを守ると約束した以上はしかたのない処置です。

このような流れから考えると、「**〝委託保証金よりも大きい損失が発生する〟ということが起きる前に、証券会社によって防止される**」というのが正解です。

3 代用有価証券 実はもうひとつある追証発生のしくみ

実は買い建てた株価が変動して追証になるのとは別に、もうひとつ、しかももっと早くて破壊的な追証の発生メカニズムが存在します。それが「**代用有価証券**」の存在です。

代用有価証券とは?

ここまでは、委託保証金として現金を預ける場合について考えてみました。しかし委託保証金として差し出せるのは、現金だけではありません。「**現金の代わりに国債や上昇株式などの有価証券を差し出すことができます**」。担保になるこの有価証券を「**代用有価証券**」と呼びます。

現金と異なり、株式や債券などの代用有価証券は価格が変動するのであらかじめ決められた掛け目を有価証券の時価に掛けあわせます。これが代用有価証券の評価額となります。一般的な掛け目は「**上場株式が80％**」「**国債が95％**」です。

代用有価証券の価格変動が大きくなる場合、買い建てた株式に何の価格変動もなかったり、場合によっては株価が上昇したにもかかわらず追証が発生する可能性もあります。株価が常日頃変動することを考えると、ある意味当然起こり得ることです。

さらに怖いことは「**二階建て**」と呼ばれる取引です。二階建てというのは、わかりやすくいえばソニーの株式を代用有価証券として預けて、ソニーの株式を信用で買うということです。ソニーの株価が下がる場合、委託保証金としての評価額が下がると同時に、担保の評価額自体も下がるので、レバレッジがかかった状態で資産が減っていきます。これではあっという間にマージンコールになり、強制決済に追い込まれます。上げか下

● 代用有価証券と評価額

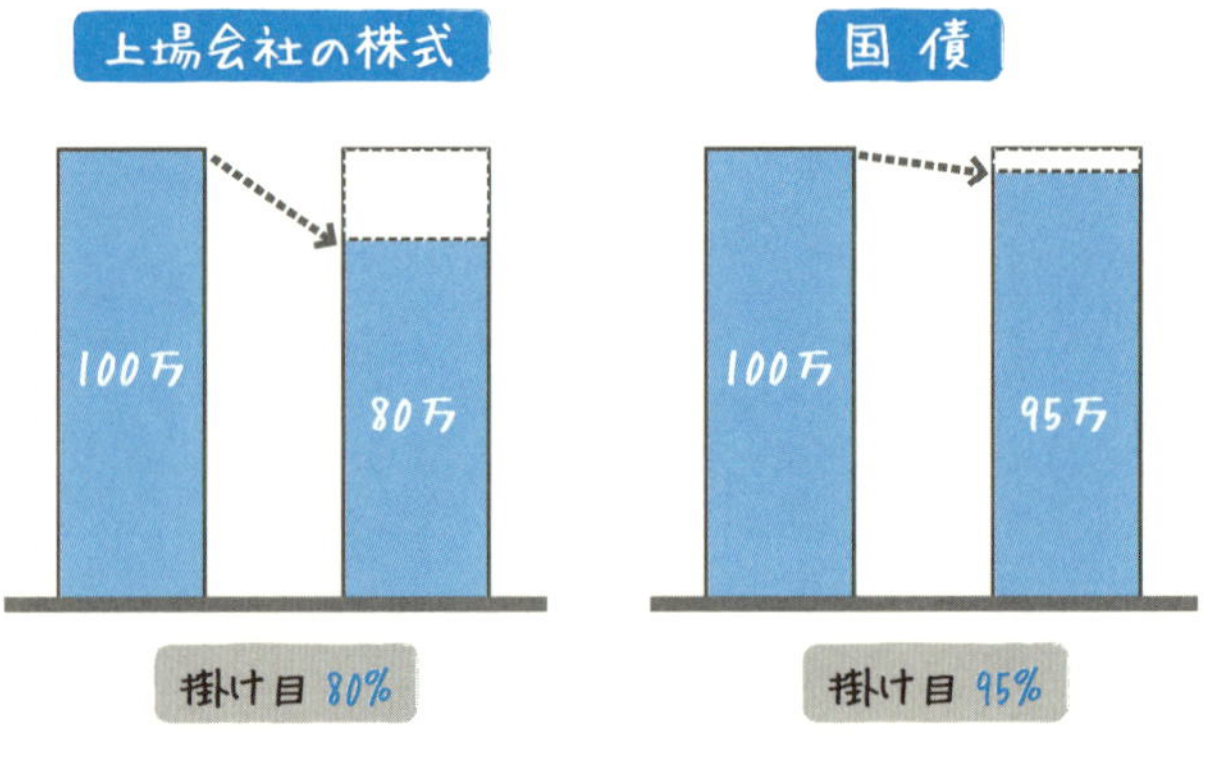
上場会社の株式
100万
80万
掛け目 80%
国債
100万
95万
掛け目 95%

げかどちらかにかけるということの行為はもはやギャンブルです。

そこで常に「**二階建てはしないように**」、また「**委託保証金として差し出すのは時価変動の影響を受けない現金のみにするように**」アドバイスしています。

4 追証への対応は「おとなしく撤退」

追証に対する対処としては、例外なく「**すぐ損切りして撤退してください**」といいます。理由は簡単で、「**追証が発生するほどの投資はすでに失敗しているから**」です。前著から伝えているロスカットポイントで損失を限定すると、20％以上の損失を抱えることはほぼ不可能なことです。しかし、20％の損失になるというのは、どこかで決めていたロスカットポイントをすぎたにもかかわらず損失限定をしなかったということです。またはロスカットポイントさえも決めておらず、戻るかなと思って持ち続けていたらここまで来てしまったというような場合です。

どちらの場合もあってはならないことです。ロスカットで失った金額は一生続く相場の中でいくらでも取り戻すことができます。しかし、ガマンしてガマンして壊滅的な損失になってからでは、取り戻すどころか市場から撤退させられ、投資の世界には戻れなくなります。

ここまで信用買いに必要な資金と費用について、また費用のところで注意すべき点を見てきました。最初は見慣れない言葉と概念が出てくるので取っつきにくいところですが、わからないところは何度も戻ってじっくり読んでみてください。

04 信用取引で「売り」からはじめることを理解する

1 「売り」からはじめるとはどういうこと？

「株価が下がるときは、下がったら利益になる取引をします」

「株を持っていなくても、まずその株を売ることができます」

2つの文章だけを見ると多くの人は〝？〟マークが頭の周りをめぐってしまうほど混乱します。

混乱するのは当然のことで、前著でも株は上がったら買って、もっと上がったところで利益を取るとお話ししてきましたから、下がったときに利益を取るなんてやったことのないはじめての概念は理解しにくいものです。

いきなり株でお話しするよりも、身近なものを使って「**持っていないものを売る**」というのがどういうことなのかを理解するところからはじめましょう。

パソコンを売買してひと儲けしたいAさんの例で考えてみましょう。Aさんは今「パソコンを売れば儲けそうだ」と思っていますが、パソコンが手元にありません。Aさんには大量の仕入れをするほどの余裕もありません。そこで大胆に、パソコン会社にこんな提案をします。

「担保金（下図❶）を預けるからそれを担保にパソコンを貸してください。そのパソコンは6カ月後に返却します」

Aさんの信用状態を調べたパソコン会社は、担保とともにパソコンのレンタル料を徴収するという約束で、Aさんにパソコンを貸します（下図❷）。

Aさんは借りてきたパソコンをパソコン市場に持っていき（下図❸）、1台10万円で売ります（下図❹）。

この「売る」ところまでは理解できますか？

ポイントは、「**Aさんは、パソコンの所有権を持たずに借りているだけなのに売っている**」ということです。

期限の6カ月が近づいてくると、Aさんは市場に出て同じパソコンを買い戻します（次頁下図❺）。パソコンなので、当然6カ月後には値下がりしています。ここでは1台8万円で買い戻したとします（次頁下図❻）。買い戻したパソコンとレンタル料を加えてパソコン会社に返却します（下図❼❽）。レ

● **パソコンを借りて売買する**

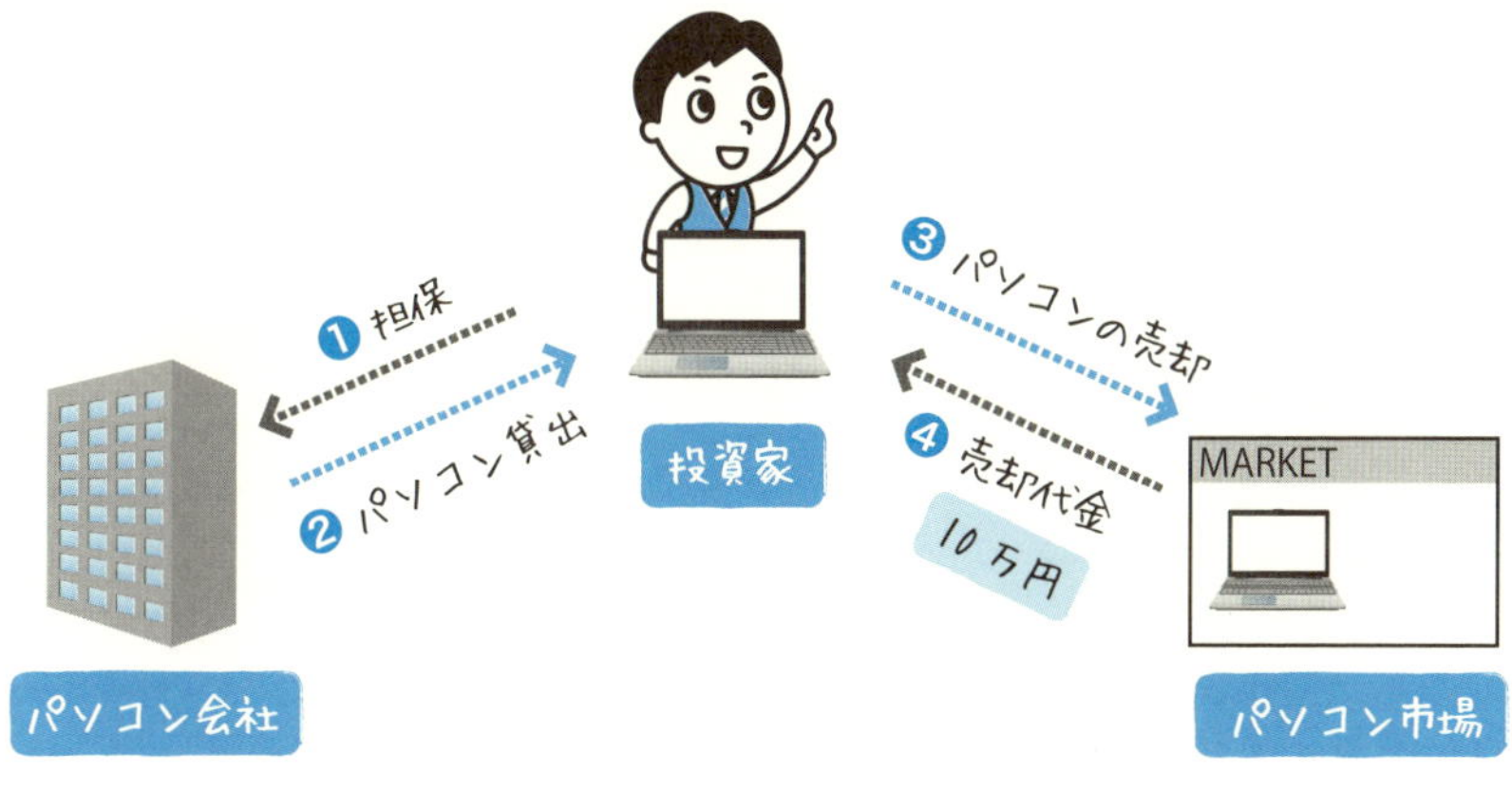

ンタル料が5000円だとすると、Aさんの手元に残るのは、売った値段10万円から買い戻した値段8万円とレンタル料5000円を引いた1万5000円です。

つまり、「**"値下がりする"ことによって利益が発生している**」わけです。

これが値段が下がると利益になるしくみで、株の売りからはじめるのも基本的には同じことです。ではいよいよ、株の売りからはじめることを理解する時間です。

2 これで早わかり、「信用売り」の流れ

信用売りの基本を理解したので、実際の流れはどうなるのかをお話しします。信用買いの説明同様、流れの中で信用売り特有の概念と用語も押さえてしまいましょう。

● パソコンの買い戻しによる利益

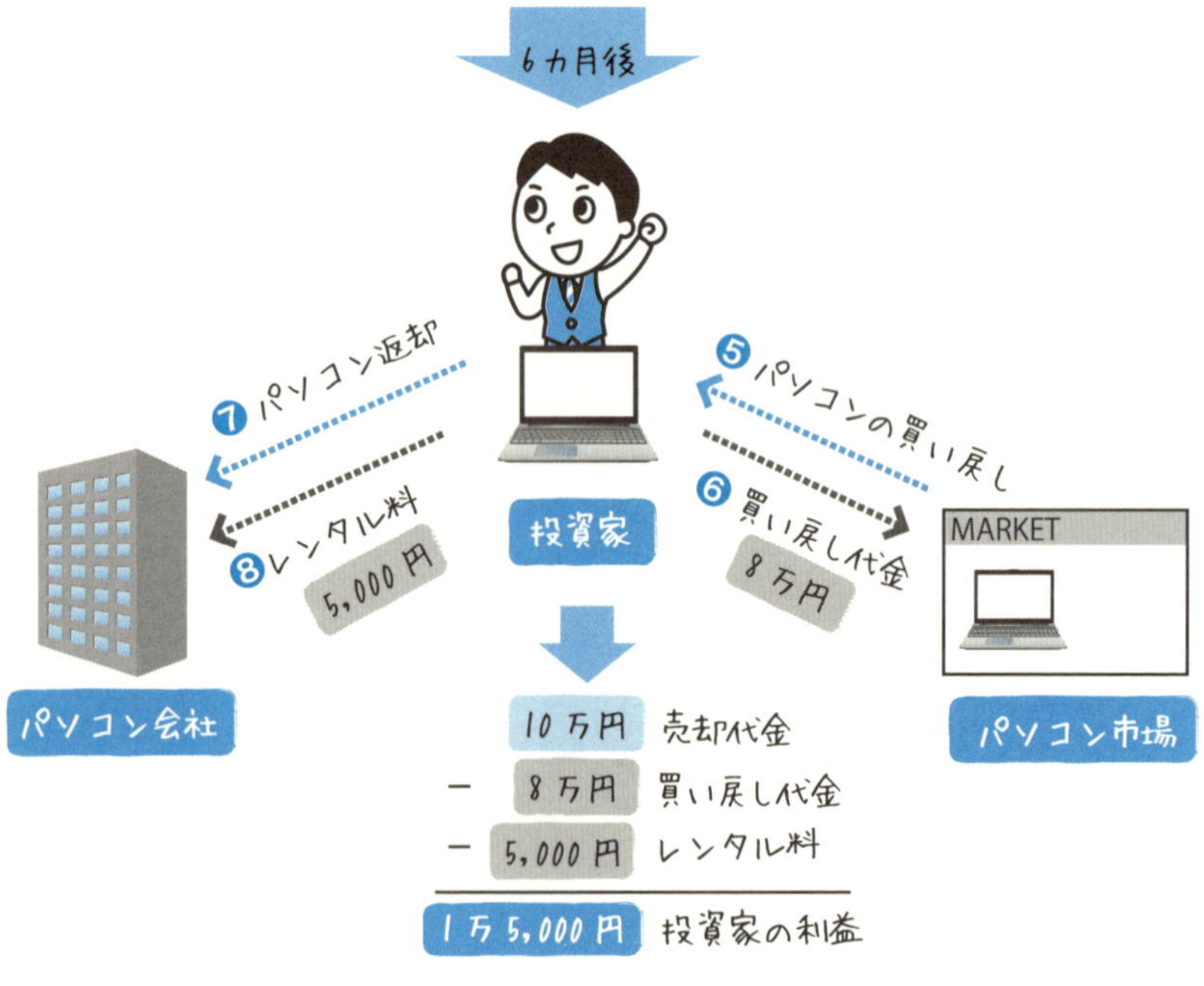

6カ月後
⑦パソコン返却
⑤パソコンの買い戻し
⑧レンタル料
5,000円
投資家
⑥買い戻し代金
8万円
MARKET
パソコン会社
パソコン市場
10万円 売却代金
− 8万円 買い戻し代金
− 5,000円 レンタル料
1万5,000円 投資家の利益

まず、信用売りをはじめるプロセスです。下図を見てください。見てのとおり、信用買いのプロセスと名称が異なるだけでプロセスはほとんど一緒です。❶から❺までのプロセスを詳しく見ていきましょう。

❶ 担保（委託保証金）を預けて注文可能な状態にする

信用取引口座に委託保証金を預けて、信用取引による注文ができる状態にしておきます。信用取引口座を開いて委託保証金を預けると、信用買いも信用売りも両方できるということです。

❷ 銘柄を選別して売りの注文（売《う》り建《た》て注文）を出す

信用売りで売る銘柄が決まったら、信用売りの注文を出します。ここで注意すべき点は、今までの常識とは異なって、これから値段が下がるであろうと判断される銘柄を選ぶことです。売り建て注文を出すと、証券会社に対してこのような言い方になります。「この株をあなたから借りて、市場で売りたい」。

信用売りにも独自の言葉が存在し、注文を「**売り建て注文**」といいます。これも現物取引では出てこない用語なので、覚え

● **信用売りの取引プロセス**

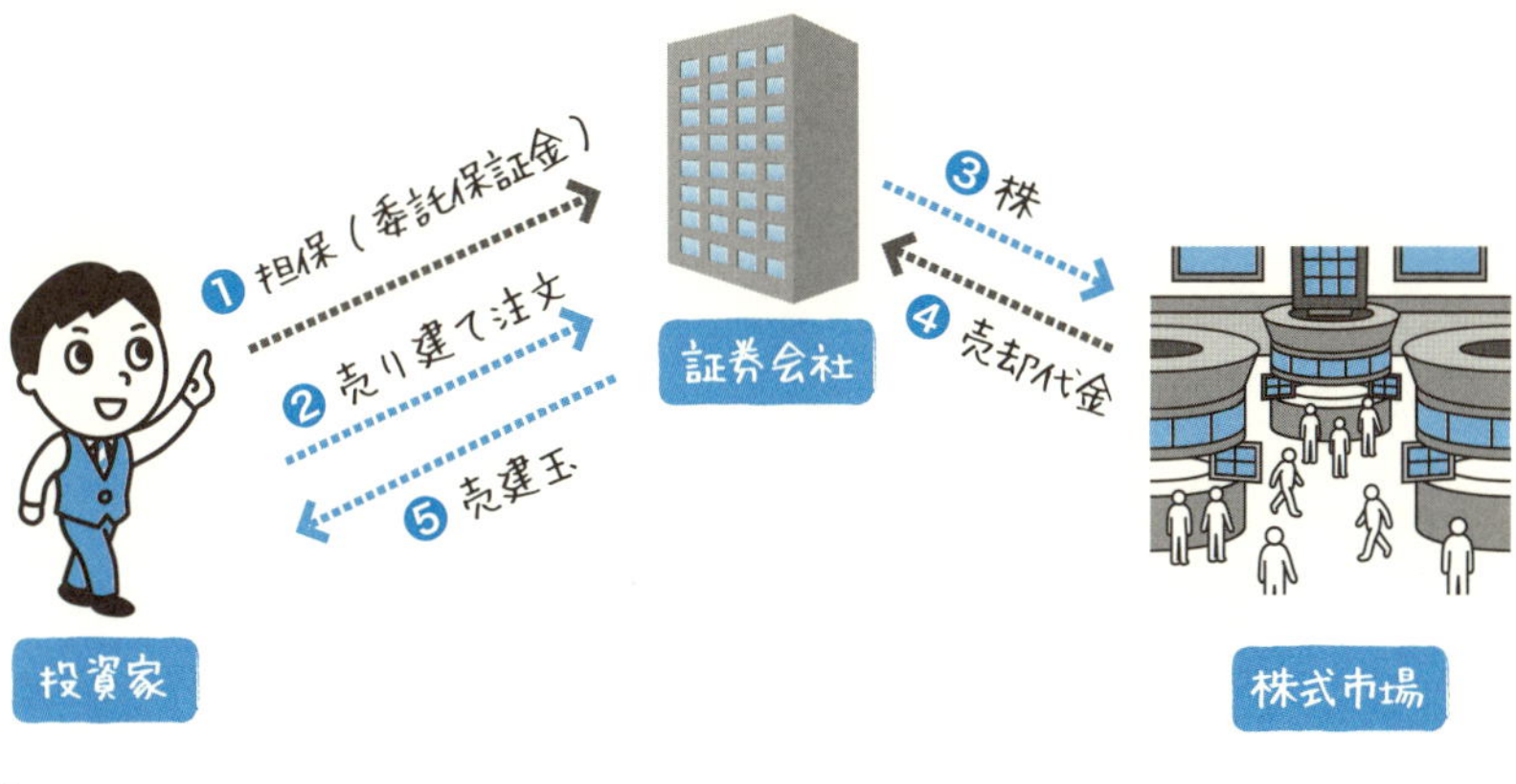

る必要があります。

例 証券番号9984ソフトバンクの株式を100株売り建て注文する

❸ 証券会社が注文を受けつけて、市場に売り注文を出す

証券会社は売り建て注文を受けつけると、証券取引所に注文を出します。パソコンの例では、借りてきたパソコンを投資家が市場で売ることになっていましたが、信用売りの場合は、「**証券会社が株を貸すと同時に市場に売りの注文を出す**」ことになります。

❹ 注文が成立したら証券会社に株式売却代金が入る

売りの注文が成立すると、株式の売却代金が証券会社に入ります。ここのポイントは、「**売り建てた株式の売却代金は証券会社に入り、投資家には入らない**」ということです。先のパソコンの例では10万円で売った代金は投資家に入りましたが、信用売りの場合は証券会社に入金されます。

❺ 証券会社が売り建てしているという印をつけてあげる

証券会社は株式の売却代金を投資家に渡す代わりに「あなたはソフトバンクの株式100株を借りて信用売りをしています」という印をつけてあげます。これを「**売建玉**《うりたてぎょく》」といいます。

このように信用で売りを保有していることを「**売建玉を持っている**」または「**売建玉のポジションを持っている**」といいます。

例 証券番号9984ソフトバンクの売建玉100株を持っている

信用買いを先に勉強したので、今度はそこまで難しくないですね？　信用買いと異なるところ、共通点をよく考えながらもう一度読み返してみてください。信用売りのプロセスをわかりやすく説明する動画を本書特典サイトに用意しました。ぜひ参考にしてください。

特典動画③ 信用売りの流れ
(http://www.tbladvisory.com/book002)

3 これで早わかり、信用売りで売った株式を買い戻す

信用売りで売った株式を持っています。次のステップは、「**売っている株式を買い戻す**」ことです。信用買い同様、6カ月の期限が来て買い戻すのはもちろん、期限前にも目標にした利益の金額に達した、または損失限定（ロスカット）ポイントに来た場合にも買い戻すことができます。

先ほどから「**買い戻す**」という言い方をしていますが、これが「**信用で売り建てをした株を市場から買うときの言い方**」です。買いと言ってしまうと、これから買うのか、信用売りしたものを返済するために買うのか区別できないので、言い方を分ける必要があります。このときは「買

い注文」ではなく、「**返済の買い戻し注文**」といいます。インターネットで注文するときも区別する必要があるので、必ず覚えておいてください。では、信用売りの返済プロセスをお話しします。

❶ 返済の買い戻し注文を出す

売建玉を持っている投資家は、期限になる前でも買い戻しすることができます。信用取引で建てたポジションには、買いも売りも「**返済注文**」という名前がついています。

❷ 証券会社が株式の買い戻し注文を出す

返済注文を受けつけた証券会社は、株式市場に買い戻しの注文を出します。買いと売りの注文が一致すると売買が成立します。

❸ 買い戻した株式が証券会社に渡される

買い戻しの注文が成立すると、その株が証券会社に渡され、買い戻しの代金が買った相手側に渡されます。

❹ 売建玉が返済される

株式が買い戻されたので、売り建てはすべて返済されることになります。証券会社が口座につけた印が清算されます。

⑤ 代金の決済が行われる

売建玉が返済処理されたので、残るのは資金のやりとりです。資金の決済は売却の状態によって2つのケースに分かれます。

Ⓐ 値下がりして利益になった場合

信用売りで空売りした株が値下がりして、買い戻したら利益が発生しました。この場合、証券会社から手数料・管理費などの諸費用を除いた利益分の金額が投資家の口座に入ります。この場合、委託保証金が増えます。

Ⓑ 値上がりして損失になった場合

不幸なことに、思惑とは反対に値上がりして損失になってしまいました。この場合、損失になった分の金額が委託保証金から減額されます。もちろん手数料・管理料などの諸費用も例外なく発生します。普段の状況なら値上がりするとみんなが喜びますが、自分だけが悲しくなる奇妙な気持ちを経験することになるのも信用売りならではのことです。

● 信用売りの返済プロセス

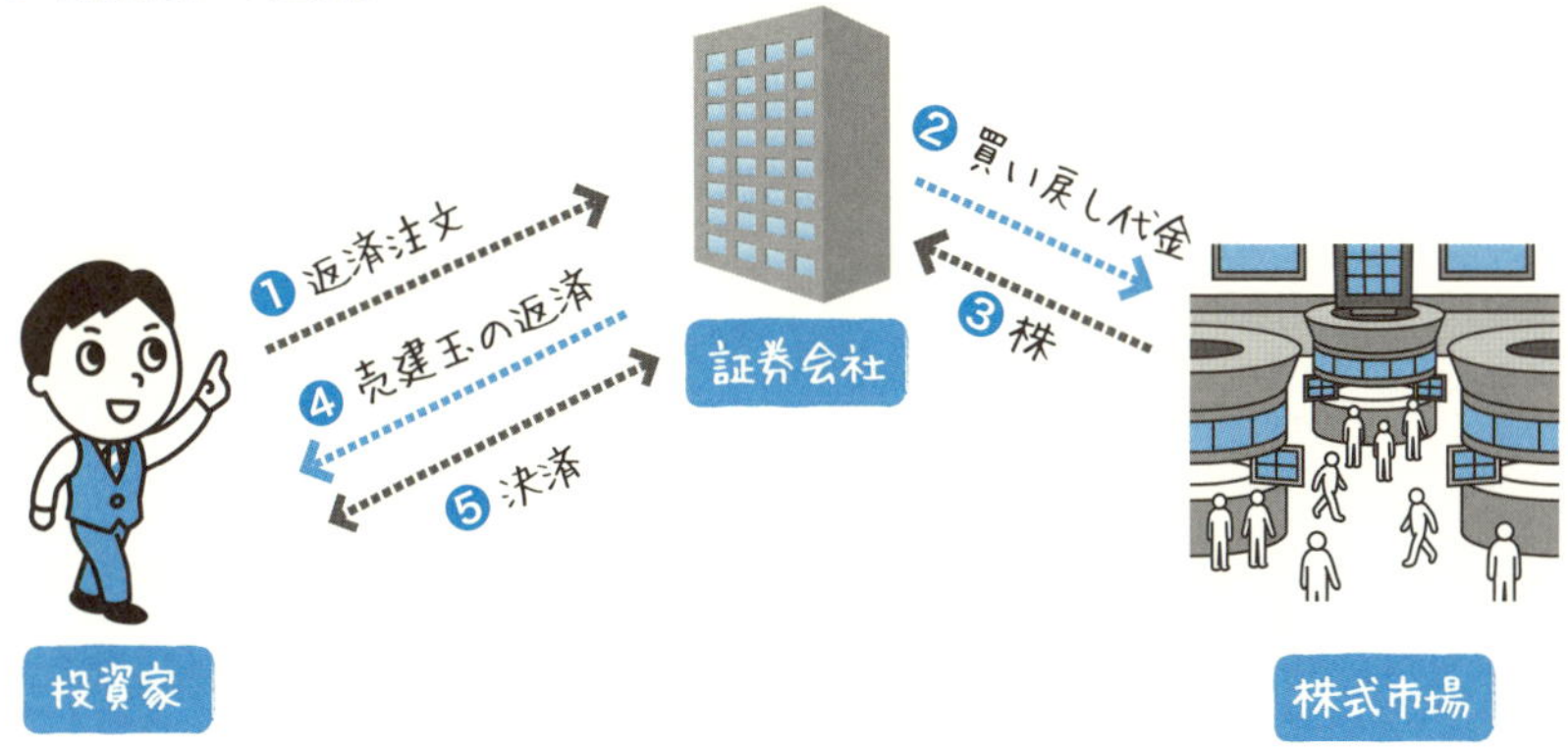

証券会社
❷ 買い戻し代金
❸ 株
❶ 返済注文
❹ 売建玉の返済
❺ 決済
投資家
株式市場

05 信用売りで必要な費用とリスク

1 株を借りるのも立派なレンタルなので、レンタル料が発生する

信用買いは資金を借りて行う取引なので、金利が発生することをお話ししました。信用売りの場合には株を借りて行う取引です。つまり株式を借りるので、レンタル料がかかるわけです。

❶ 貸株料《かしかぶりょう》（貸借取引貸株料）

貸株料は言葉どおり、株を借りて信用売り（空売り）をするのに必要な金利です。制度信用の場合、どの証券会社も同じで、売り建てた金額に対して、年利1・15％です。

❷ 品貸料《しながしりょう》（逆日歩《ぎゃくひぶ》）

ある銘柄に対して、これから下がると思う投資家が多いと大量の空売りが発生することがあり

ます。下げるときに利益を得たい投資家が増えると、証券会社でも貸し出す株の数が減って足りなくなってしまいます。貸し出す株が足りなくなったら、証券会社は大量にその株を保有している機関投資家から株を借りてくることになります。証券会社も借りてくるのには費用がかかるので、その分、投資家にレンタル料を上乗せして請求することになります。

このように、「**信用売りの数が増えて、貸し出す株不足になったときに発生する手数料を、"品貸料" または "逆日歩《ぎゃくひぶ》"**」といいます。

貸株料は、信用売りをはじめるときに絶対発生するコストですが、品貸料はそれに上乗せして支払うこと

● 毎日発表される品貸料（逆日歩）のリスト

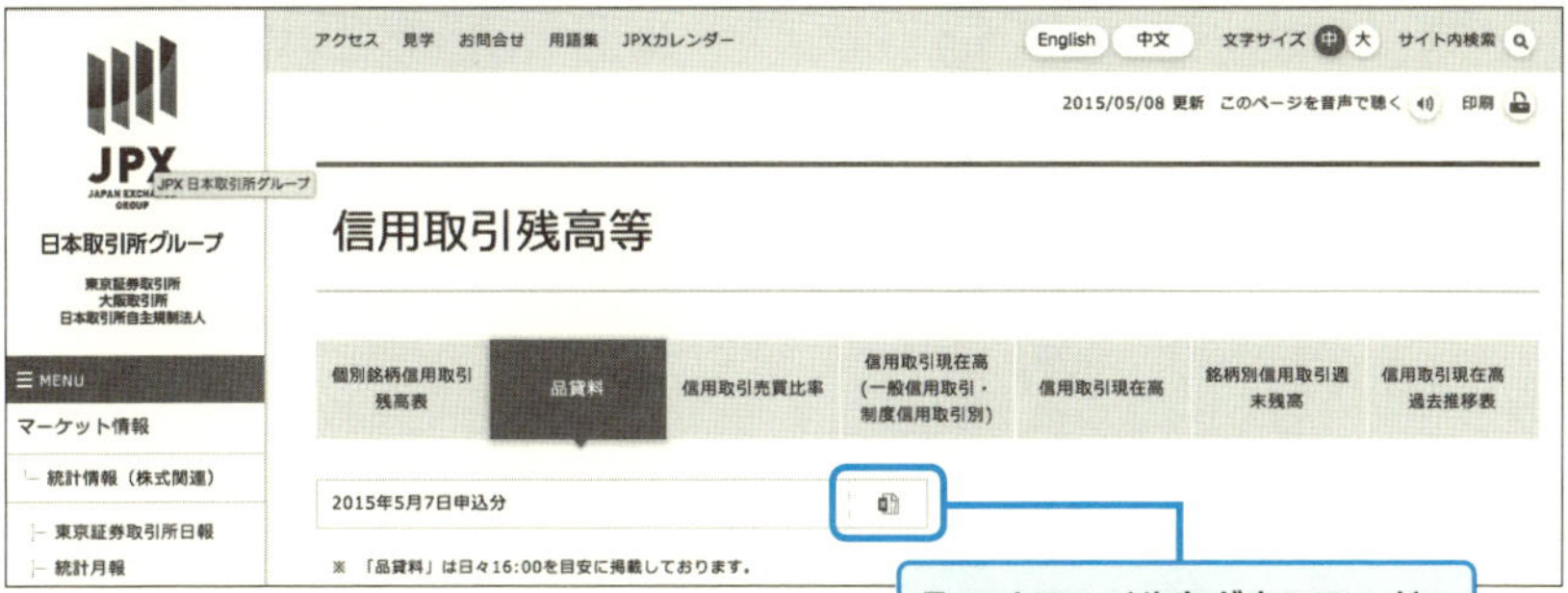

Excel ファイルをダウンロード

品貸料率一覧						
(注)当日および前日品貸料率は、1日1株・口当りで表示してあります。						
約定日	コード	銘柄名	市場区分	当日品貸料	当日品貸日数	前日品貸料率(円)
20150508	2379	ディップ	東証	31.6	1	0.15
20150508	2389	オプトホール	東証	0	1	0

前日まで1株0.15円だった品貸料が当日は31.6円になっている。空売りのポジションを1万株持っているだけで費用が1日**31万6,000円**発生するので、大きな負担になり、買い戻しの圧力になる

参考 日本取引所グループHP（http://www.jpx.co.jp/markets/statistics-equities/margin/01.html）

になる手数料なので、品貸料が発生すると空売りをしている投資家に大きな負担になります。

品貸料は金額が特に決まっているわけではなく、そのときの不足度合いによって、入札形式で〝ひと株あたり0・5円〟のように決まります。前頁の例を見ると、前日の品貸料から大きく上昇することで、費用が大きく発生しているのがわかります。

2 売りの損失は理論的には無限大!

物々しいタイトルではじまりました。「**損失が無限大**」なんて、考えるだけでゾッとしますね。しかし、これは「**理論上の事実**」なので、しっかりその意味を理解したうえで、私がいつも強調するリスク管理の礎として使ってください。

1株100円の株を「同じ値段で信用買いする場合」と「空売りする場合」では何が起こる可能性があるのか?

まず20万円で、ある株式を❶2000株買う、❷2000株を空売りする取引を同時に行ったとします。

❶ 信用買いの最大損失は投資した金額

2000株を20万円で買ったあと、この会社が倒産したので、株は紙くずになってしまいました。このときの損失額は、自分が投資した20万円が返ってこないだけです。つまり、「**最も損失したとしても自分が投資した金額と同じ大きさ**」です。

❷ 信用売りの最大損失が無限大という理由

一方、空売りの場合は、損益の構造が信用買いとは反対です。1円値段が上がれば1000株あたり1000円の損失が発生します。2000株を空売りしているので、2000円ずつ損失が発生することになります。10円値上がりすると2万円の損失で投資した金額の10%が損失になりました。株価が上がり続けて200円になったら、どうなるでしょうか。

ちょうど投資した分の20万円（100円×2000株）の損失が発生しました。しかし、これで終わりではありません。株価が絶好調で400円に値上がりすると、100円から300円値上がりしているので、60万円（300円×2000株）の損失でなんと投資した金額の3倍もの損失を抱えてしまいます。1000円、2000円と株価が上がり続けると、もはや借金が数百万円単位に膨らんでいきます。

● 空売りの損失が無限大になる！ 例（ミクシィ）

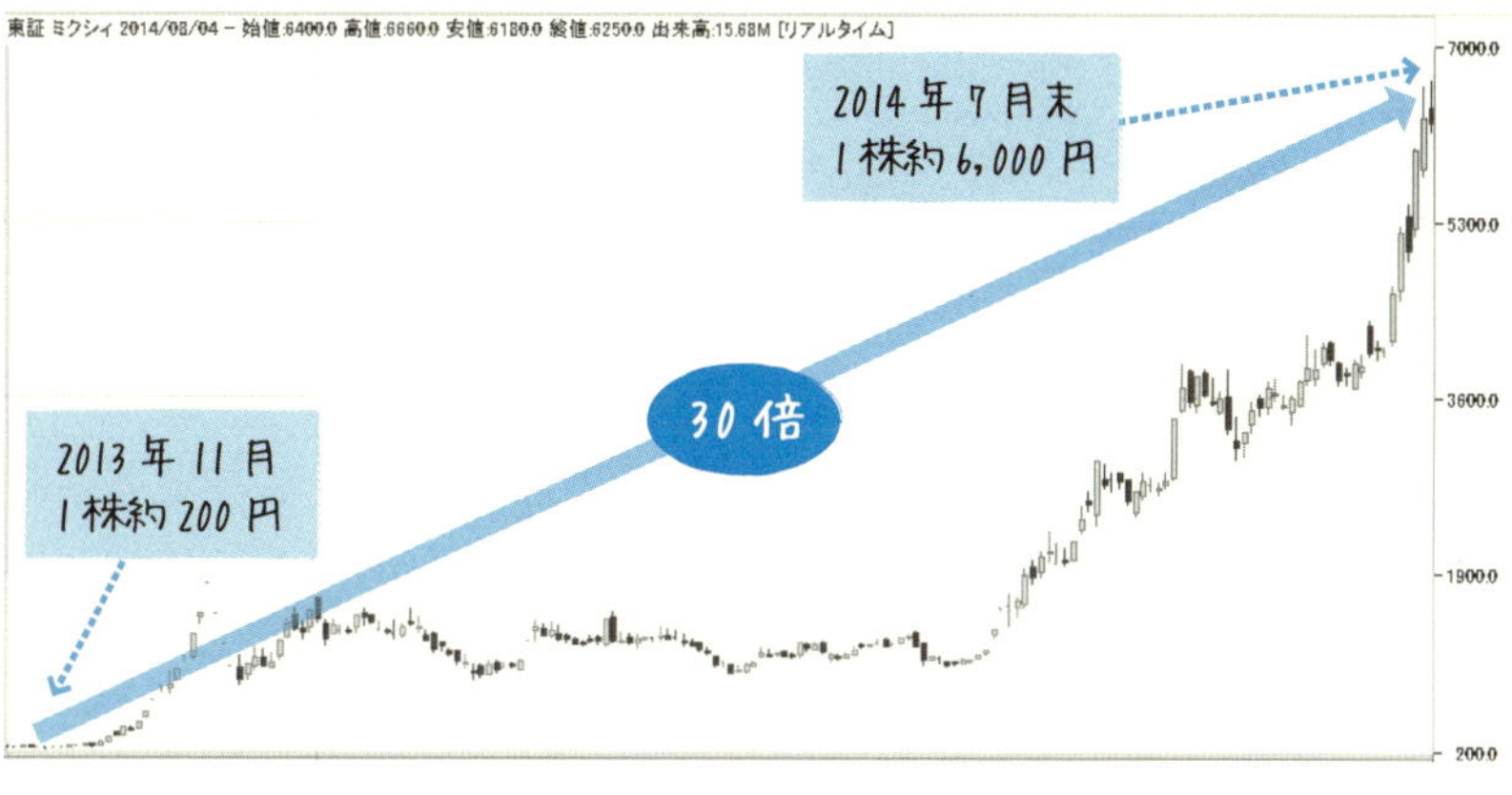
東証 ミクシィ 2014/08/04 - 始値:6400.0 高値:6660.0 安値:6180.0 終値:6250.0 出来高:15.68M [リアルタイム]
2014年7月末
1株約6,000円
30倍
2013年11月
1株約200円
7000.0
5300.0
3600.0
1900.0
200.0

100円の株が2000円まで値上がりするなんて、そんなことないだろうと思うかもしれませんが、前頁下のチャート（ミクシィ）は実際に起きた例です。2013年11月はじめに200円付近にあった株価が、2014年の7月末には6000円付近まで、なんと30倍に跳ね上がっています。200円のときに20万円を投資して1000株空売りしたと考えてみてください。その損失金額を計算できますか？　これが「空売りは理論的に損失が無限大」という意味です。

無限大の損失を食い止めてくれる「追証」が発生する

無限大といっても、**「信用売りの場合も追証が適用」**されます。株価が上昇して、評価損になっていくと追証が発生するわけです。つまり、投資金額の何十倍にも損失が拡大する前に、追証によって歯止めがかかります。追証への対処は信用買いとまったく同じです。追証が発生した時点で、その投資は失敗しています。素早く整理して、次の投資に移りましょう。

これで信用買いと信用売りの流れを理解して、そこに潜んでいるリスクを明らかにすると同時に、リスクをどのようにコントロールするかも理解しました。だからといって「すぐに口座を開設してはじめてみましょう」と言われても、なかなか難しいですね。流れはわかったものの、信用取引をはじめるために何をすればいいのか、いざ口座を開設したものの実際の注文はどうすればいいのか、実践的な部分がわからないと不安が残ります。

その不安は3時限目で解消します。3時限目で実践編に入って、信用口座の開設から、信用で買う、売るにはどうしたらいいのかお話しします。

3時限目
信用取引を実践してみよう

3時限目では余計な理論の話は抜きにして、口座開設から入金、取引を行うところまでを説明します。これで不安なく実際の投資を行う準備ができます。

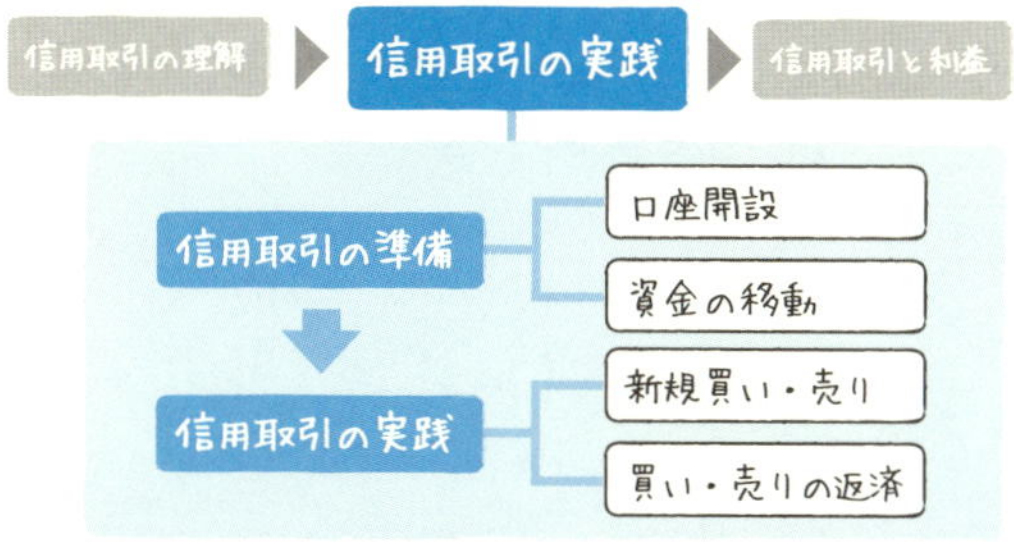

信用取引の理解
信用取引の実践
信用取引と利益
信用取引の準備
口座開設
資金の移動
信用取引の実践
新規買い・売り
買い・売りの返済

01 信用取引口座を開設して、取引をしてみよう

1 信用取引は現物口座とは別の口座が必要

はじめて証券会社に口座を開設すると、「口座が開設できました」という通知が来て取引できるようになりますが、これは、実は「現物口座」が開設されたことを意味します。

これは「信用取引」をするか「現物取引」をするかといった選択の問題ではなく、最初から「現物取引」をするためだけの口座です。つまり最初に口座を開いただけでは、信用取引はできないので注意してください。

「信用取引をするためには、現物口座をつくったあとで、信用取引口座を開設する」必要があります。現物口座をまだ開設していないという人は、前著「世界一やさしい 株の教科書 1年生」を参考にして口座を開設してください。証券会社の選び方までわかりやすくお話ししているので、きっと役に立つはずです。

2 信用取引口座の開設のしかた

ここから楽天証券の例で、信用取引口座を開設するプロセスをお話しします。

下図は楽天証券のホーム画面です。❶現物口座でログインして、「**口座情報**」タブをクリックすることで、「**自分の口座開設状況を確認する**」ことができます。

❷口座情報の中で「**申込が必要なお取引・各商品に関する設定**」をクリックすると各種商品別（FX、信用取引、先物など）に必要な口座が開設されているかを確認することができます。現物口座のみを開いた状態ではすべて未開設になっていますが、口座を開いて何年も放置したままだったりすると、自分がどの口座を開設しているのか忘れてしまう場合もあるかと思うので、一度チェックしてから「**申込**」に進みましょう。

● 口座開設状況を確認する

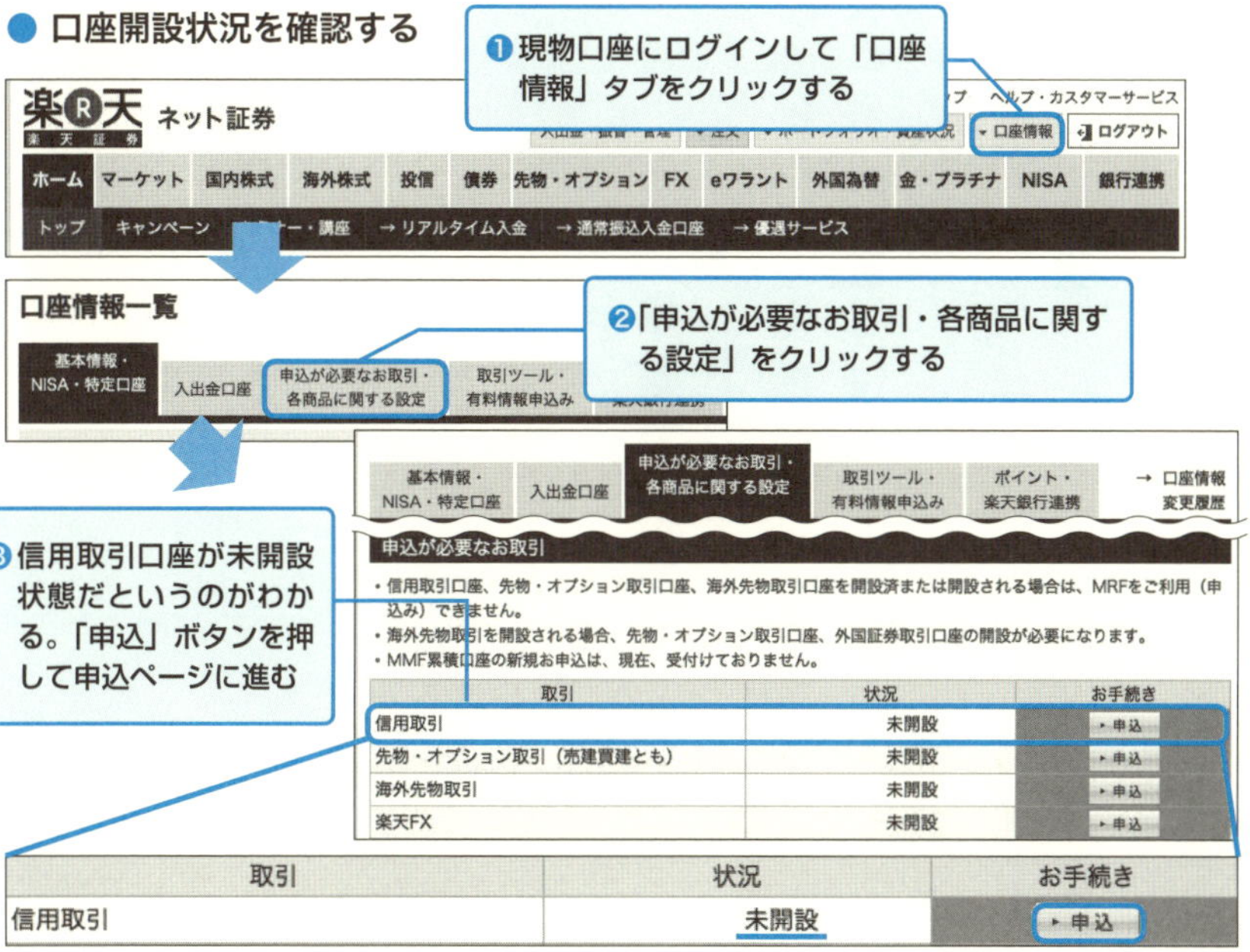
❶現物口座にログインして「口座情報」タブをクリックする
楽天証券 ネット証券
口座情報
ログアウト
ホーム マーケット 国内株式 海外株式 投信 債券 先物・オプション FX eワラント 外国為替 金・プラチナ NISA 銀行連携
トップ キャンペーン
→ リアルタイム入金 → 通常振込入金口座 → 優遇サービス
口座情報一覧
基本情報・NISA・特定口座
入出金口座
申込が必要なお取引・各商品に関する設定
取引ツール・有料情報申込み
❷「申込が必要なお取引・各商品に関する設定」をクリックする
ポイント・楽天銀行連携
→ 口座情報変更履歴
申込が必要なお取引
・信用取引口座、先物・オプション取引口座、海外先物取引口座を開設済または開設される場合は、MRFをご利用（申込み）できません。
・海外先物取引を開設される場合、先物・オプション取引口座、外国証券取引口座の開設が必要になります。
・MMF累積口座の新規お申込は、現在、受付けておりません。
❸信用取引口座が未開設状態だというのがわかる。「申込」ボタンを押して申込ページに進む
取引 状況 お手続き
信用取引 未開設 申込
先物・オプション取引（売建買建とも） 未開設 申込
海外先物取引 未開設 申込
楽天FX 未開設 申込
取引 状況 お手続き
信用取引 未開設 申込

❸ 信用取引の状態が未開設になっていることを確認して、「**申込**」ボタンを押すと直接申込ページに進むことができます。

3 信用が関わるので審査が必要

「申込」はいくつかのページで構成されています。最初のプロセスは個人情報の確認と入力を行うところです。すでに現物口座を開設しているので、現物口座開設時点の個人情報が表示されます。引っ越しなどで変更がある場合はここで変更します。ここが「❶ **身分は確かな人なのか？**」を再度確認するところです。

個人情報の下段には「経験年数」「年収」「金融資産」など、「❷ **経済的に確かな人なのか？**」に関わる質問が書かれています。正直に答えて次のページに進みます。

次のページでいよいよ「❸ **信用取引が行える人なのか？**」⇒「技術的な理解度」を確認されます。信用取引に関する質問が並べられ、「はい」「いいえ」の2択で答えるようになっています。答えを書かされるような筆記試験はないので、安心してください。

慎重に読んで答えを選んだら「**次へ**」を押します。なお、ここで基準を満たさない答えを出した場合、（例 信用取引の基本的なしくみを理解していますかという質問に「いいえ」と答えるなど）次に進めなくなるので、よく読み直して答えてください。

最後のページは、ここまで入力してきた情報を最終的に確認するところです。個人情報や回答の中で、間違ったものはないかを確認して「**申込**」ボタンを押すことで、申込受付は完了です。

「申込」が完了すると、必要に応じて証券会社から確認の電話がかかってくる場合があります。経験はあるのか、信用取引は理解しているのかなど、簡単な質問が大半なので慌てずに答えれば問題なく開設できます。

ちなみに私の場合は、外国人ということで日本語をちゃんと理解できるか確認する意味も兼ねて、開設するほぼすべての証券会社から電話がかかってきました。

● 個人情報の確認と入力

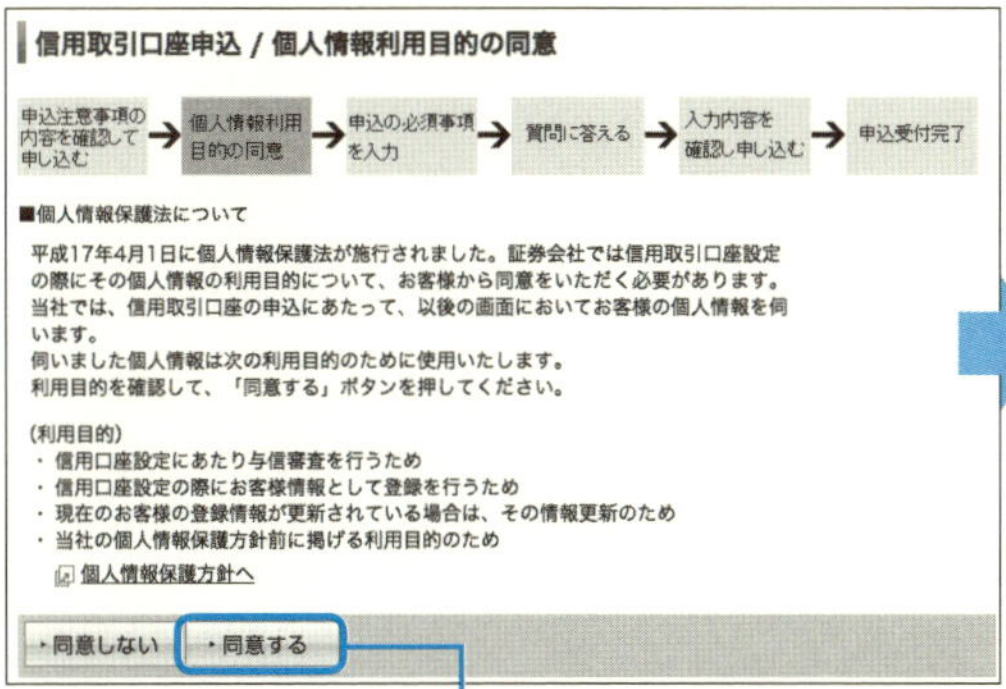

❶ 最初は個人情報利用に関する同意が求められるので、「同意する」を押して次のステップへ

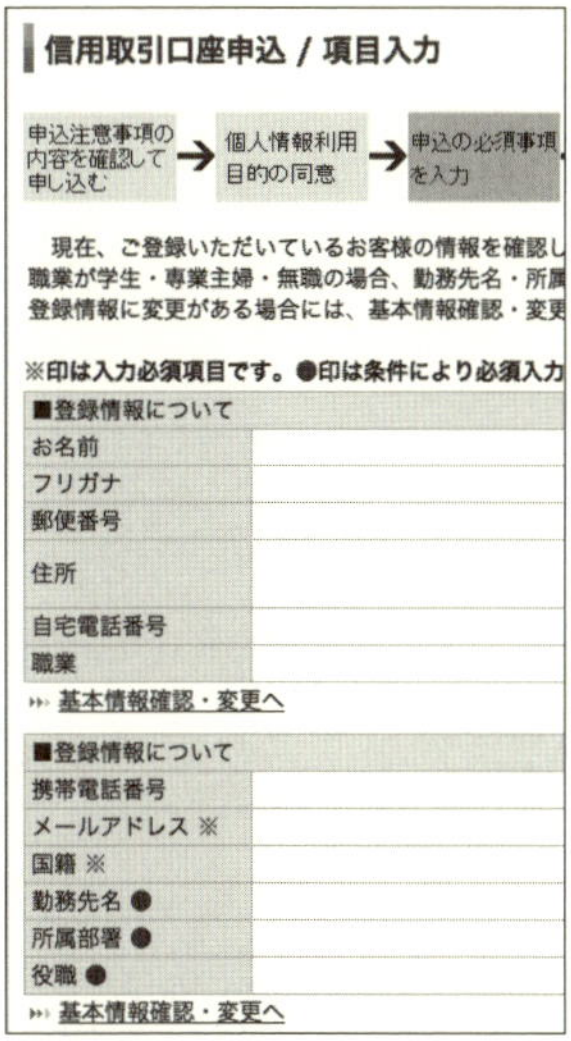

❷ 上段では、名前・住所などの個人情報を確認する。変更があればここで変更を行う

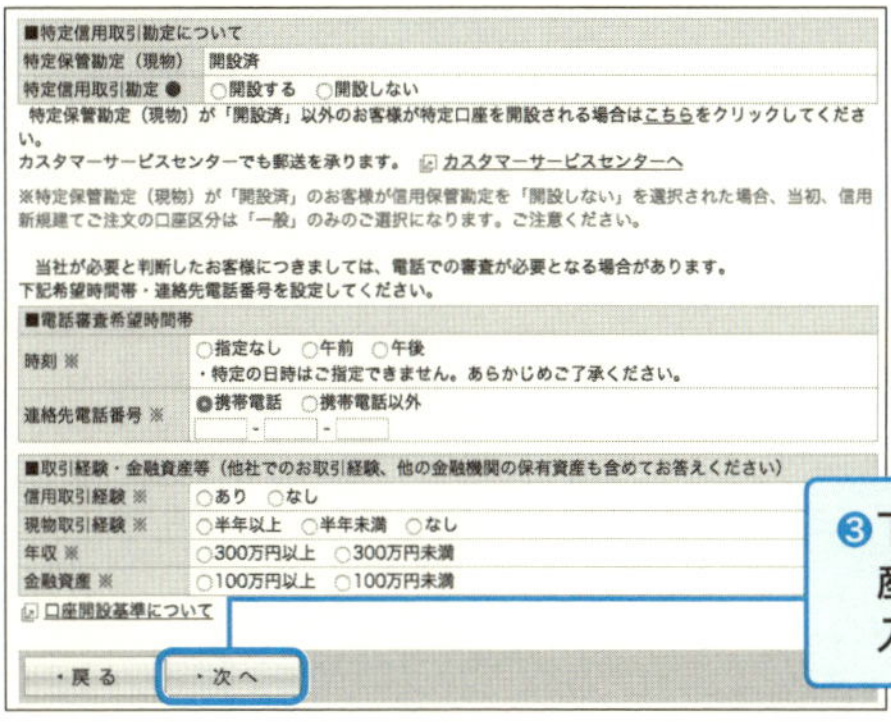

❸ 下段に投資の経験年数・年収・金融資産の金額などの情報が聞かれるので、入力して「次へ」ボタンを押す

● 技術的な理解度をチェックする質問

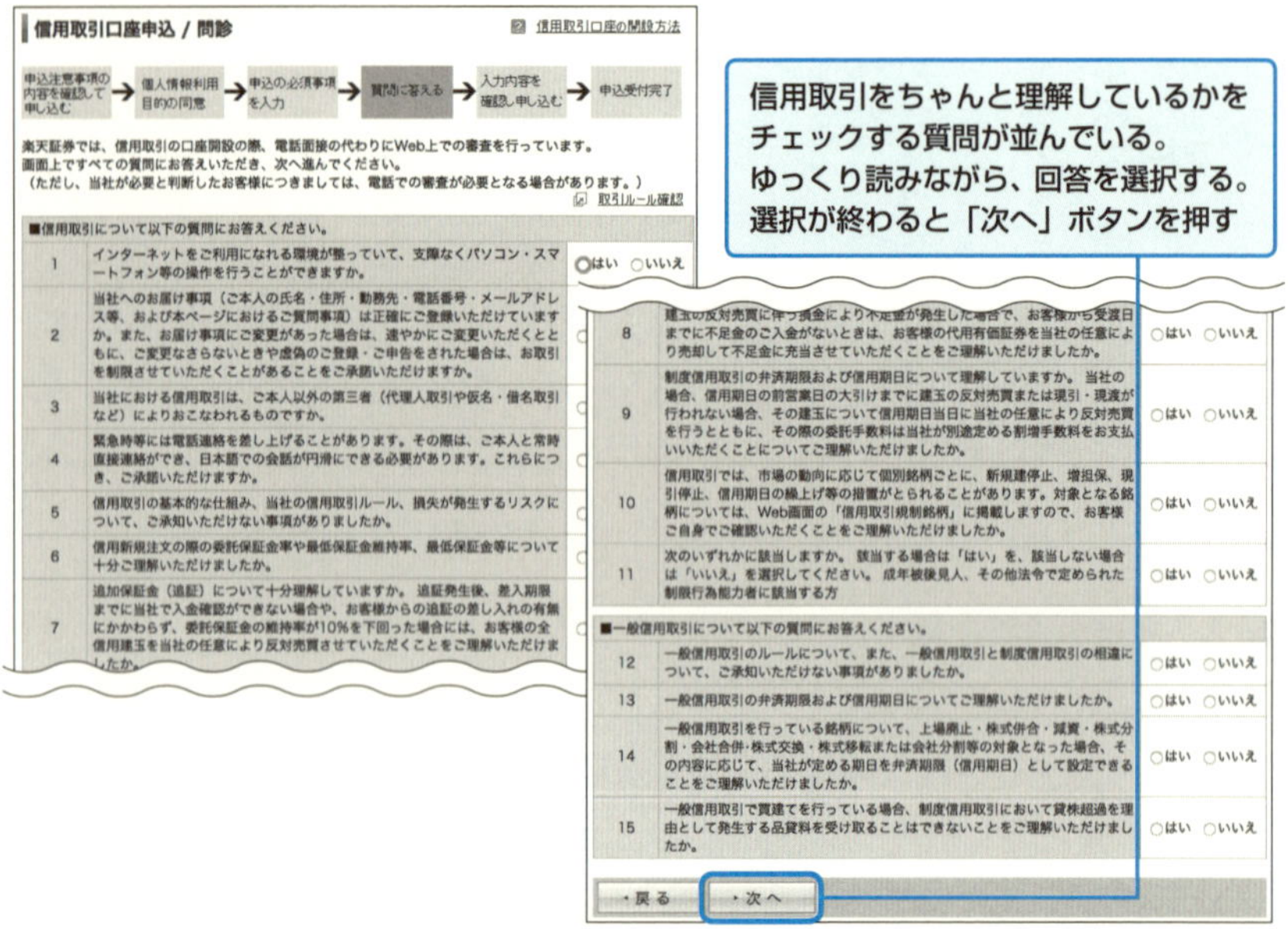

● 入力事項を確認して申込完了へ

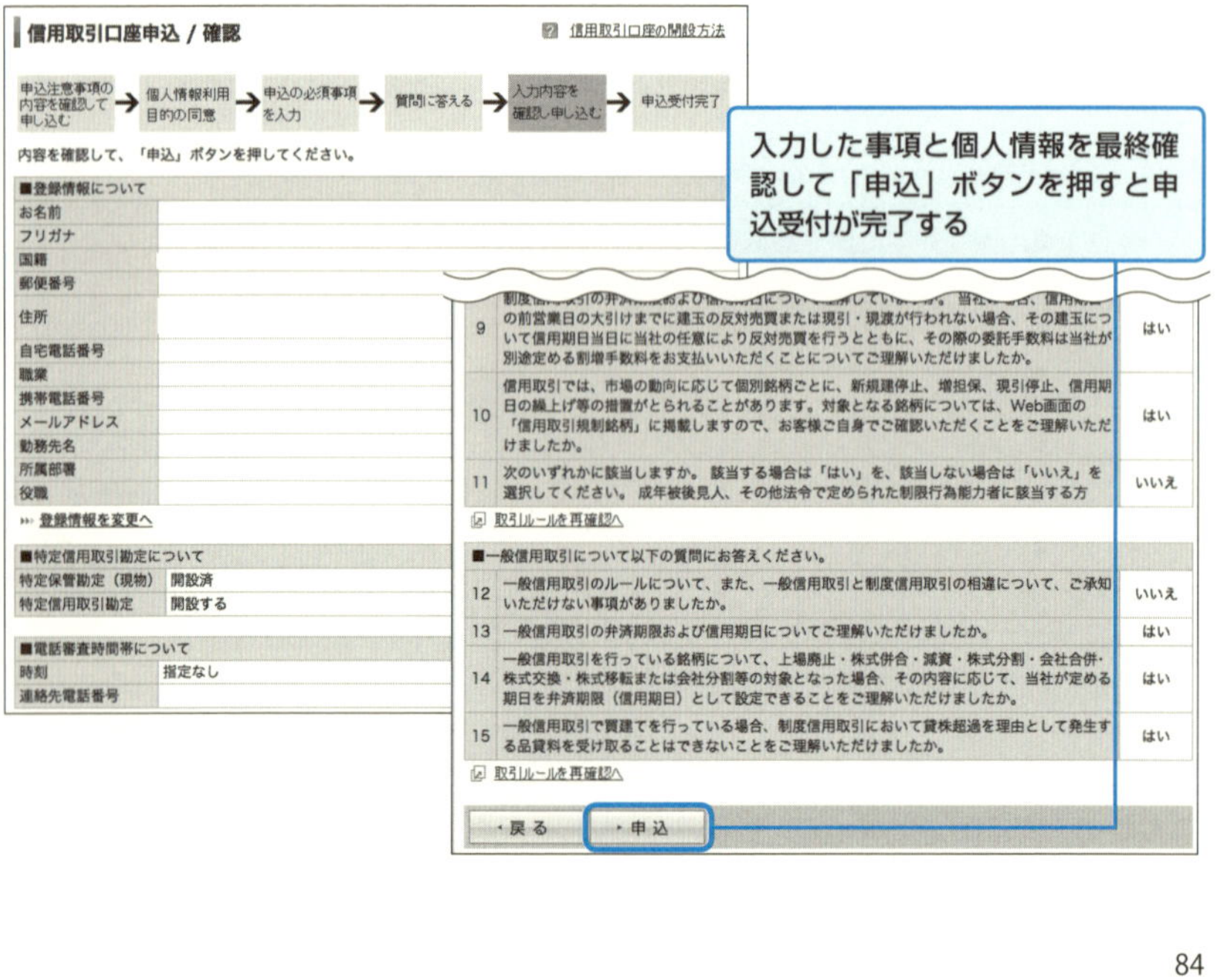

大きな問題がなければ2～3週間程度で「**口座開設完了の知らせ**」が届きます。これで信用取引口座の開設は完了です。

次は、委託保証金を預けてレバレッジを効かせて取引できる資金の準備をする段階です。「委託保証金を預ける？　どうすればいいの？　証券会社に現金を持っていって預ければいいの？」冗談ではなく、セミナー参加者から実際に出てきた質問です。現金を持っていくなんて、そんなことはありませんよ。そもそもインターネット証券なので、現金を持っていく実店舗が存在しません。すべてはインターネット上で完結できます。

これで信用取引
口座が開設でき
たぞ！

02 委託保証金の入れ方

1 口座に入金して取引の準備を整える

信用取引口座もできたことだし、鼻息荒く取引をはじめようと思ったところ、資金をどうすればいいのかわからないと困ってしまいますよね。ここでは取引できる箱ができたところで、その箱に委託保証金になる資金を準備する過程についてお話しします。

2段階に分けて資金を箱に移すとイメージしてください。

まず、「**あなたの銀行口座と証券口座を結びつけること**」これは現物の開設時にすでに銀行情報などを結びつけているので、改めてやることはありません。

次は、「**銀行から証券会社に資金を移し、その資金をさらに委託保証金として預ける**」ことです。

2 資金を入金して、移動させてみよう

信用取引が開設でき、ログインすると（現物口座の段階でもまだ入金をしていない場合は）次頁の図のように資金0として表示されます。これでは何もできませんね。まず「**銀行から証券会社の現物口座に資金を移動するプロセス**」をお話しします。

資金を移動する方法は次の2つがあります。

Ⓐ インターネットバンキングを利用してリアルタイムで入金する
Ⓑ 通常の振込で入金する

インターネットバンキングを利用している場合は、圧倒的に便利で早いので、「**リアルタイム入金**」をお勧めします。ここでは、みずほ銀行のインターネットバンキングを使って、リアルタイム入金をしてみます。

● **資金移動のイメージ**

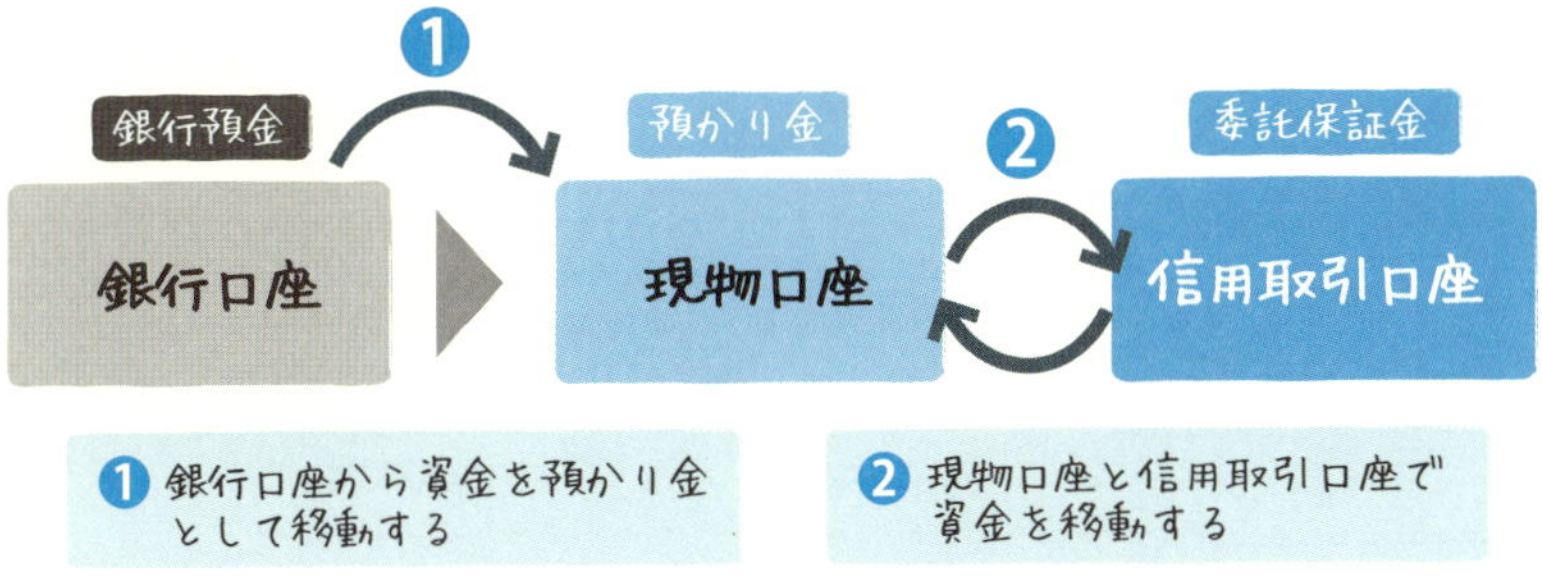

1
銀行預金
銀行口座
預かり金
現物口座
2
委託保証金
信用取引口座
1 銀行口座から資金を預かり金として移動する
2 現物口座と信用取引口座で資金を移動する

❶ 証券会社からリアルタイム入金する銀行を選ぶ

ホーム画面で「**リアルタイム入金**」タブをクリックすると、次のページで、対応している銀行が並んで表示されます。インターネットバンキングを利用している金融期間を選択すると、その金融機関のページに移動して入金処理を行うことができます。

❷ 銀行口座で振込の手続きをする

「**各金融機関の入金手続きページ**」に移動したら、通常の振込のように入金処理を行います。なお、金融機関によって画面は少しずつ異なります。

● リアルタイム入金を選択する

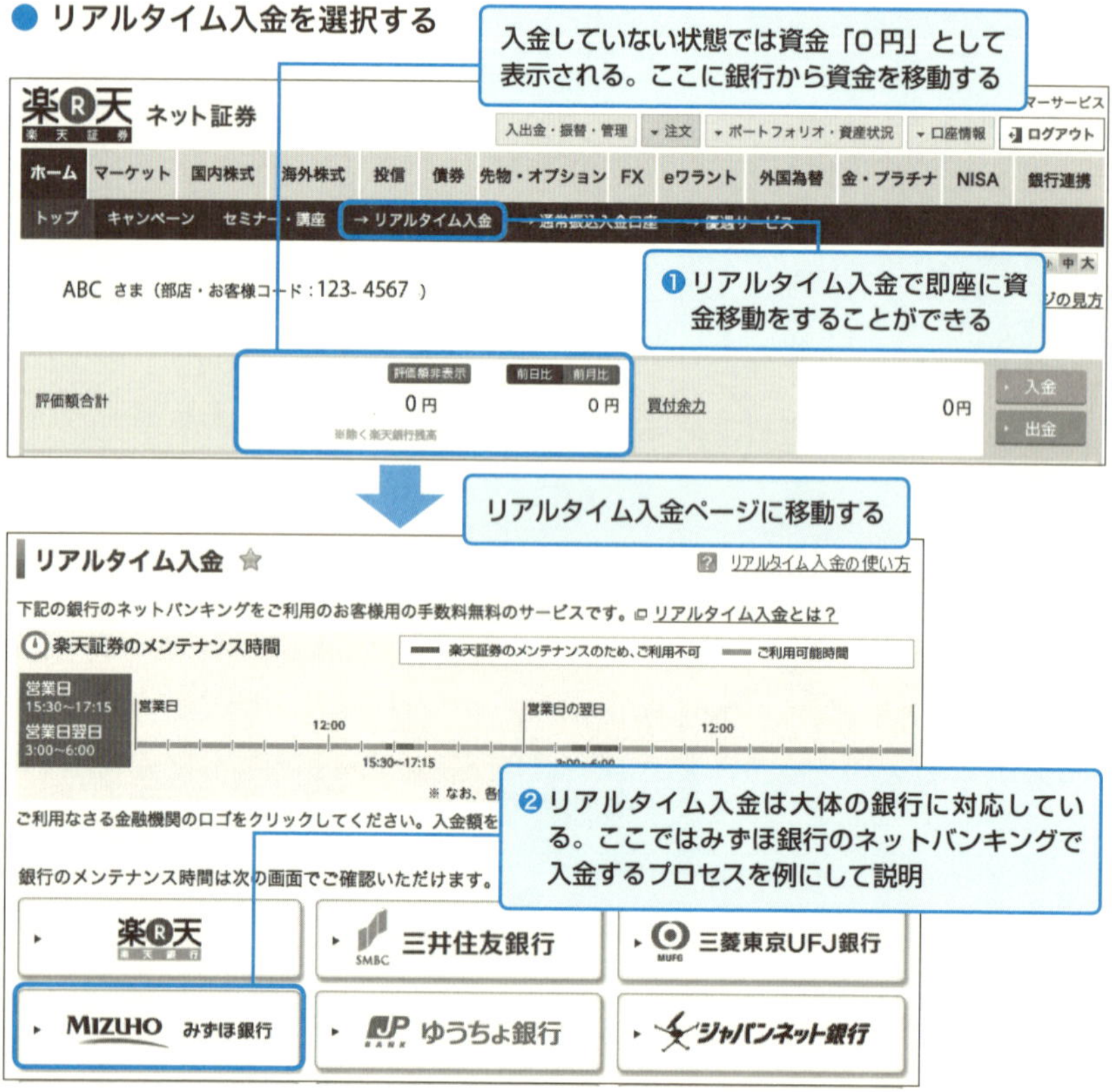

③ 銀行口座から資金が入金されたことを確認する

金融機関の入金手続きが終わると、必ず「**ログアウト**」ボタンで証券会社のページに戻るようにしてください。そのままブラウザを閉じてしまうと入金処理が反映されなかったり、時間がかかったりすることがあります。入金処理が終わってログアウトでホーム画面に戻ると、評価額合計が50万円になっていることが確認できます（次頁参照）。これで現物口座への入金は完了です。

次は、現物口座の箱に入っている資金を信用取引のための箱に移し替える手順です。

● 銀行口座での手続き例

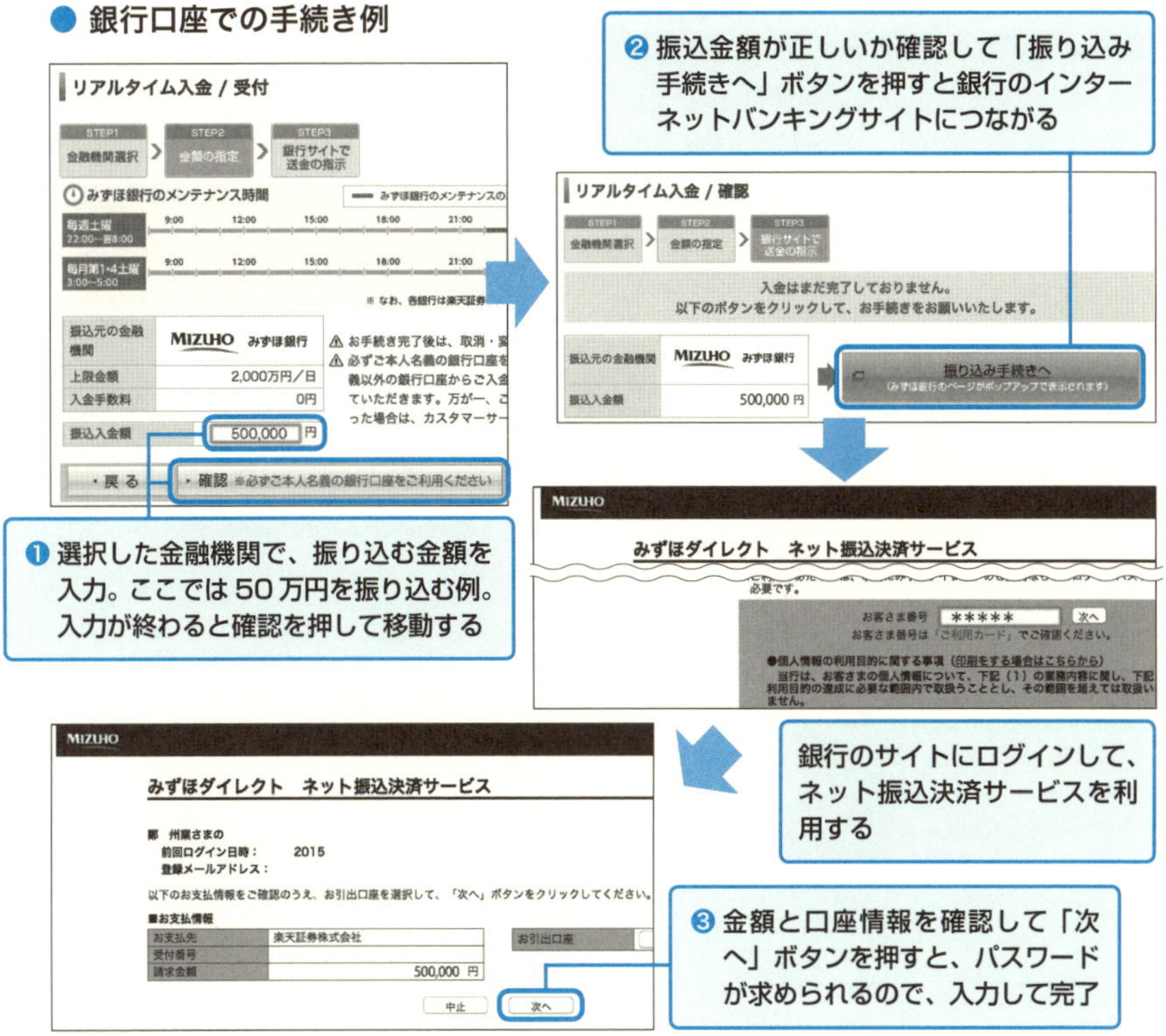

④ 現物口座から信用取引口座へ資金を移動する

今の状態は「預かり金」という名前で現物口座に50万円、信用口座には0円が入っている状態です。ここでは、預かり金から信用口座に30万円を移動する例を見てみましょう。

再びホーム画面で「**入出金・振替・管理**」をクリックして、入出金画面で「**振替・管理**」をクリックします（次頁参照）。次のページで「**信用保証金振替**」を選択することで、現物取引のための預かり金から信用取引のための保証金に資金を振り替えたり、その反対のことができるようになります。

● 銀行口座から資金が入金されている

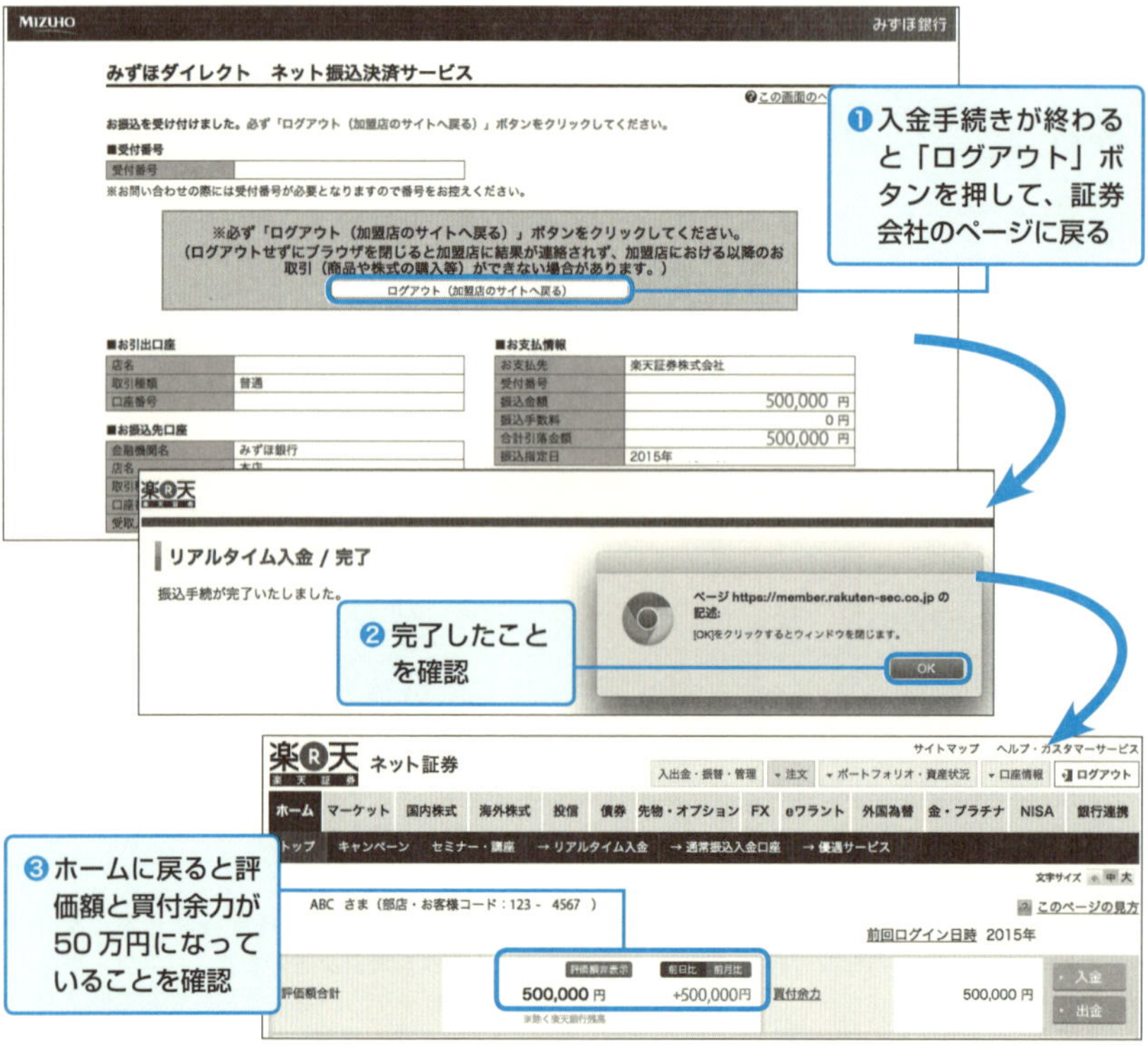

● 預かり金から信用保証金へ移動する

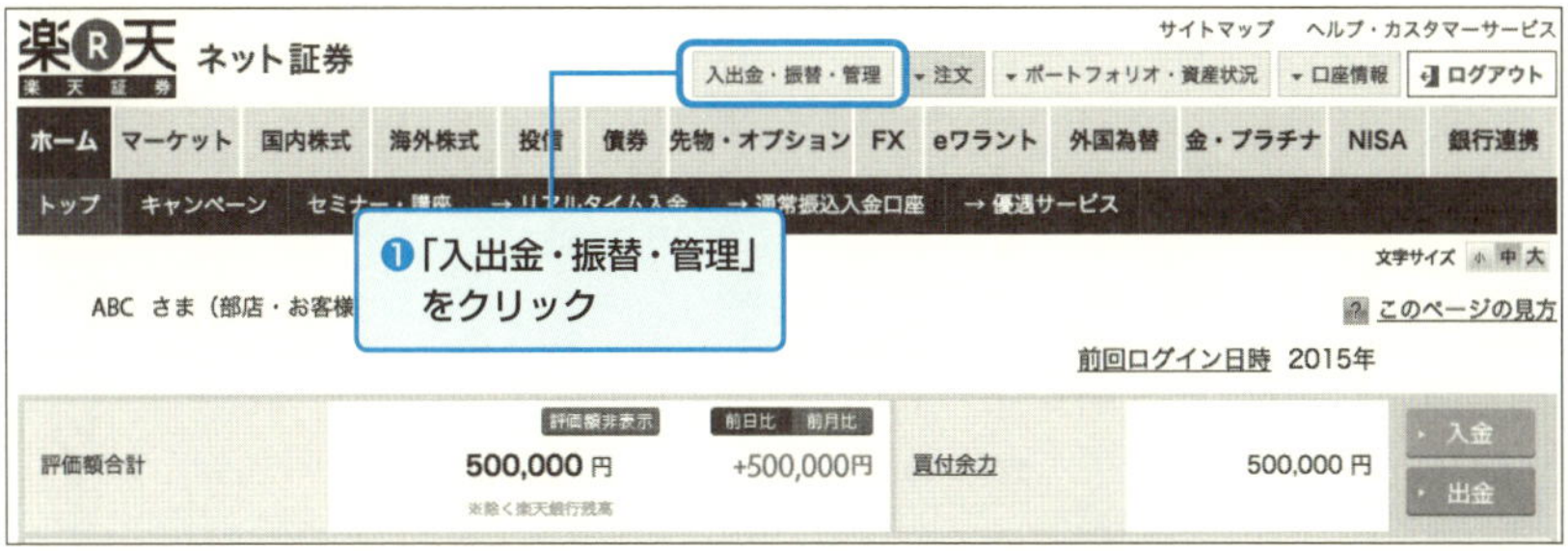

❶「入出金・振替・管理」をクリック

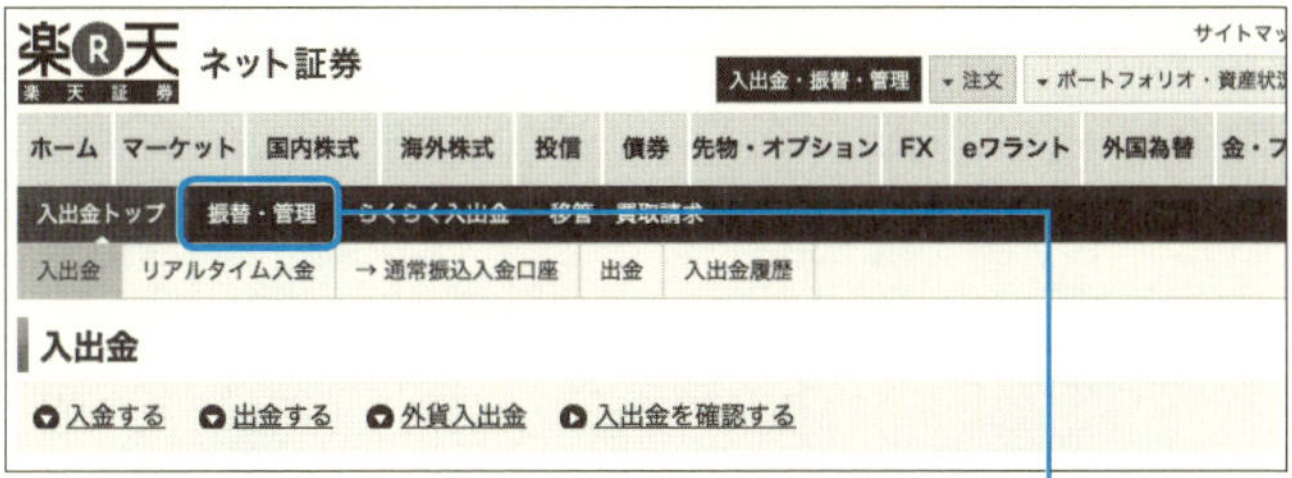

❷「振替・管理」をクリック

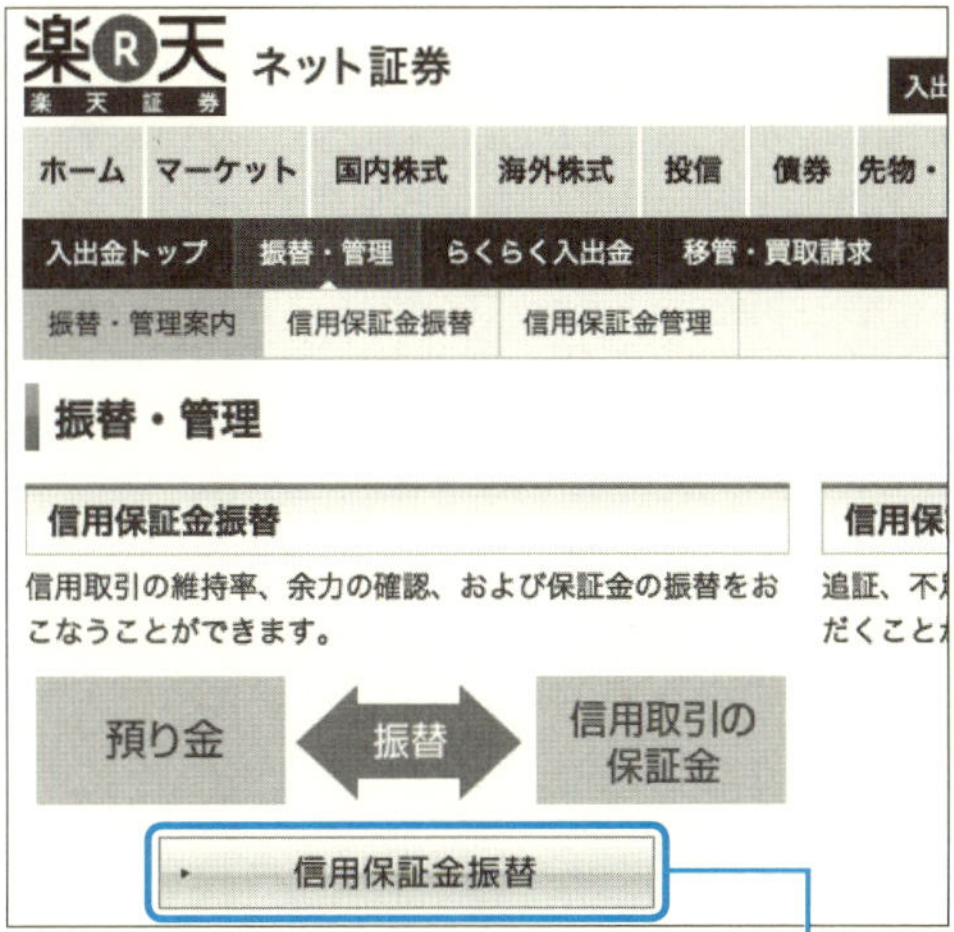

❸「信用保証金振替」をクリック

「信用保証金振替」ページで現物取引のための預かり金から信用取引のための保証金に資金を振り替えたり、その反対のことができる

❺ 現物の預かり金から信用保証金へ振り替える

「信用保証金振替」のページでは、**「信用余力の現状が5営業日間に渡って表示されている」**と同時に、現物の預かり金から信用保証金へ振替可能な金額や、逆に、信用保証金から預かり金へ振替可能な金額を確認することができます。この例では、現物の預かり金から保証金へ振替可能な金額が50万円あることを表しています。**「預り金から保証金へ」**を選び、**「振替金額を入力」**することで振替を行うことができます。この例では、30万円を振り替えています。振替の際は、暗証番号が求められます。

振替額を確認して暗証番号を入力したら、**「振替」**ボタンを押すことで振替が実行されます。振替受付完了メッセージを確認したら、無事に資金の振替が完了したことになります。

この振替処理は証券会社によっても少しずつ方針が異なります。ここで説明した楽天証券は振替が必要になりますが、ＳＢＩ証券、ライブスター証券の場合は、振替をしなくても取引の際、現物で買うのか信用で買うのかを選択することで、資金が自動的に振り替えられるようになっています。便利な代わりに、何を現物で買って、何を信用で買ったのか、自分の資金の状態がどうなっているのかが把握しづらくなるというデメリットもあります。

これで、現物口座に資金を移動して、そこからさらに信用取引口座に資金を移動することができました。次は移動した資金で早速注文を出してみましょう。まずはこれから上がると思われる銘柄を信用で買うところからはじめます。

●「信用保証金振替」のページ詳細

信用保証金振替

振替口座を選択し振替金額を入力してください。

委託保証金維持率

リアル	9,999.99 %
追証判定時	9,999.99 %

信用余力情報

	2015/03/31	2015/04/01	2015/04/02	2015/04/03	2015/04/06
信用余力［円］	500,000	500,000	500,000	500,000	500,000
信用新規建余力［円］	1,666,666	1,666,666	1,666,666	1,666,666	1,666,666
保証金維持率［%］	9,999.99	9,999.99	9,999.99	9,999.99	9,999.99
（参考）保証金現金［円］	0	0	0	0	0
（参考）預り金［円］	500,000	500,000	500,000	500,000	500,000

信用余力詳細へ

振替金額

	振替可能額	振替金額
● 預り金から保証金へ	500,000 円	300,000 円
○ 保証金から預り金へ	0 円	

信用余力の現状が 5 営業日間に渡って表示されている。3/31 現在、振替前なので、預り金が 50 万円でこれをすべて振り替える場合は約 166 万円信用取引ができることを表している。しかし、保証金現金は 0 円になっているので、まだ新規の注文はできない

現物の預かり金から保証金へ振替可能な金額が 50 万円あることを意味する

「預り金から保証金へ」を選び、振替金額を入力することで振替ができる。ここでは 30 万円を振替する例

信用保証金振替 / 確認

振替を受け付けます。内容を確認して取引暗証番号を入力してください。

振替金額

預り金から保証金へ	300,000 円

振替後の信用余力情報

	本日	翌営業日	翌々営業日
信用余力［円］	500,000	500,000	500,000
信用新規建余力［円］	1,666,666	1,666,666	1,666,666
保証金維持率［%］	9,999.99	9,999.99	9,999.99
預り金［円］	200,000	200,000	200,000

取引暗証番号：［　　　］ ? 取引暗証番号とは？

［振 替］ ［戻 る］

振替額を確認して、暗証番号を入力、「振替」ボタンを押す

振替受付完了メッセージを確認して完了

信用保証金振替 / 受付完了

振替を受け付けました。

信用保証金振替へ

信用余力詳細へ

03 信用買いで株を買ってみよう

1 基本は現物で買うときと一緒

75日線を超えたら買う！

信用で買う銘柄の選び方は、基本的に現物で買う銘柄と同じ方法です。**「これから75日線を超えて上昇トレンドが発生する可能性の高い銘柄」**を選びます。

次頁下のチャートを見てください。この銘柄は75日線が上向いている状態で、株価が75日線の下から近づいてきています。これから75日線を下から上に抜けて、トレンドが発生する可能性があります。75日線の下にある本日の状態から、75日線を抜けてくるタイミングで買うように、信用買いの逆指値注文を入れてみましょう。

75日線が1682円なので、これを下から上に抜けるタイミングは1円でも高い状態、つまり

1683円以上になったら買うということです。

まずホーム画面で証券番号または会社名（銘柄）を入力して、検索ボタンを押します。表示された銘柄が正しいか確認して、**「信用新規」**ボタンで注文画面に進みます。

買いの注文設定は現物とあまり異なりませんが、信用取引ならではのチェックポイントがいくつかあるので、こちらでしっかり確認してください。

● 75日移動平均線に接近してきたら信用買いをしてみる

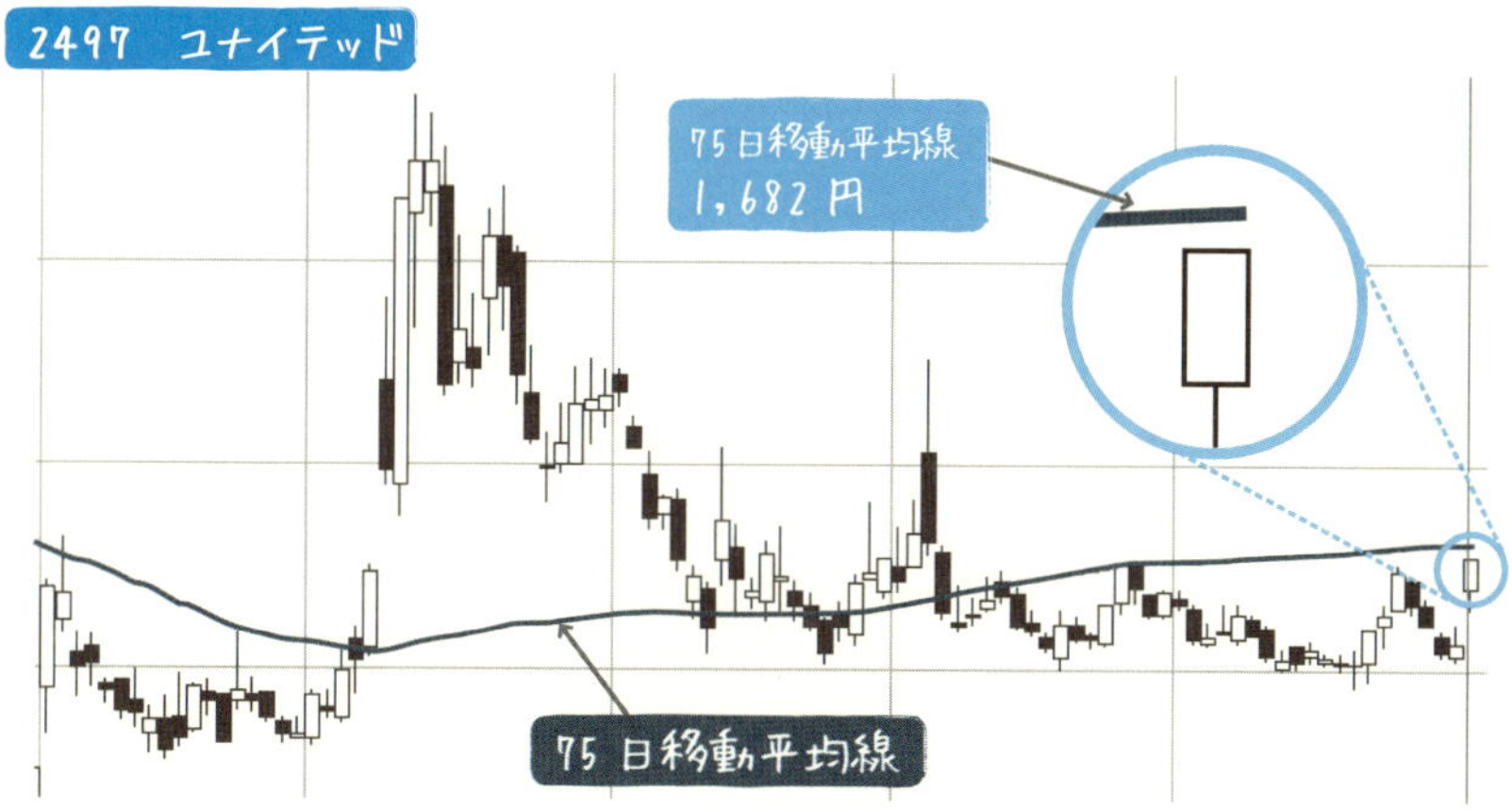

2497 ユナイテッド
75日移動平均線
1,682円
75日移動平均線

● まずは銘柄を検索する

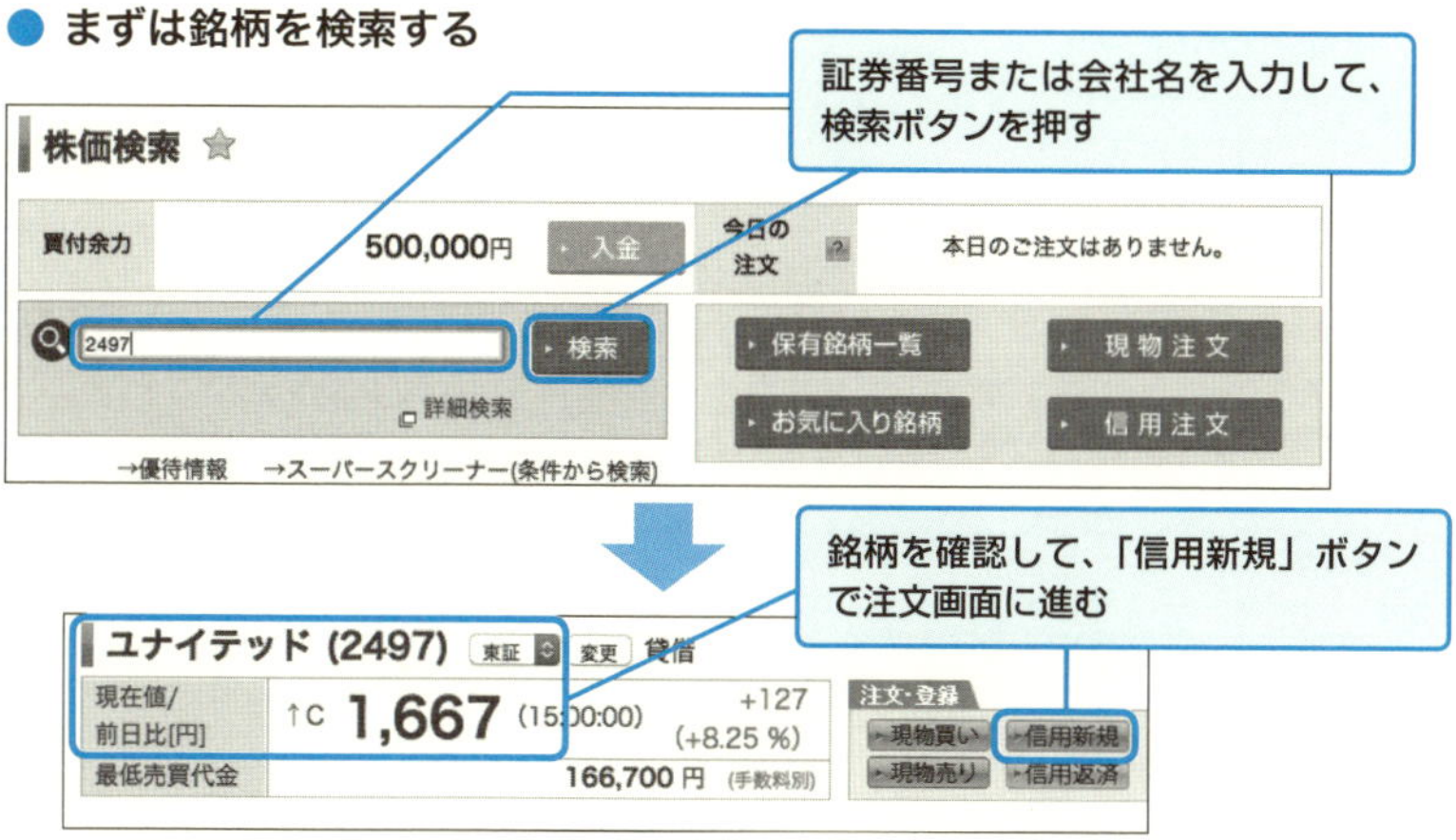

証券番号または会社名を入力して、検索ボタンを押す
株価検索
買付余力
500,000円
入金
今日の注文
本日のご注文はありません。
2497
検索
詳細検索
保有銘柄一覧
現物注文
お気に入り銘柄
信用注文
→優待情報 →スーパースクリーナー(条件から検索)
銘柄を確認して、「信用新規」ボタンで注文画面に進む
ユナイテッド (2497)
東証
変更
現在値/前日比[円]
↑C 1,667 (15:00:00)
+127 (+8.25 %)
最低売買代金
166,700 円 (手数料別)
注文・登録
現物買い
信用新規
現物売り
信用返済

チェックポイント❶

売買の区分は買いなら「買建」

信用買いの場合は「**買建**」、信用売りの場合は「**売建**」を選びます。これを間違うと、意図した取引とは真逆の取引になるので注意が必要です。今回は信用買いなので、「**買建**」を選びます。

チェックポイント❷

信用取引の区分は「制度信用」

「制度信用」なのか「一般」なのかを選択します。ここは余計なことは考えず、「**制度**」を選びます。

チェックポイント❸

買う価格の条件設定に注意する

信用取引のみならず現物の注文時

● **信用買い注文の設定**

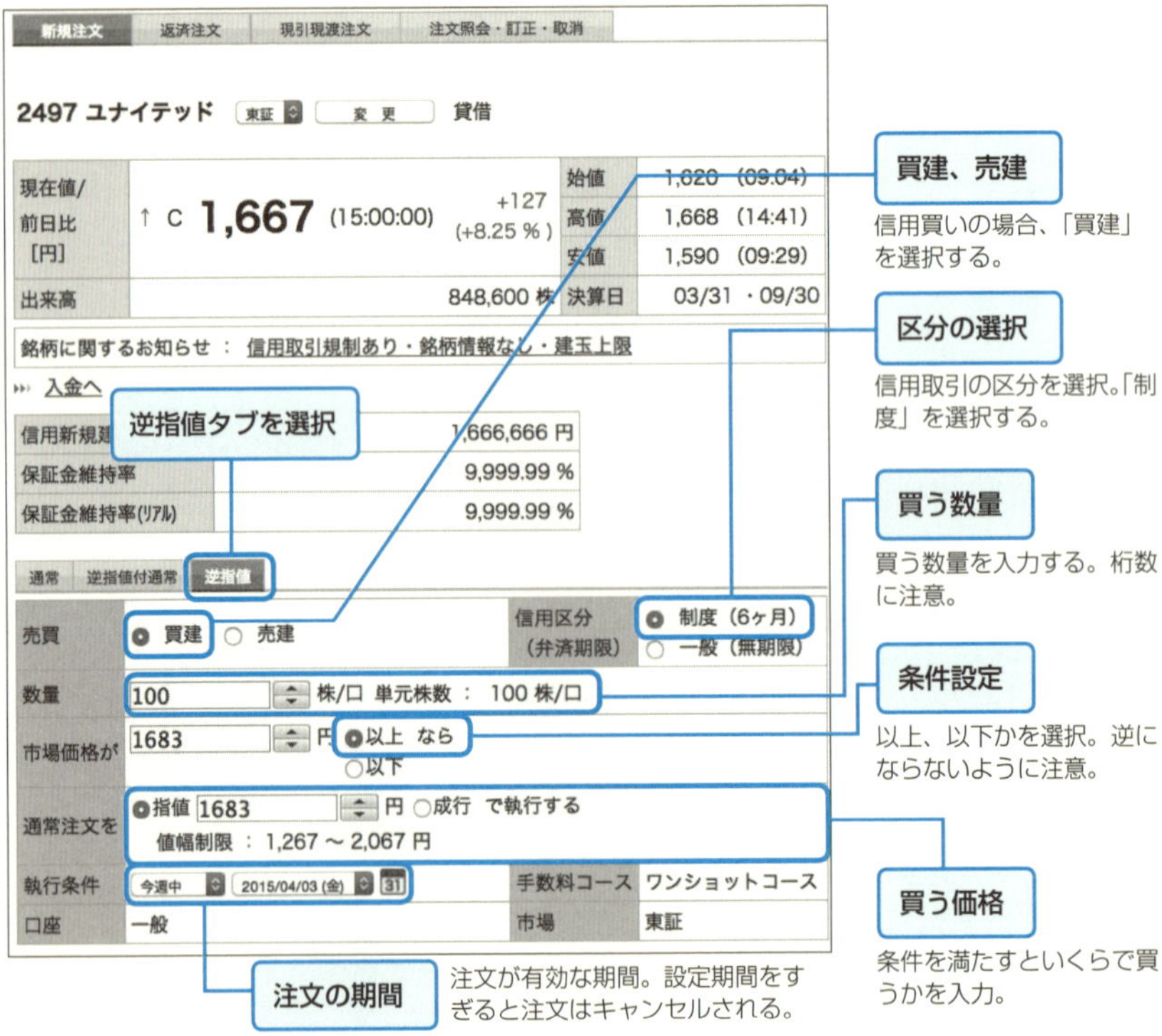

にも気をつけるポイントです。**「以上」**と**「以下」**が逆になっていないかを必ず確認してください。買建の場合、設定としてはほとんどが**「以上」**を選ぶことになります。

買い注文を確認して完了する

以上のチェックポイントをすべてチェックして入力が終わったら、**「取引暗証番号を入力」**して注文状況を確認するボタンを押して確認画面に移動します。

注文確認画面でもチェックポイントは一緒です。右記の3つのチェックポイントが正しく設定されているかを確認したら、**「注文ボタン」**を押して注文を完了します。チェックポイントの確認で満足してしまい、肝心な注文ボタンを押さないことがしばしば起こるので、**「注文受付完了のメッセージ」**も必ず確認してください。

注文の訂正と取消のしかたと練習方法

正しく注文されたかの照会と訂正・注文のキャンセルなどは、すべて信用取引の**「注文照会・訂正・取消」**タ

● 信用買いの注文の確認と訂正・取消

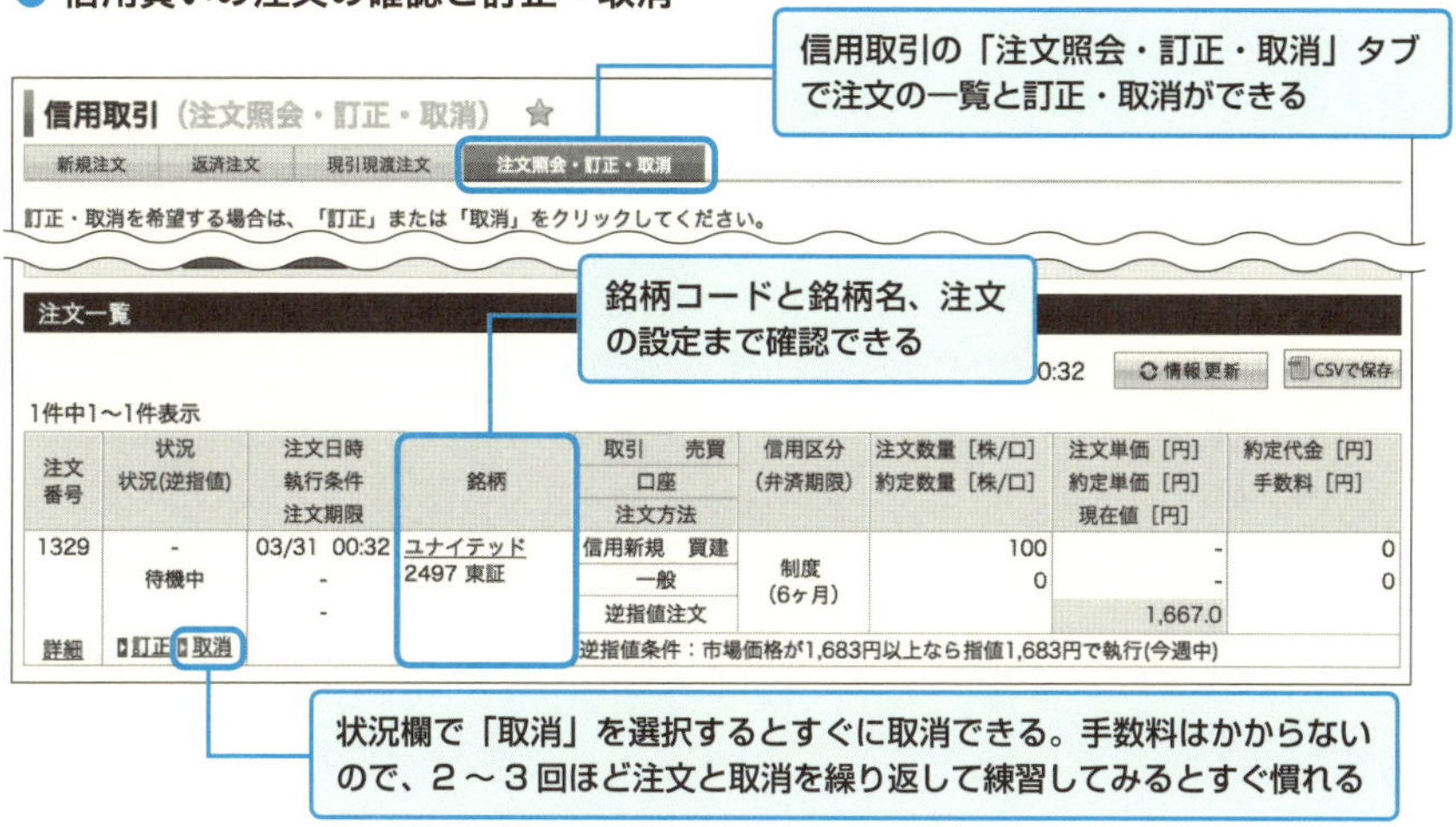
信用取引の「注文照会・訂正・取消」タブで注文の一覧と訂正・取消ができる
信用取引（注文照会・訂正・取消）
新規注文
返済注文
現引現渡注文
注文照会・訂正・取消
訂正・取消を希望する場合は、「訂正」または「取消」をクリックしてください。
注文一覧
銘柄コードと銘柄名、注文の設定まで確認できる
0:32
情報更新
CSVで保存
1件中1～1件表示
注文番号
状況 状況(逆指値)
注文日時 執行条件 注文期限
銘柄
取引 売買 口座 注文方法
信用区分 (弁済期限)
注文数量［株/口］ 約定数量［株/口］
注文単価［円］ 約定単価［円］ 現在値［円］
約定代金［円］ 手数料［円］
1329
待機中
03/31 00:32
ユナイテッド 2497 東証
信用新規 買建 一般 逆指値注文
制度 (6ヶ月)
100 0
1,667.0
0 0
詳細
訂正 取消
逆指値条件：市場価格が1,683円以上なら指値1,683円で執行(今週中)
状況欄で「取消」を選択するとすぐに取消できる。手数料はかからないので、2～3回ほど注文と取消を繰り返して練習してみるとすぐ慣れる

ブで行うことができます。

注文状況欄で注文の訂正と取消ができるので、2、3回、同じ注文を出したり取り消したりしてみてください。証券会社に怒られそうですが、注文の設定と取消は手数料がかからないので、何回も繰り返して練習してください。そうすることで注文に対する恐怖がなくなり、すぐに慣れるというメリットがあります。

これで、信用買いによる注文ができるようになりました。

信用取引による注文をわかりやすく説明する動画を本書特典サイトに用意しました。ぜひ参考にしてください。

特典動画④ 信用取引による買いの注文設定
(http://www.tbladvisory.com/book002)

2 信用買いした株を売るときは「返済」になる

信用買いが無事に約定した状態を何というか覚えていますか？　そうです。「**買建玉を持っている**」です。では次にやることは、当然ロスカットまたは利益を確定するために売らないといけません。

売るときも、現物で買ったものを売るプロセスと大差はありません。ただひとつだけ決定的な違いは、「**信用買いしたものを売るときは〝返済する〟**」といいます。

そして信用で買った銘柄を売ることで返済するので、「**売**《うり》**埋**《うめ》」といいます。

75日線を下回ったら売る！

返済の売りをするためには、まず信用取引の「**返済注文**」タブを押して、保有している信用銘柄のリストを表示させます。リストの中から返済したい銘柄の「**返済**」ボタンを押します。

チェックポイント❹
売買の区分は売りなら「売埋」

注文設定での最初のチェックポイントは売買の区分が「**売埋**」になっているかです。

● 信用買建玉の一覧を表示する

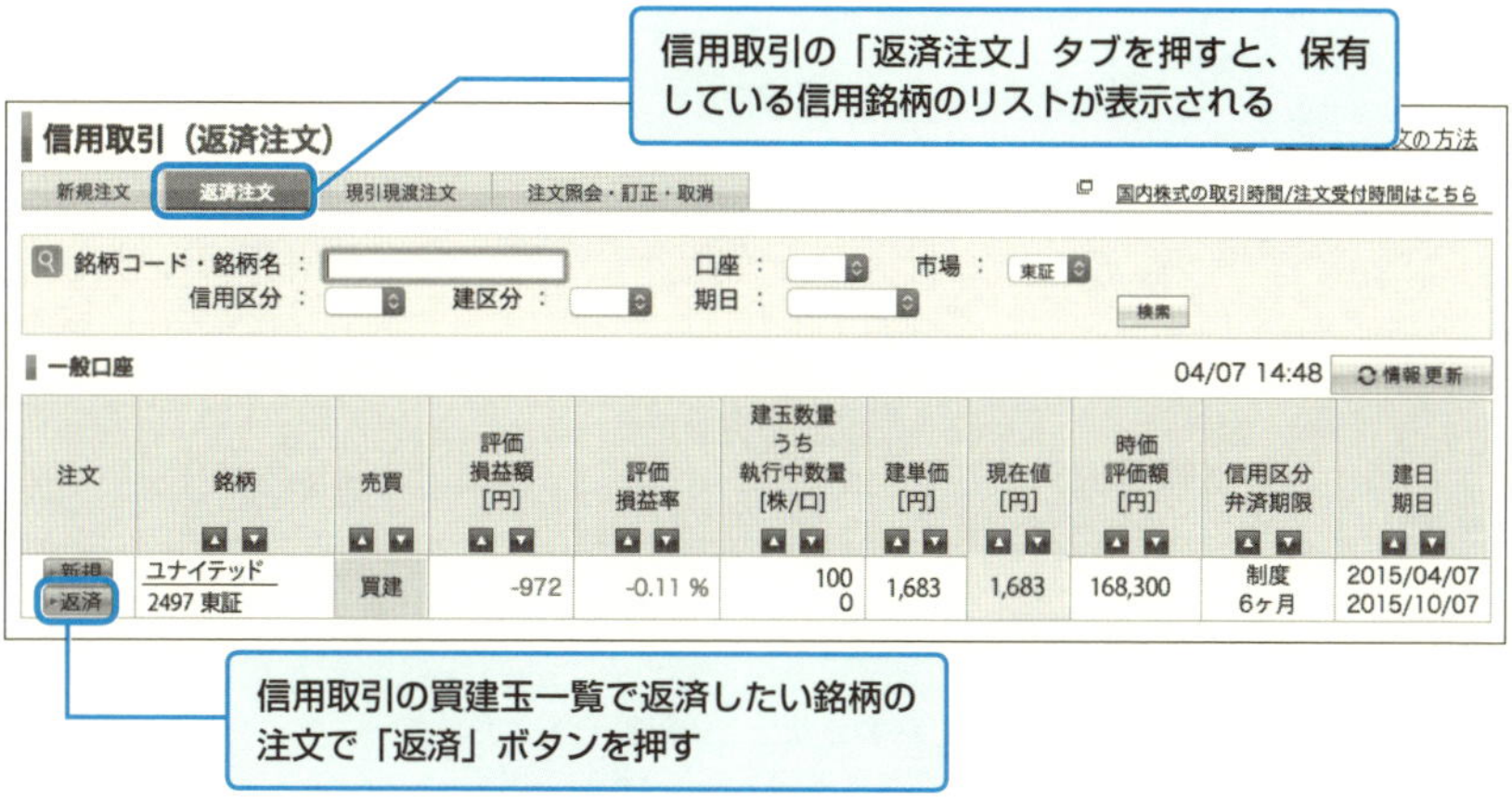

注文	銘柄	売買	評価損益額[円]	評価損益率	建玉数量 うち 執行中数量[株/口]	建単価[円]	現在値[円]	時価評価額[円]	信用区分 弁済期限	建日 期日
新規 返済	ユナイテッド 2497 東証	買建	-972	-0.11 %	100 / 0	1,683	1,683	168,300	制度 6ヶ月	2015/04/07 2015/10/07

チェックポイント⑤

売る価格の条件設定は「成行」

銘柄の横の「返済」ボタンを押すと、返済注文の設定画面が表示されます。1683円で買って保有している銘柄の現時点の75日移動平均線が1671円にある状態だとします。ロスカットの設定は75日線を上から下に抜けたタイミングなので、75日線より1円でも安いところです。

つまり「1670円以下になると売る」設定をします。「以上」と「以下」が逆になっていないかを必ず確認してください。買いの返済注文の場合、設定としてはほとんどが「**以下**」を選ぶことになります。

1670円を割り込んだら何があっても処理する必要があるので、売る値段は「**成行で執行する**」を選択します。

返済注文を確認して完了する

以上のチェックポイントをすべてチェックして入力が

● 返済注文の設定（売埋）

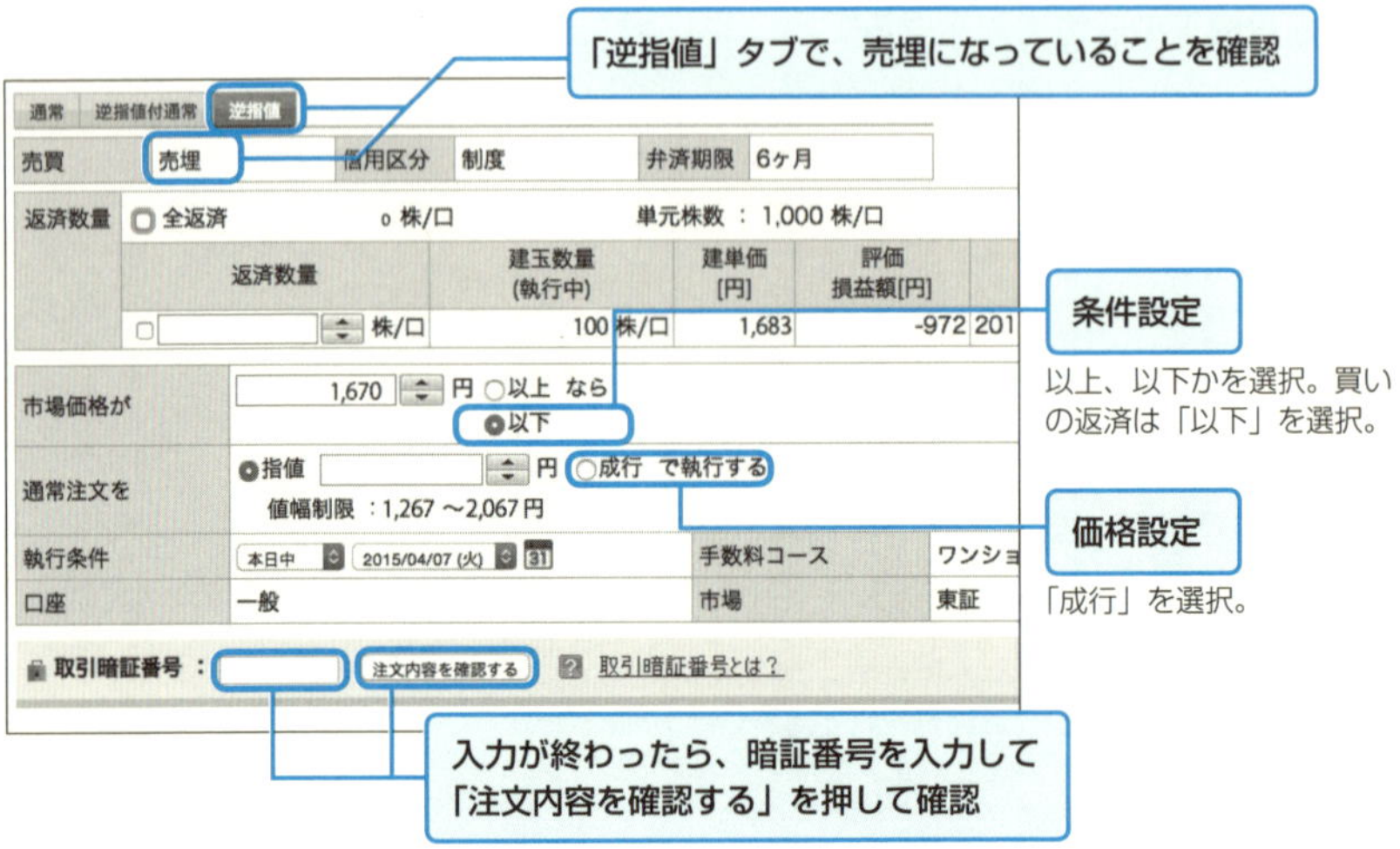

「逆指値」タブで、売埋になっていることを確認
通常
逆指値付通常
逆指値
売買
売埋
信用区分
制度
弁済期限
6ヶ月
返済数量
全返済
0 株/口
単元株数 ： 1,000 株/口
返済数量
建玉数量 (執行中)
建単価 [円]
評価損益額[円]
株/口
100 株/口
1,683
-972
市場価格が
1,670
円
以上
なら
以下
通常注文を
指値
円
成行 で執行する
値幅制限 ：1,267 ～2,067 円
執行条件
本日中
2015/04/07 (火)
手数料コース
口座
一般
市場
東証
取引暗証番号 ：
注文内容を確認する
取引暗証番号とは？
条件設定
以上、以下かを選択。買いの返済は「以下」を選択。
価格設定
「成行」を選択。
入力が終わったら、暗証番号を入力して「注文内容を確認する」を押して確認終わったら、「**取引暗証番号を入力**」して「注文内容を確認する」ボタンを押して確認画面に移動します。

注文確認画面でもチェックポイントは一緒です。**チェックポイント④⑤**が正しく設定されているかを確認したら、「**注文**」ボタンを押して注文を完了します。訂正する場合には「**戻る**」ボタンで前画面に戻ります。

チェックポイントの確認で満足してしまい、肝心な注文ボタンを押さないことがしばしば起こるので、「**返済注文の受付完了のメッセージ**」も必ず確認してください。

これで信用取引による買いと買った銘柄の返済までをひと通りカバーしました。返済のプロセスをわかりやすく説明する動画を本書特典サイトに用意しました。ぜひ参考にしてください。

特典動画⑤ 信用買建玉の返済注文
(http://www.tbladvisory.com/book002)

● **返済注文の確認と訂正（売埋）**

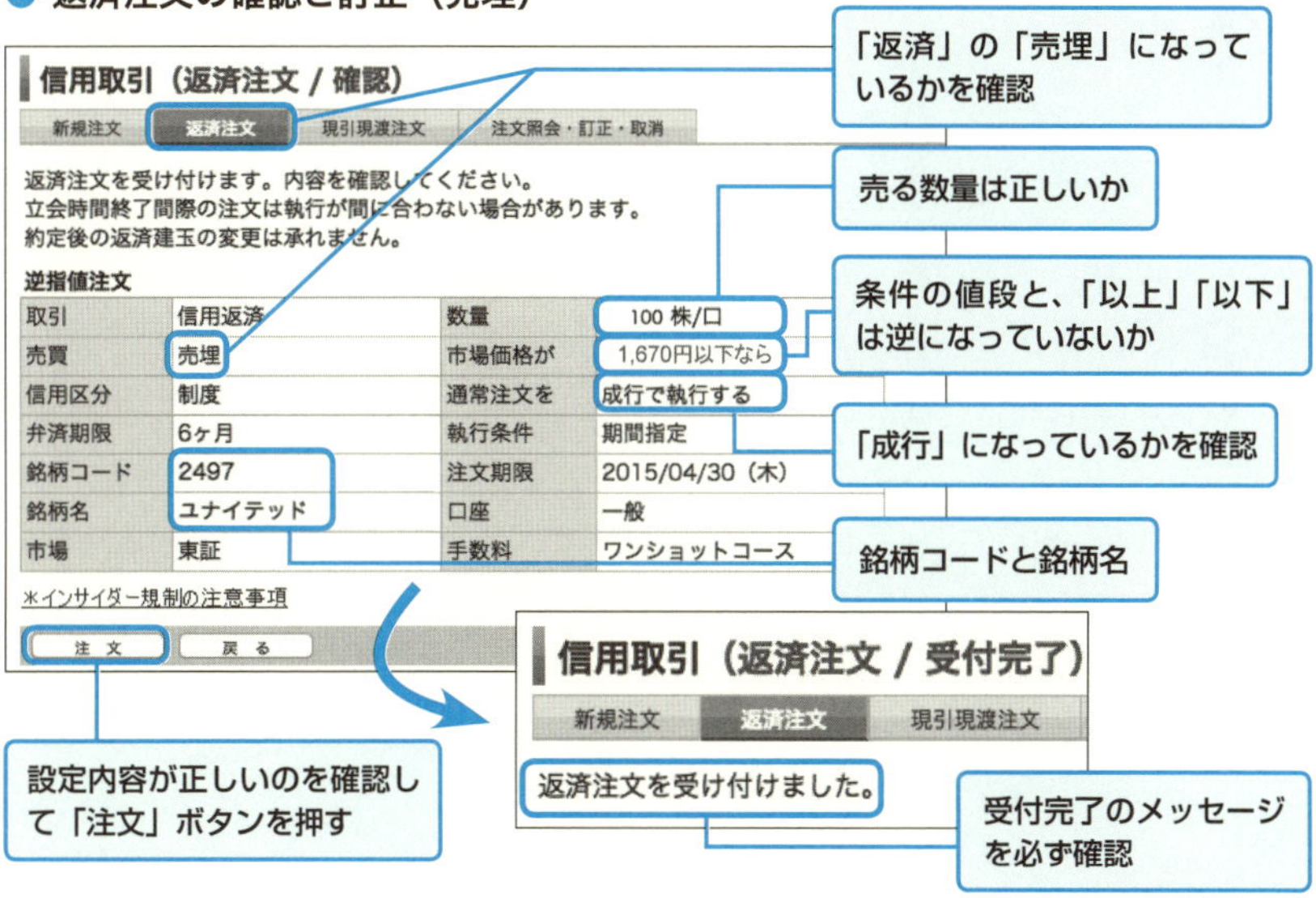
信用取引（返済注文 / 確認）
新規注文
返済注文
現引現渡注文
注文照会・訂正・取消
返済注文を受け付けます。内容を確認してください。
立会時間終了間際の注文は執行が間に合わない場合があります。
約定後の返済建玉の変更は承れません。
逆指値注文
取引 信用返済
売買 売埋
信用区分 制度
弁済期限 6ヶ月
銘柄コード 2497
銘柄名 ユナイテッド
市場 東証
数量 100 株/口
市場価格が 1,670円以下なら
通常注文を 成行で執行する
執行条件 期間指定
注文期限 2015/04/30（木）
口座 一般
手数料 ワンショットコース
※インサイダー規制の注意事項
注文
戻る
「返済」の「売埋」になっているかを確認
売る数量は正しいか
条件の値段と、「以上」「以下」は逆になっていないか
「成行」になっているかを確認
銘柄コードと銘柄名
信用取引（返済注文 / 受付完了）
新規注文
返済注文
現引現渡注文
返済注文を受け付けました。
設定内容が正しいのを確認して「注文」ボタンを押す
受付完了のメッセージを必ず確認

04 空売り（信用売り）で株を売ってみよう

1 空売りの基本ポイントを押さえる

75日線を下に抜けたら売る！

３時限目は信用口座の開設や注文のしかたに重点を置くので、空売りのポイントになるところについては詳しくお話しはしません。空売りの流れや、注文の設定をひとりでできるようになる理論は４時限目で詳しく勉強します。

ここではまず最も基本的な空売りのスタートポイントとロスカットの設定に基づいて、注文を出す方法を覚えましょう。

空売りの最も基本的なポイントは、「**買いで利益をあげるポイントの反対のタイミング**」です。

「75日線が上向いていて、株価が75日線の下にある銘柄を選定し、株価が75日線を下から上に抜けるタイミングで買う」のが買いのポイントでした。

空売りはその反対で、「**75日線が下向いていて、株価が75日線の上にある銘柄を選定して、株価が75日線を上から下に抜けるタイミング**」が空売りの最も基本的なポイントです。グランビルの法則で考えると、下降の1回目、または2回目のタイミングです。

下の例を見てください。この銘柄は2014年10月中旬を底値にして、上昇トレンドに変わったあと、12月初旬に天井をつけてから下落して下旬に高値抜けの再挑戦に失敗すると再び下落しています。75日線を1回割り込んでしばらくすると75日線が下向きはじめ、下降トレンドになっていることがわかります。そして、今は75日線を一時的に上回っている状態です。「**株価が75日線を上から下に抜けるタイミングが空売りのスタートポイント**」になります。今は75日線を下から抜けたポイントがなぜ空売りのポイントになるのか、この説明がわからなくても大丈夫です。4時限目で詳しくお話しするので、とりあえ

● 75日移動平均線に戻ったところで空売りをしてみる

6588 東芝テック
天井から高値を切り下げながら、
75日線を割り込む
75日線が下向きはじめる
株価が下向きになりはじめた75日線に戻ってきて、そのまま上に抜けた状態
75日移動平均線
75日移動平均線の値段は776円
850
750
701
600
14/11
14/12
15/1
15/3

ず、前頁下のチャートの最後のところが空売りのスタートポイントであり、買いとは反対のポイントになることを覚えておいてください。

2 空売りの実践

先ほどの、75日線の上に株価がある状態から空売りの設定と注文を出す方法について考えてみます。75日移動平均線の値は776円なので、これを上から下に抜けるというのは、776円より1円でも下になると、抜けたことになります。つまり、「**株価が775円以下になると空売り**」するように設定するのが正しい注文です。銘柄の検索と、信用新規を選ぶところは信用買いのときと一緒です。

違いは逆指値で注文を設定するところです。空売り注文においてのチェックポイントは次の3点です。

チェックポイント❶

売買の区分は空売りなら「売建」

● まずは銘柄を検索する

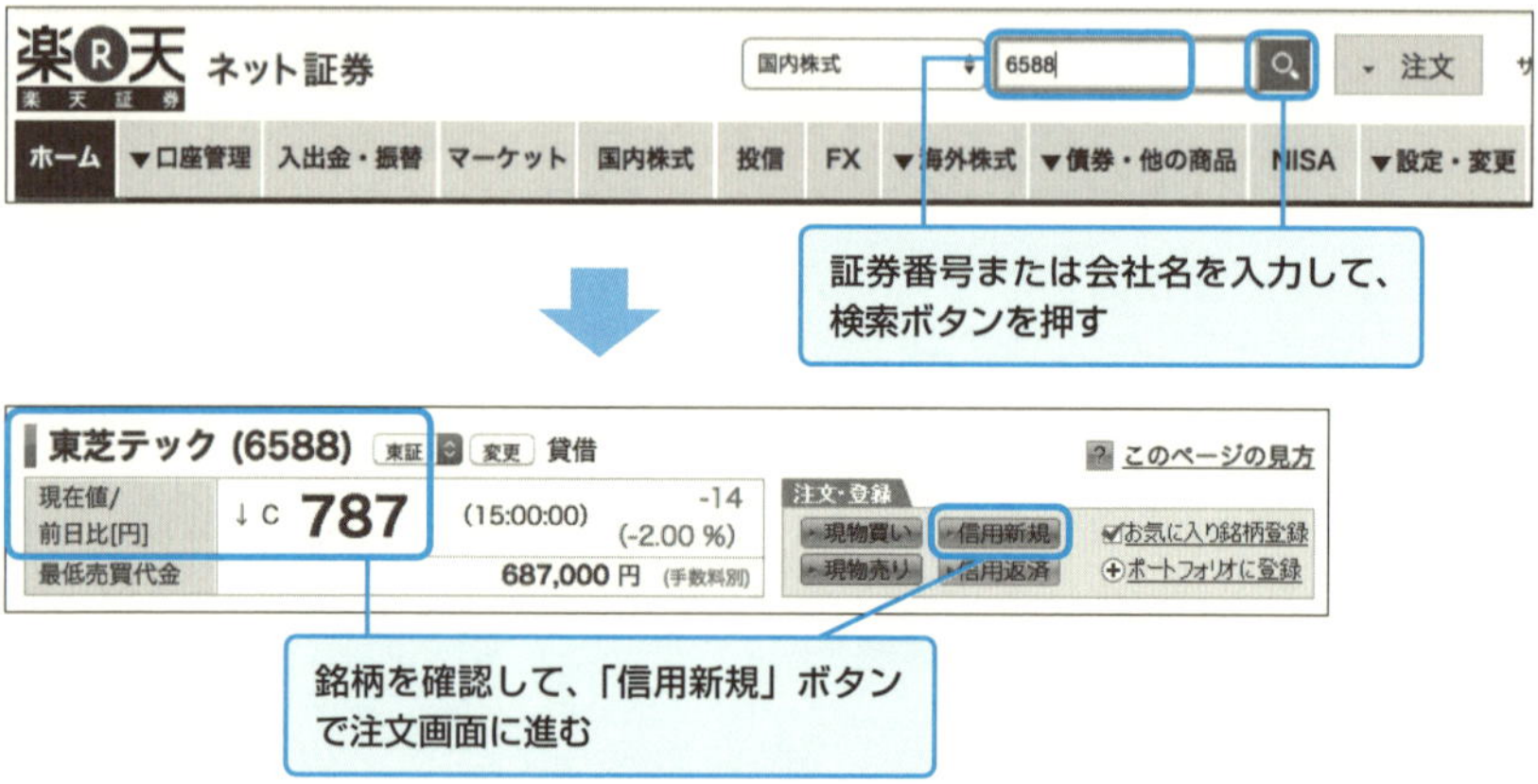

楽天 ネット証券
国内株式
6588
注文
ホーム
▼口座管理
入出金・振替
マーケット
国内株式
投信
FX
▼海外株式
▼債券・他の商品
NISA
▼設定・変更
証券番号または会社名を入力して、検索ボタンを押す
東芝テック (6588)
東証
変更
貸借
このページの見方
現在値/前日比[円]
↓C 787
(15:00:00)
-14
(-2.00 %)
最低売買代金
687,000 円 (手数料別)
注文・登録
現物買い
信用新規
現物売り
信用返済
お気に入り銘柄登録
ポートフォリオに登録
銘柄を確認して、「信用新規」ボタンで注文画面に進む

空売りの場合は「**売建**」を選択します。「買建」を選ぶと信用で買うことになってしまうので注意が必要です。

チェックポイント❷
信用取引の区分は「制度信用」

「制度信用」なのか「一般」なのかを選択します。ここは余計なことは考えず、「**制度**」を選びます。

チェックポイント❸
買う価格の条件設定に注意する

買いとは反対なので、「**775円 〝以下〟**」になると空売りをするように設定します。「以上」を選択しないように気をつけてください。空売りの場合、設定としては「**以下**」が多くなります。

チェックポイントを確認して入力が終わると、

● 信用売り（空売り）注文の設定

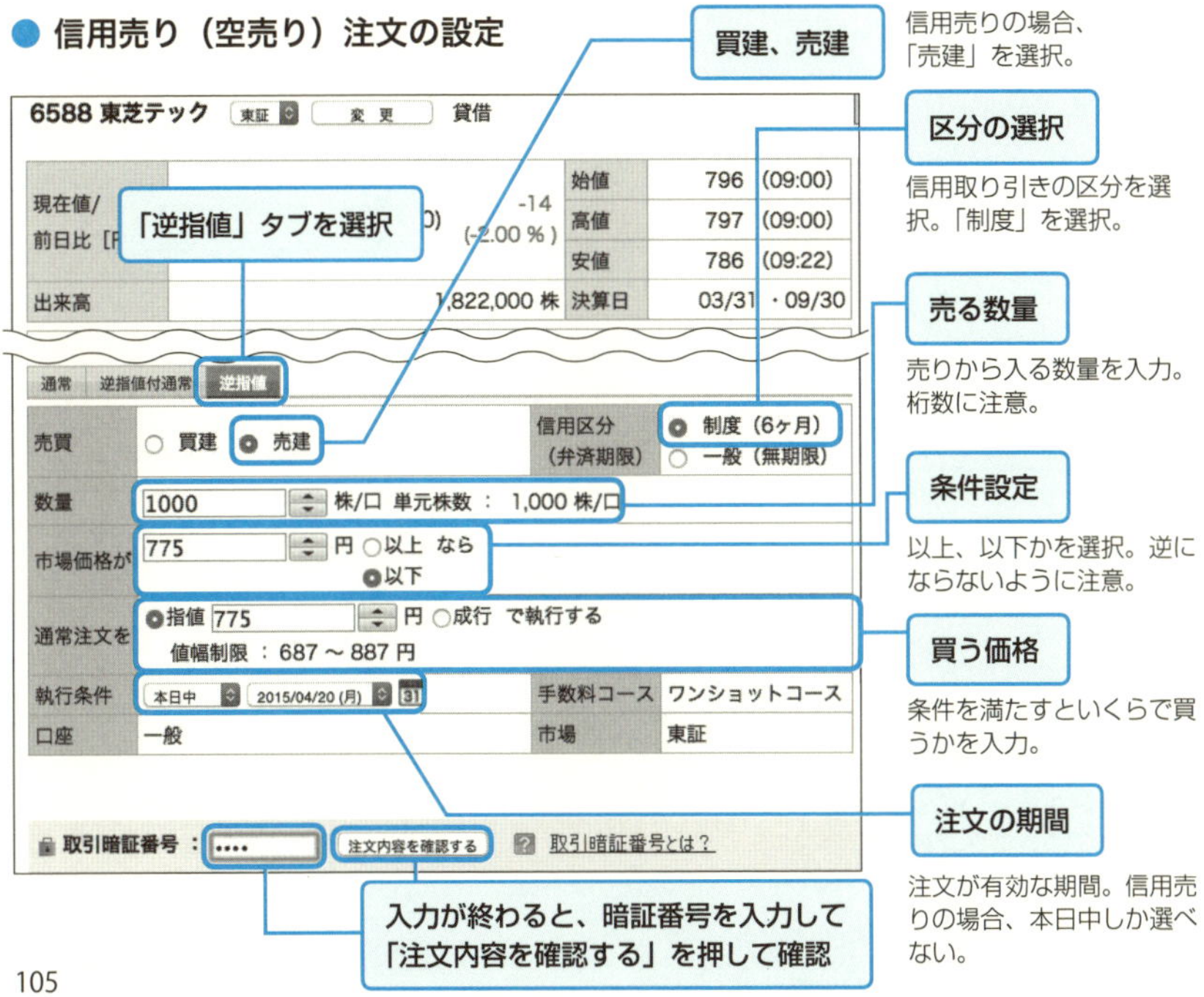
買建、売建
信用売りの場合、「売建」を選択。
区分の選択
信用取り引きの区分を選択。「制度」を選択。
「逆指値」タブを選択
売る数量
売りから入る数量を入力。桁数に注意。
条件設定
以上、以下かを選択。逆にならないように注意。
買う価格
条件を満たすといくらで買うかを入力。
注文の期間
注文が有効な期間。信用売りの場合、本日中しか選べない。
入力が終わると、暗証番号を入力して「注文内容を確認する」を押して確認
6588 東芝テック
東証
変更
貸借
現在値/
前日比
-14
(-2.00 %)
始値 796 (09:00)
高値 797 (09:00)
安値 786 (09:22)
出来高 1,822,000 株
決算日 03/31・09/30
通常
逆指値付通常
逆指値
売買
買建
売建
信用区分（弁済期限）
制度（6ヶ月）
一般（無期限）
数量
1000
株/口 単元株数 ： 1,000 株/口
市場価格が
775
円 以上 なら
以下
通常注文を
指値 775 円 成行 で執行する
値幅制限 ： 687 ～ 887 円
執行条件
本日中
2015/04/20 (月)
手数料コース ワンショットコース
口座 一般
市場 東証
取引暗証番号 ：
注文内容を確認する
取引暗証番号とは？

注文の確認画面で設定を確認します。ここでも大事なのは、**チェックポイント❶❷❸**の3つのチェックポイントです。

空売り注文を確認して完了する

以上のチェックポイントをすべてチェックして入力が終わったら、「**取引暗証番号を入力**」して「注文内容を確認する」ボタンを押して確認画面に移動します。

注文確認画面でもチェックポイントは一緒です。**チェックポイント❶❷❸**が正しく設定されているかを確認したら、「**注文**」ボタンを押して注文を完了します。チェックポイントの確認で満足してしまい、肝心な注文ボタンを押さないことがしばしば起こるので、「**新規注文を受け付けたメッセージ**」も必ず確認してください。

空売りの注文設定をわかりやすく説明する動

● 空売りの注文の確認と訂正・取消

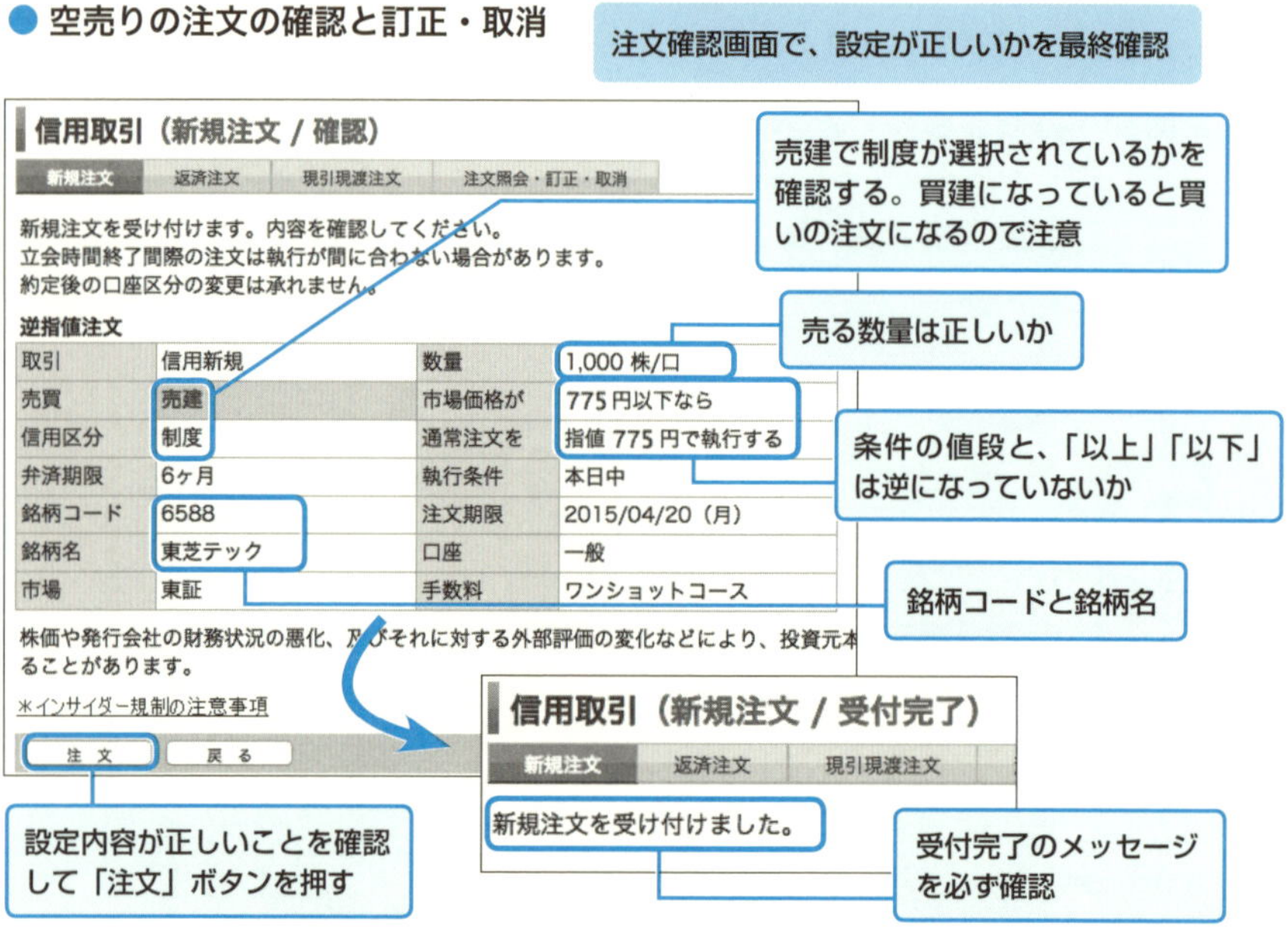

注文確認画面で、設定が正しいかを最終確認

画を本書特典サイトに用意しました。ぜひ参考にしてください。

特典動画⑥ 空売りの注文設定
(http://www.tbladvisory.com/book002)

3 空売りの返済は「買い戻し」になる

次の日、仕事が終わって注文の状態を確認しようとチャートを開いてみると、下図のような状態になっていました。大きい陰線がつくられ、75日線を大きく割り込みました。75日線の1円下に空売りを設定していたので、空売りの注文が約定されました。おめでとうございます！　空売りのデビューです。

さて、次にすることは？　親戚に電話して空売りデビューしたことを自慢しまくる？　合コンに出かけて空売りデビューしたことをネタにモテモテにな

● 空売り注文の約定とロスカットの設定

6588 東芝テック
75日移動平均線
75日移動平均線
775円
終値764円

る？　あれもこれも全部いいですが、出かける前にロスカットの買い戻しを設定することを最初にするのを忘れないでください。

空売りで売建をしている状態から株を買って返済することを「買い戻し」ということは、2時限目でもお話ししました。**「信用取引の場合、空売りで買い戻す場合も、買いで売埋をする場合も〝返済〟**」になります。

「返済注文」のタブをクリックして信用取引のリストを見ると、売建をしている売建玉を確認することができます。買い戻す銘柄の横にある「**返済**」ボタンを押して、買い戻しの設定を行います。

チェックポイント④ 売買の区分は買いなら「買埋」

注文設定での最初のチェックポイントは売買の区分が「**買埋**」になっているかです。

空売りする銘柄を買って返済するので、「買埋」という言い方をします。

● 信用売建玉の一覧を表示する

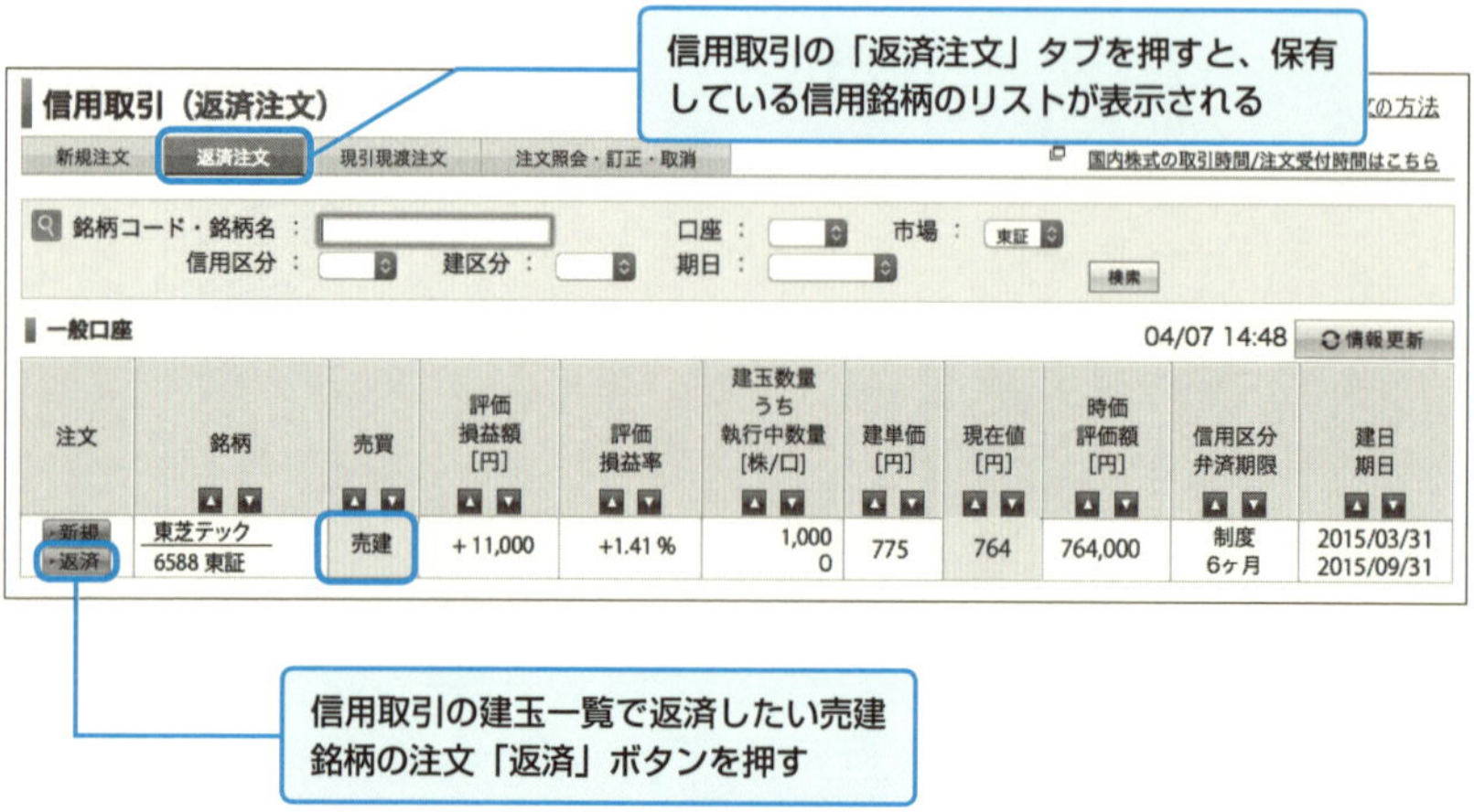
信用取引の「返済注文」タブを押すと、保有している信用銘柄のリストが表示される
信用取引（返済注文）
新規注文
返済注文
現引現渡注文
注文照会・訂正・取消
国内株式の取引時間/注文受付時間はこちら
銘柄コード・銘柄名：
信用区分：
建区分：
口座：
期日：
市場：
東証
検索
一般口座
04/07 14:48
情報更新
注文
銘柄
売買
評価損益額［円］
評価損益率
建玉数量 うち執行中数量［株/口］
建単価［円］
現在値［円］
時価評価額［円］
信用区分 弁済期限
建日 期日
新規
返済
東芝テック
6588 東証
売建
＋11,000
＋1.41％
1,000
0
775
764
764,000
制度
6ヶ月
2015/03/31
2015/09/31
信用取引の建玉一覧で返済したい売建銘柄の注文「返済」ボタンを押す

チェックポイント⑤
買い戻す価格の条件設定は「成行」

こちらでは75日線の値が775円なので、その2円ほど上まで上昇するとロスカットすると設定します。よって「**777円以上になると、値段はどうであれ、〝成行〟で執行する**」を選択します。

あとは注文確認画面でチェックをして注文が受けつけられたことをきちんと確認するだけです。ここでのチェックポイントもやはり売買区分が「買埋」になっていること、値段の設定は777円「以上」になっていることです。

空売りのプロセスをわかりやすく説明する動画を本書特典サイトに用意しました。ぜひ参考にしてください。

特典動画⑦ 信用売建玉の返済注文設定
(http://www.tbladvisory.com/book002)

● 返済注文の設定（買埋）

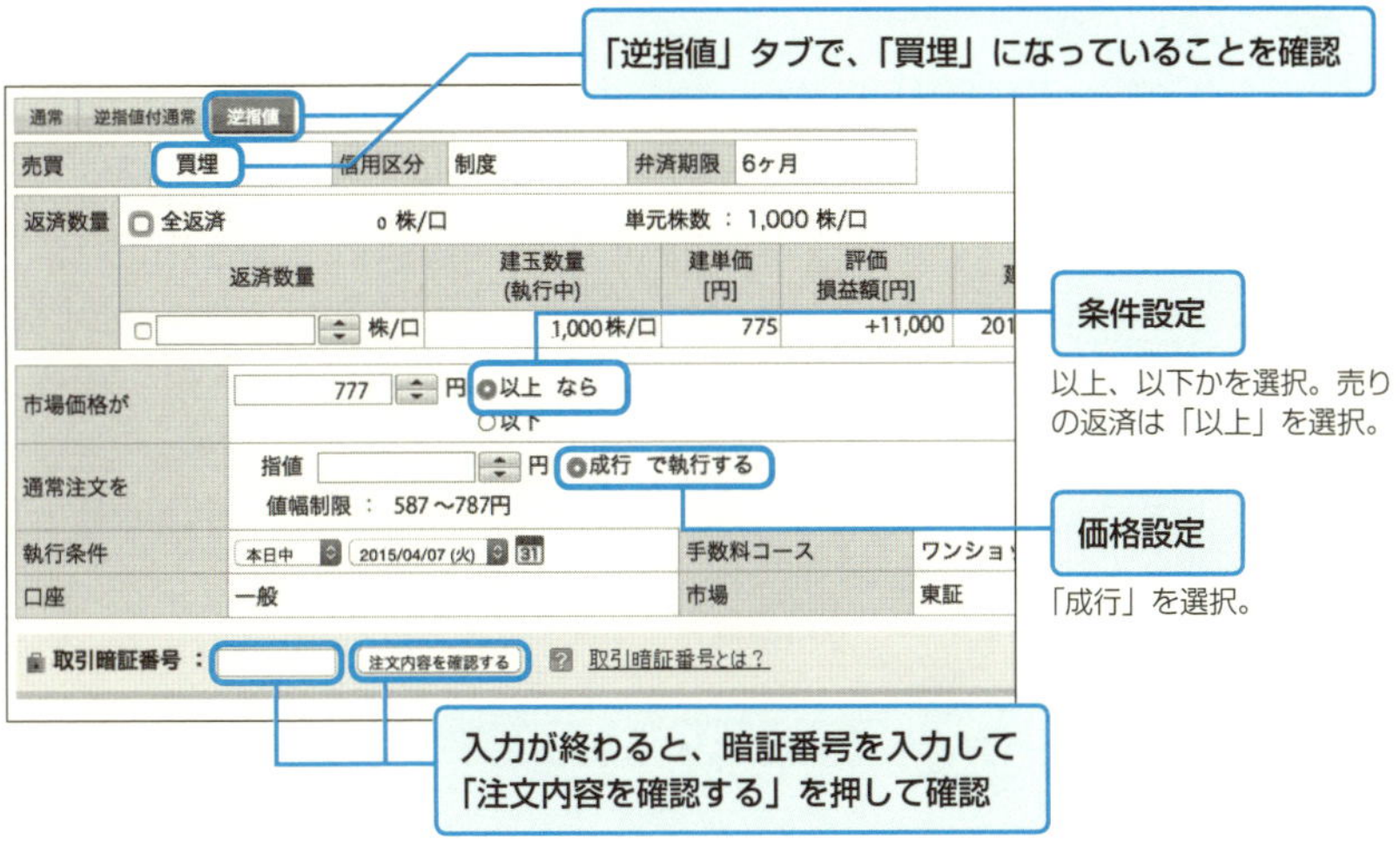
通常
逆指値付通常
逆指値
売買
買埋
信用区分
制度
弁済期限
6ヶ月
返済数量
全返済
0 株/口
単元株数 ： 1,000 株/口
返済数量
建玉数量 (執行中)
建単価 [円]
評価 損益額[円]
株/口
1,000株/口
775
+11,000
市場価格が
777
円
以上 なら
以下
通常注文を
指値
円
成行 で執行する
値幅制限 ： 587～787円
執行条件
本日中
2015/04/07 (火)
手数料コース
口座
一般
市場
東証
取引暗証番号 ：
注文内容を確認する
取引暗証番号とは？
「逆指値」タブで、「買埋」になっていることを確認
条件設定
以上、以下かを選択。売りの返済は「以上」を選択。
価格設定
「成行」を選択。
入力が終わると、暗証番号を入力して「注文内容を確認する」を押して確認

4 空売りのスタートポイントに残る疑問

これで信用取引の口座開設から信用買い・信用売りの売買のしかたまで網羅しました。口座もできたことだし、注文のしかたもわかる、今度こそ！　とまた鼻息が荒くなっていますが、ちょっと待ってくださいね。

いざ空売りをしようとすると、何から手をつければいいのかさっぱりわかりません。

次頁下のチャートを見てください。これは空売りが約定してからの結果を表しています。７７６円で空売りをして、現在７０１円まで下落しているので、たったの２週間くらいで７万５０００円の利益が発生しています。うまくいったことはわかるけど、ここで新たな疑問が２つ生じてしまいます。

● 返済注文の確認と訂正（買埋）

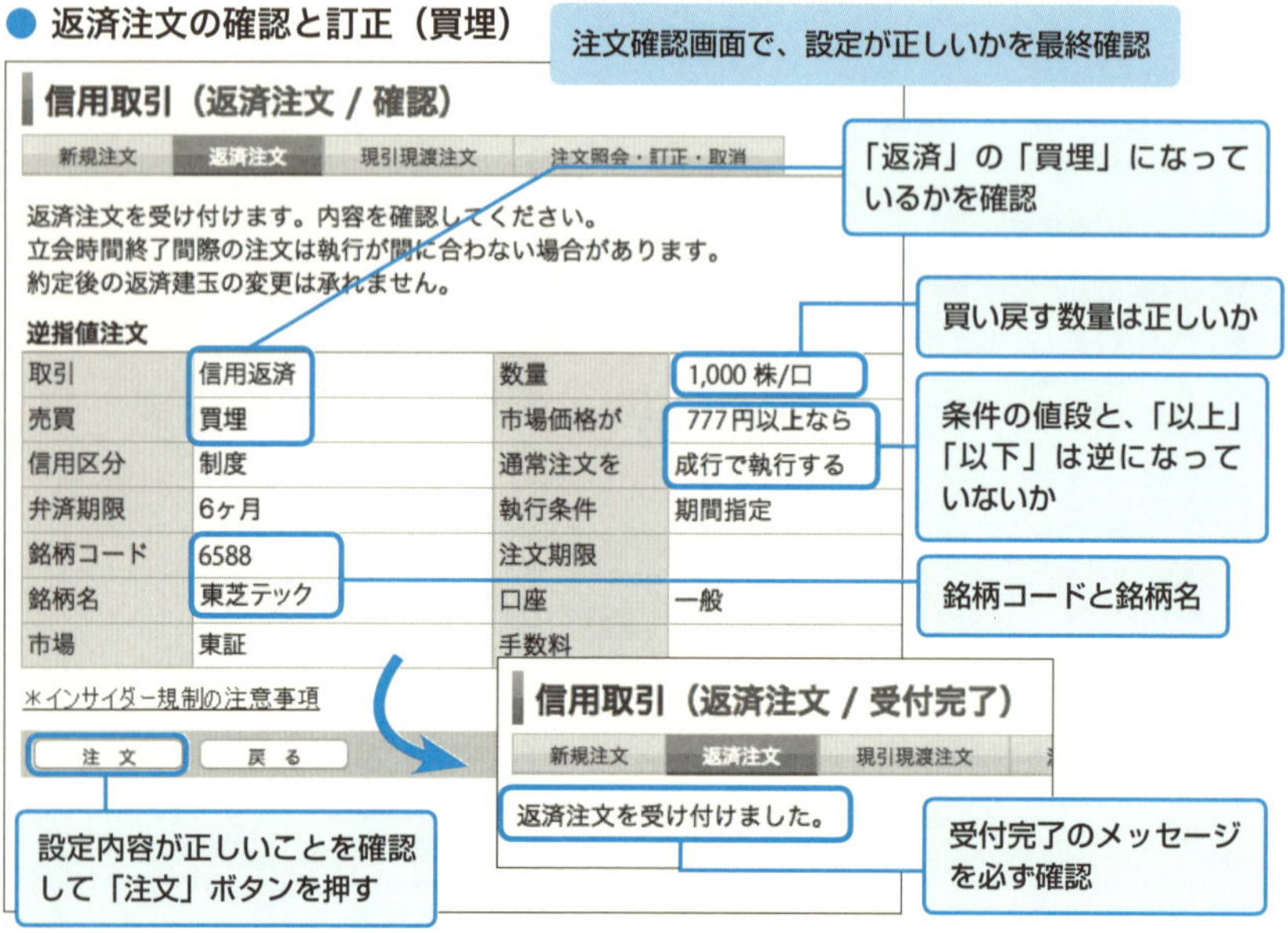
注文確認画面で、設定が正しいかを最終確認
信用取引（返済注文 / 確認）
新規注文
返済注文
現引現渡注文
注文照会・訂正・取消
返済注文を受け付けます。内容を確認してください。
立会時間終了間際の注文は執行が間に合わない場合があります。
約定後の返済建玉の変更は承れません。
逆指値注文
取引
信用返済
売買
買埋
信用区分
制度
弁済期限
6ヶ月
銘柄コード
6588
銘柄名
東芝テック
市場
東証
数量
1,000 株/口
市場価格が
777円以上なら
通常注文を
成行で執行する
執行条件
期間指定
注文期限
口座
一般
手数料
＊インサイダー規制の注意事項
注　文
戻　る
「返済」の「買埋」になっているかを確認
買い戻す数量は正しいか
条件の値段と、「以上」「以下」は逆になっていないか
銘柄コードと銘柄名
信用取引（返済注文 / 受付完了）
新規注文
返済注文
現引現渡注文
返済注文を受け付けました。
受付完了のメッセージを必ず確認
設定内容が正しいことを確認して「注文」ボタンを押す

疑問❶ 75日線を下から上に抜けた状態なのに、どうして「買い」ではなく「空売り」の対象になるのですか？

疑問❷ 正確な空売りのポイントを自分で設定できるようになるには、何が必要ですか？

この2つの疑問が解ければ、信用買いに加えて、空売りも強力な武器としてあなたに装着されることになります。そんなうまい話があるか、と思いますか？ あります。4時限目からその大きな扉を開いてみましょう。

いつ空売りしたらいいの？

6588 東芝テック
空売りの約定後、早いスピードで下げて、利益が発生している
75日移動平均線
75日移動平均線 776円
850
800
761.923
750
701
650
600
14/11
14/12
15/1
15/2
15/3
15/4

・75日線を下から上に抜けた状態なのにどうして空売りの対象になりますか？
・正確な空売りのポイントを自分で設定できるようになるには何が必要ですか？

Episode 1

信用取引はお金持ちだけの舞台？

「信用取引なんて、私には縁の遠い話かな。そんなにお金持ってないしね。そもそも信用取引って、お金持ちたちの舞台でしょ？」

若いとき、株で大きな損失を被ってから20年近く相場から離れていたという知りあいの言葉です。20年振りの高値だと騒がれている最近の活況を見て、彼も20年振りに投資に戻ってきたばかりでした。度重なる勉強と好調な相場環境で着実に利益をあげてきましたが、少ない資金で行き詰まりを感じ、私のところに相談に来ました。

信用取引をお勧めすると、不機嫌な反応が返ってきました。無理もない話です。彼の言うとおり、もともと信用取引は口座に数千万円以上の資産を預けている、いわゆる富裕層のためのものでした。数百万円でもなく、数千万円ですよ。数十万円の資金を入れて、信用取引したいですと申し出たところで、相手にしてもらえる可能性すらありませんでした。何しろ、電話か対面で売買注文を出したら手数料だけで数万・数十万円くらいかかる時代でしたから、しかたのない話です。手数料で消えるような資金しか預けていない投資家に、信用取引をさせてくれるはずがありません。手数料が自由化され、ネット証券が台頭してから競争が激化して、信用取引のハードルも手数料の障壁もどんどん下がりました。

今考えてみれば信じられない話ばかりですね。証券取引の手数料は、自社で決めるのではなく一律で決まっていたとか、数千万円持っていなければ信用取引ができなかったとか、その時代から考えると今は激変しています。

最低数千万円の時代から考えると、たったの30万円で信用取引をはじめられ、1,000万円の取引でも1,000円前後の手数料ですむ今の時代は、投資をするのに最高の環境だといえます。30万円からはじめられるということを伝えると、彼はまだ信じられないという顔でした。

「それは本当なの？　30万円から信用取引ができるなんて、私のこの悩みは何だったんでしょう。先生、冗談じゃないんだね？」

「冗談じゃありませんよ。そんな面白くもない冗談を何のために言いますか？」

「あ、もう、何で今になって教えてくれるの。もっと早く教えてくれればいいのに！」

「あの、その悩み今日初耳だし、誰にも聞いていないのでは……」

「よしっ、わかった。ありがとう、先生、早速口座開きにいく」

「はい、でもその前に注意点やリスクの説明をきちんと聞いてくださいね」

「いらん、いらん。20年の経験があるから、それくらいわかる」

「20年の空白」がいつの間にか「20年の経験」に？

しばらくしてから彼からまたメールが届きました。今どきの信用取引はなんて素晴らしい制度なんだという話からはじまって、資金的にもだいぶ余裕ができて満足していることが綴られていました。そして最後にひとつ質問が書かれていました。

「ところで先生、**昨日マージンコールっていうやつが来たんだけど、これは何？**」

だからきちんと勉強してくださいと言ったのに……。

これを読んでいるあなたは、まさか今さら「何だったけ？」なんて、言わないですね？

4時限目

下げでも利益をあげる準備 空売り入門

「下がったら利益になる」なんて甘い話ではありません。上昇のときと同じように考えて、自分の心と照らしあわせれば、自ずとわかるはず！
信用取引の理解
信用取引の実践
信用取引と利益
下降相場の4原則
何をもって下げがはじまると判断するのか？
どうして下げは上げよりも早く、利益が大きくなるのか？
投資家心理
心理
株価の原理
投資判断
テクニカル
投資技術
いつ、いくらで空売りをはじめて、利益を確定すればいいのか？

01 下降相場の4原則を理解する

1 株価が自分の思惑とは違う方向に動くのは自然なこと？

毎日のようにさまざまな国籍の個人投資家に出会い、投資のコンサルティングをしていて感じることは、人間の心理には驚くほどの共通点があるということです。

「あれ？　この話、昨日も聞いたぞ、いや一昨日も。先月のマレーシアと先週のベトナムでも、同じ話を英語で聞いたような？」

私に相談に来ることなので、ほとんどは損失を抱えているか、思うように利益があがらない人です（利益がバンバンあがるような人は相談なんて必要ないようです）。人種や言語の違いを越えて、共通する悩みは「株価が下がっていくとき」のほうが多いです。今ギクッとしている人もいるのではないでしょうか。

- **何カ月もかけて大事に育ててきた利益が1〜2日であっという間に消えてしまう。どうして下げはこんなにも早いのか？**
- **高値でつかまされ、次の日から暴落、ずっとガマンしたけど激しくなる暴落に耐えられず投げ出したら、次の日から上昇。誰か見てるの？（底値の不思議）**
- **こんなに下げてきたので、そろそろ底だと思って買ったものの、次の日からさらに暴落。やはり誰か見ていていじめているでしょう？**

どうですか？　ある、あると言いたくなりませんか？　それなら、この章を飛ばさずに最後まで読んでみてください。もちろん経験したことのない人も、このような無駄な経験をしないためにも、きちんと読んで理解してください。

まず**「下げるときは上げるときよりもスピードが早い理由」**からです。

2 下げが上げより早い理由

逆指値を活用する本当の理由は「便利だから」ではなく、**「〝損が嫌い〟という感情を排除するため」**という説明をよくします。心理学的にも人間は「利益で得られるうれしさ」と「損するのが嫌だ」という心理は同じ大きさではなく、**「嫌な気持ちのほうが2倍以上強い」**と言われています。投資においては、損失が嫌いというこの心理が多くの人を困らせたり、時には破滅に追い込む大きな要因になっています。

投資ではよく「**上げよりも下げのほうが早い**」と言われます。その理由は紛れもなく「**損失が嫌いなので、自分の利益が減る前にまたは損失が拡大される前に早く売っておこうという心理が働くから**」です。

時間をかけてじっくり上げていた銘柄が天井に達して、上げすぎという気持ちが一部の投資家に広がると「利益を確定するための売り」が出てきます。その動きを見たほかの投資家も「私も利益が目減りする前に！」と利益を確定しにいきます。結局売りが売りを呼び、大きく下がっていきます。

下の2つのチャートを見てください。天井に達してからはほぼ例外なく大きな陰線が出るのがわかります。この陰線は天井から少しでも利益が目減りすることを嫌う投資家がつくり出しているものです。つまり「**利益の目減りは単純に〝利益が減る〟のではなく、投資家にとっては〝損失が増える〟と認識される**」わけです。

この心理が反映されるので、下げるときのスピードは上げるときより何倍も早くなります。使っているチャートのツールを

● 損失を回避するために大きく利益確定が出る

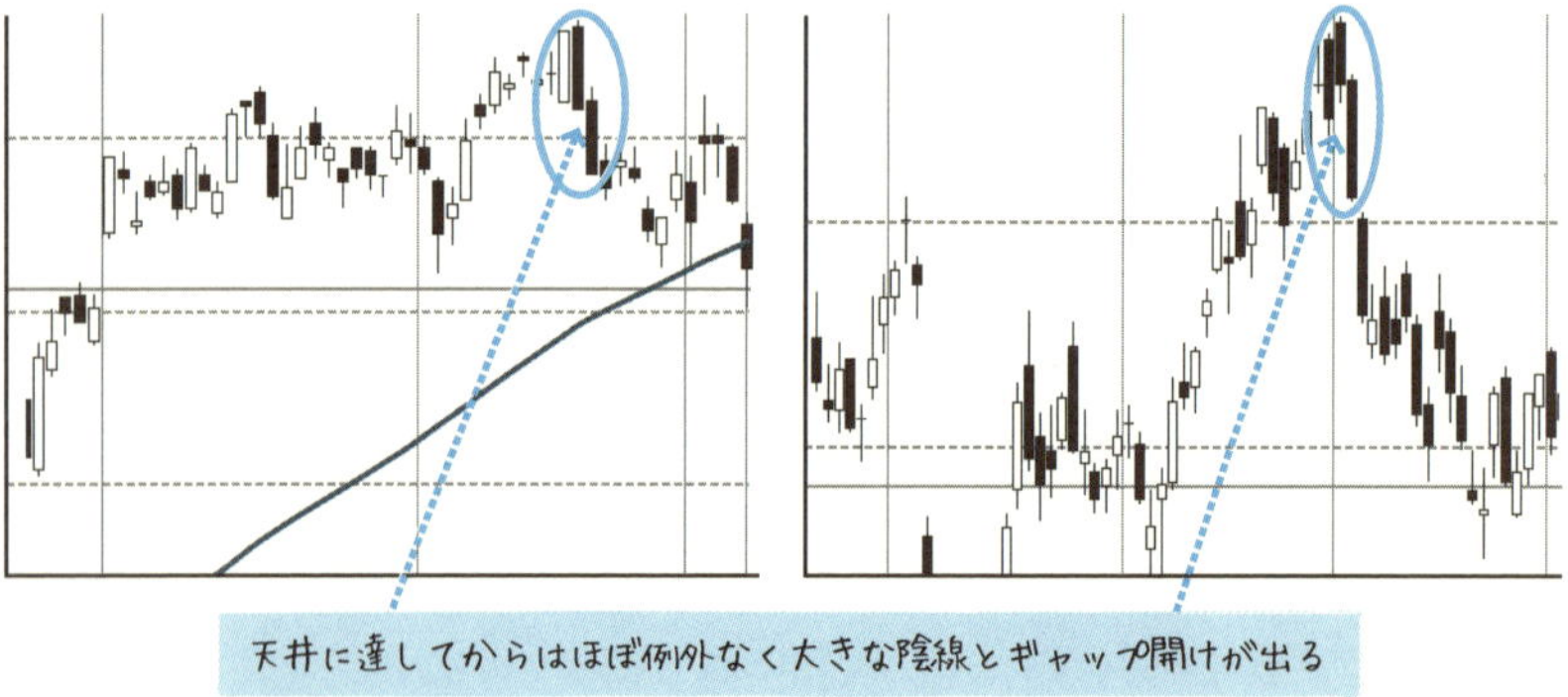
天井に達してからはほぼ例外なく大きな陰線とギャップ開けが出る

開いて、天井をすぎた銘柄をたくさん見てみてください。実に多くの銘柄が天井からこのような動きをしていることがわかります（もちろん、100％というわけではありません）。

3 損失が嫌いだから現れる矛盾した動き

しかし、厳密にいうとこれは損失ではありません。運よく天井前か、トレンドが発生する前に買って利益が発生している投資家にとっては、利益が少し目減りしているだけです。本当の意味での損失が発生する時点になると、実は反対の行動が見られます。

つまり、損失をガマンしてしまうわけです。「いつかは戻る」と思って、非常に望み薄の「戻る可能性」に賭けるわけです。その例が現れるのが、後ほど説明する下降相場の「3段下げ」です。

これは心理学でいう「プロスペクト」理論というものですが、その詳細はまた別の本で語るとして、簡単にいうと、「**損失が発生しているときは、望み薄でも損失を回避する可能性のほうに賭ける**」ということです。

まとめると、下降の心理は次の2つのステージに分けて考えることができます。

ステージ❶ 本格的な下降がはじまる前の初期段階

ステージ❶では、損失を回避するために売却を急ぎます。次頁のチャートを見てください。こちらは下降しそうな段階で素早く売りが出て、売るものがなくなると再び買いが入って上昇しています。この動きが繰り返されると、1年以上に渡って上昇し続けることもあります。

数年に渡って上昇し続ける銘柄をたまに見かけるのは、このように「**素早く利益確定 ⇓ 再び買う ⇓ その動きを見て新たな投資家が買ってくる**」といった心理戦が続くからです。

ステージ② 本格的に損失が発生する段階

一方、本格的に損失が発生する段階に入ると、手放す段階で損失が確定してしまうので、その損失を回避するために望み薄だとは知りつつも奇跡的に株価が戻って来ることに賭けてしまいます。そして、1、2回戻っては暴落、戻っては暴落を繰り返し、売るに売れ

● **損失を回避するために大きく利益確定が出る**

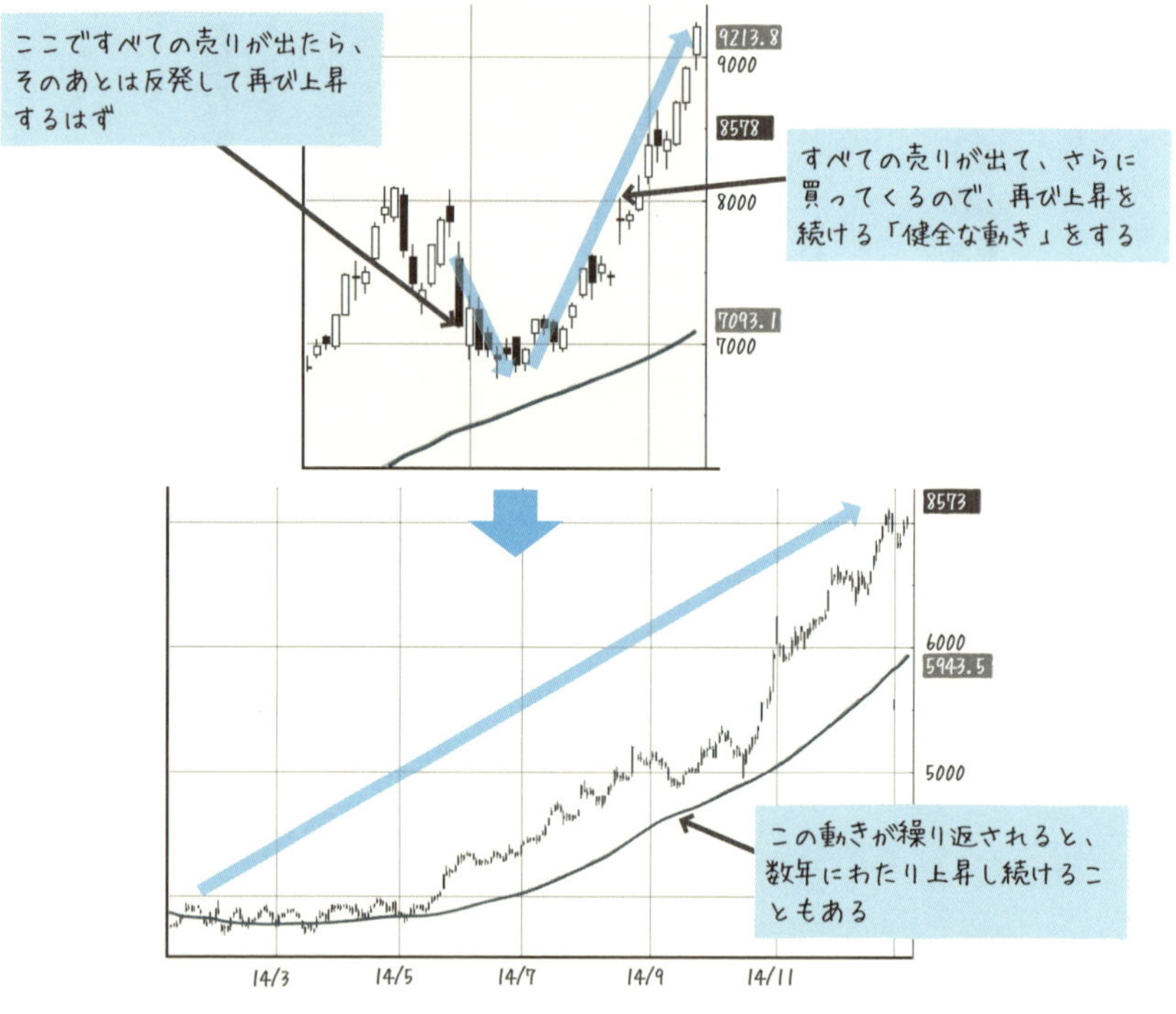
ここですべての売りが出たら、そのあとは反発して再び上昇するはず
すべての売りが出て、さらに買ってくるので、再び上昇を続ける「健全な動き」をする
9213.8
9000
8578
8000
7093.1
7000
8573
6000
5943.5
5000
この動きが繰り返されると、数年にわたり上昇し続けることもある
14/3
14/5
14/7
14/9
14/11

ず塩漬けにしてしまい、最後の最後になって恐怖に怯えて投げ出します。

ステージ②の例が現れるチャートが多いのは、このような心理が人間の基本心理だからです。あなたが**「底値の不思議」**を経験した銘柄のチャートをもう一度見直してみてください。下のチャートのような動きになっていませんか？ 自分が悪いわけではなく、人間の本能に忠実にしたがっただけです。ではこのような心理にずっと惑わされ続けるのか？ 違いますよね。**「その心理を理解して逆に利益に変えるために」**私とこの旅をはじめたわけです。

4 短期間で資産形成するなら空売りを平行して行う

それではこのように下げが早く激しいときは、何をすればいいのでしょうか？ 怖くてとてもそ

● 損失を回避するために、ガマンしてしまう例

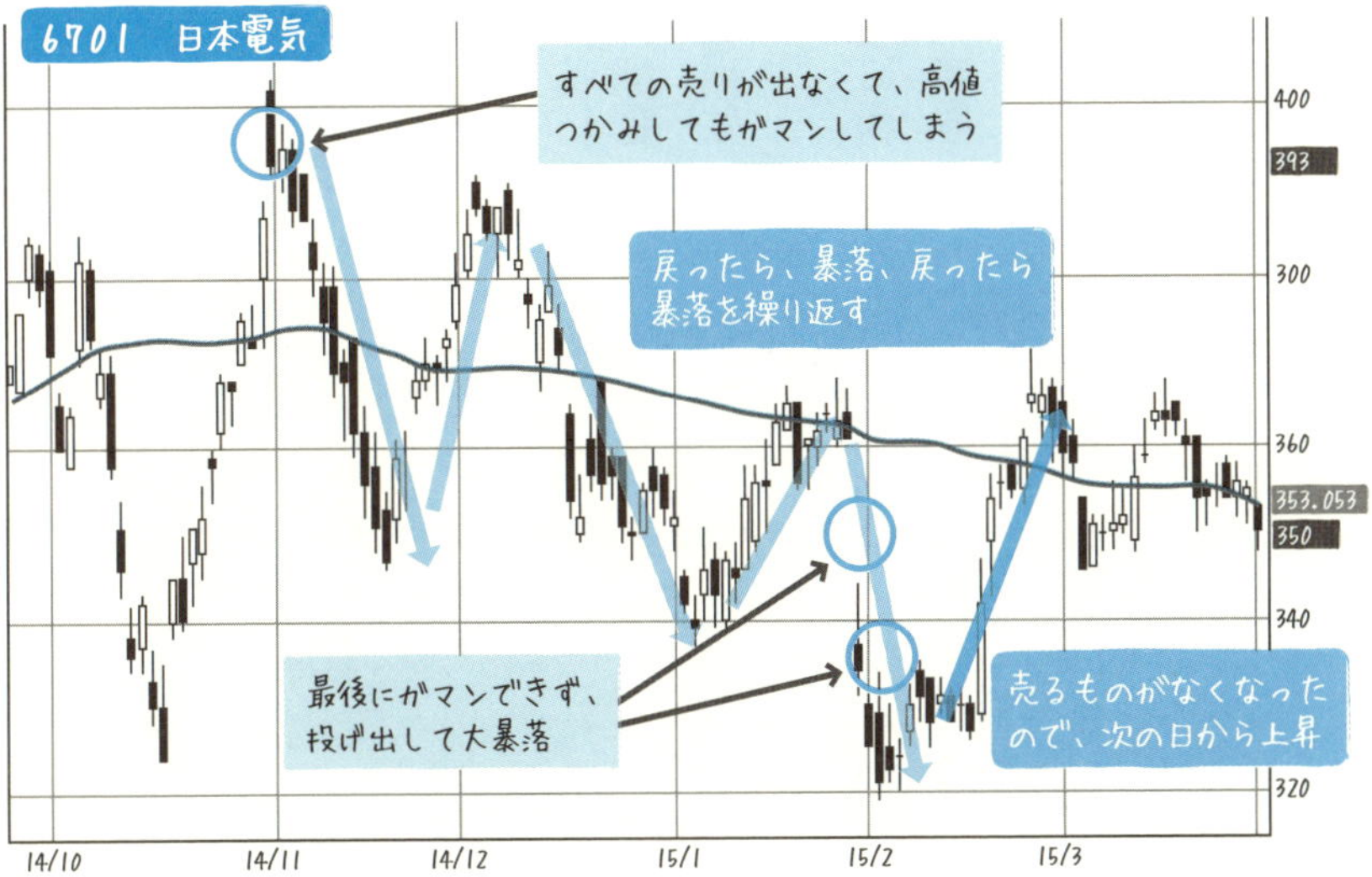
6701 日本電気
すべての売りが出なくて、高値つかみしてもガマンしてしまう
戻ったら、暴落、戻ったら暴落を繰り返す
最後にガマンできず、投げ出して大暴落
売るものがなくなったので、次の日から上昇
400
393
380
360
353.053
350
340
320
14/10
14/11
14/12
15/1
15/2
15/3

の場にはいられないと思いますね。答えは簡単です。本当にそこにいなければいいだけです。

バカにしてる？　と怒らずによく考えてみてください。流れは、すでに下に流れるナイアガラの滝のように怒涛の勢いで下落しています。ではその流れを、ひとりの力で止めることができるのでしょうか？　とても無理な話です。落ち着いて、下げがはじまったら次の解決策を実行してください。

❶そこにいなくなる戦略　**下降がはじまる、またはトレンドが変わるのを確認した段階で利益を確定。高値で買った銘柄は奇跡を望んでガマンせず、ロスカットして出ていく**

❷そこにいる戦略　**下げの心理がわかった段階でそれを逆に利用する。空売りを実行して短期間で大きな利益を実現する戦略を実行する**

もちろんこれから私たちが重点的に実践していくのは、❷の戦略です。下げは早くて大きいというのがわかったので、それを利益に変える方法を身につければ、短期間で大きな利益を実現する

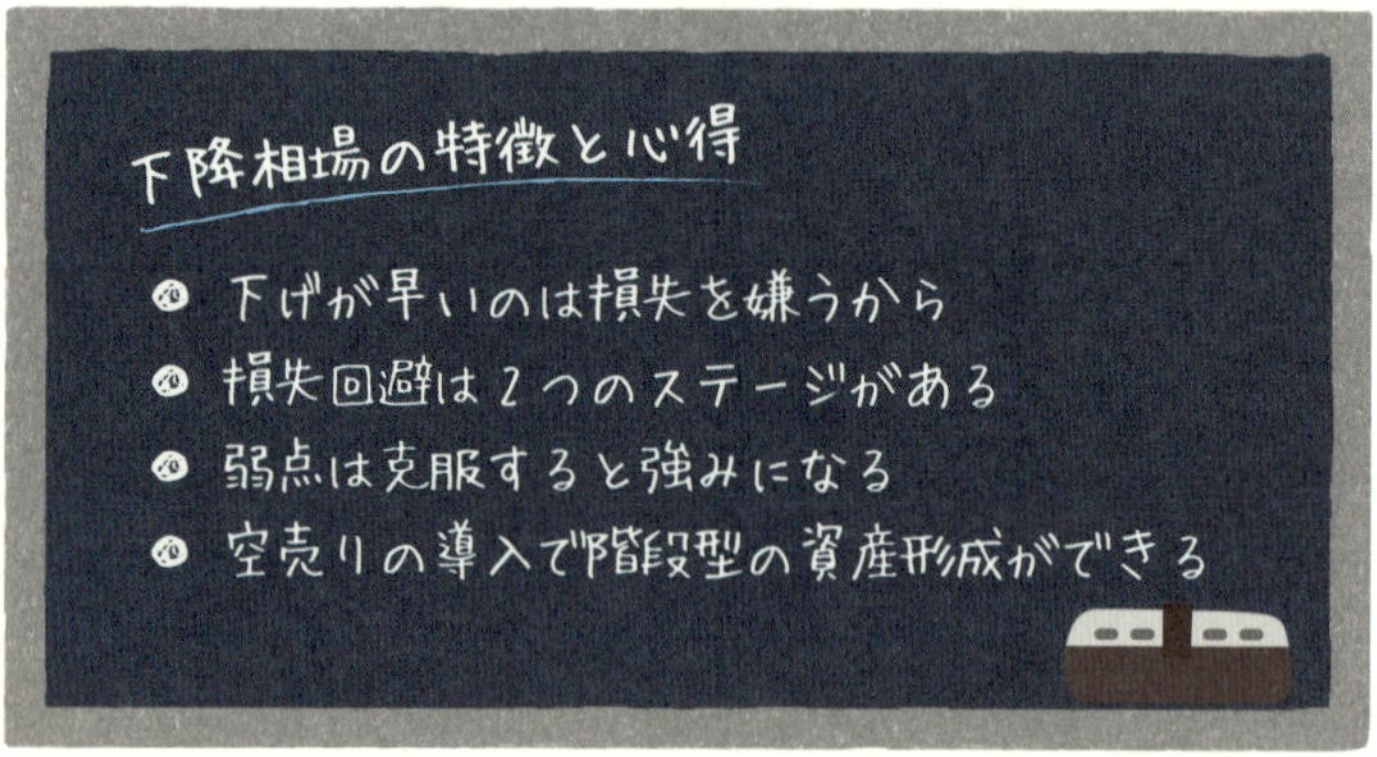
下降相場の特徴と心得
下げが早いのは損失を嫌うから
損失回避は2つのステージがある
弱点は克服すると強みになる
空売りの導入で階段型の資産形成ができる

ことができます。怖いから逃げ出していた場面が、これから大きな利益を実現する宝箱に変わっていきます。知らなければ弱点で、自分を破滅に追い込みかねないものですが、それを知ってしまうと逆にそれを味方につけて強力な武器にしてしまうことができます。

「短期間で大きな資産をつくるなら、空売りを活用しない手はない」わけです。実際に私の経験からすると、**「株式投資で資産が増えていく過程は普通の人が考えるような上向きの直線ではなく、階段型」**になります。

上昇のトレンドに乗せてコツコツと利益を貯め、緩やかに資産が増えていきます。これは普通のイメージどおりですが、たまに空売り戦略が貢献し、短期間で資産が大きく増えるわけです。これを何回か繰り返していくと、途中でジャンプが入る階段型になります。

これで下降においての心理と流れの特徴を理解したので、これからその具体的な実践戦略についてお話ししていきます。

● 空売りを取り入れることで資産形成は階段型に

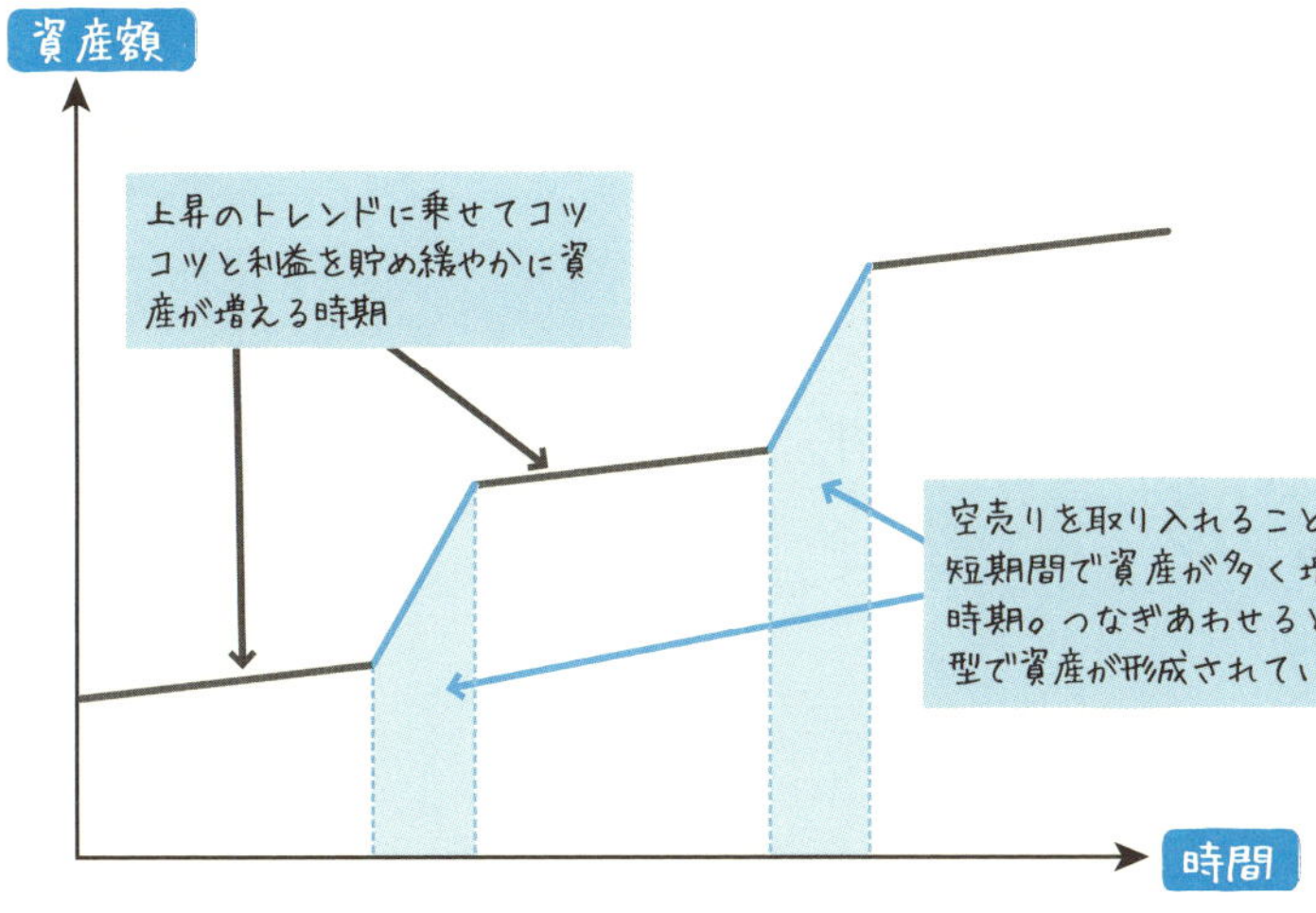
空売りを取り入れることで、短期間で資産が多く増える時期。つなぎあわせると階段型で資産が形成されていく

02 下げの局面と投資家心理

1 下降相場におけるプロの投資家戦略

ここでは下降相場に重点をおいて、その心理と各々の局面におけるプロの投資戦略について詳しくお話しします。まず、上昇相場が終わる場面から各局面の詳細について考えてみましょう。前著「世界一やさしい 株の教科書 1年生」の下げ相場の説明よりさらに詳しくお話しするので、読んだ人も初心に戻って読んでみてください。

まず、下降相場の定義です。「**高値に再挑戦した株価が75日線を割り込むと、下降1回目から下降トレンドをつくり、下降3回目で暴落して、下降トレンドが終わるまで**」を「**下降相場**」と呼びます。

2 高値に再挑戦 ⇓ 下降1回目へ

下降1回目とは、「**株価が高値に再挑戦して失敗したが、75日線はまだ完全に下を向いていないので、下げの初期でもう一度戻りを試す**」局面のことをいいます。ここでの心理は天井で買ってしまった投資家が最後の望みをかけると同時に、ここでもう一度買って購入単価を下げようとする「**ナンピン**」という行為が行われることです。しかし、ナンピンは損失を拡大するだけです。「下がってきたところでもう一度買って、うまく戻れば利益になるのではないか？」という相談が最も多い局面でもありますが、私の答えは100％「**やめてください**」です。

ここで起きる恐ろしいことは、プロの投資家によって価格を下げようとする圧力が高まることです。「高値に再挑戦」で入ってきた空売りは75日線

● **グランビルの法則と上昇・下降相場**

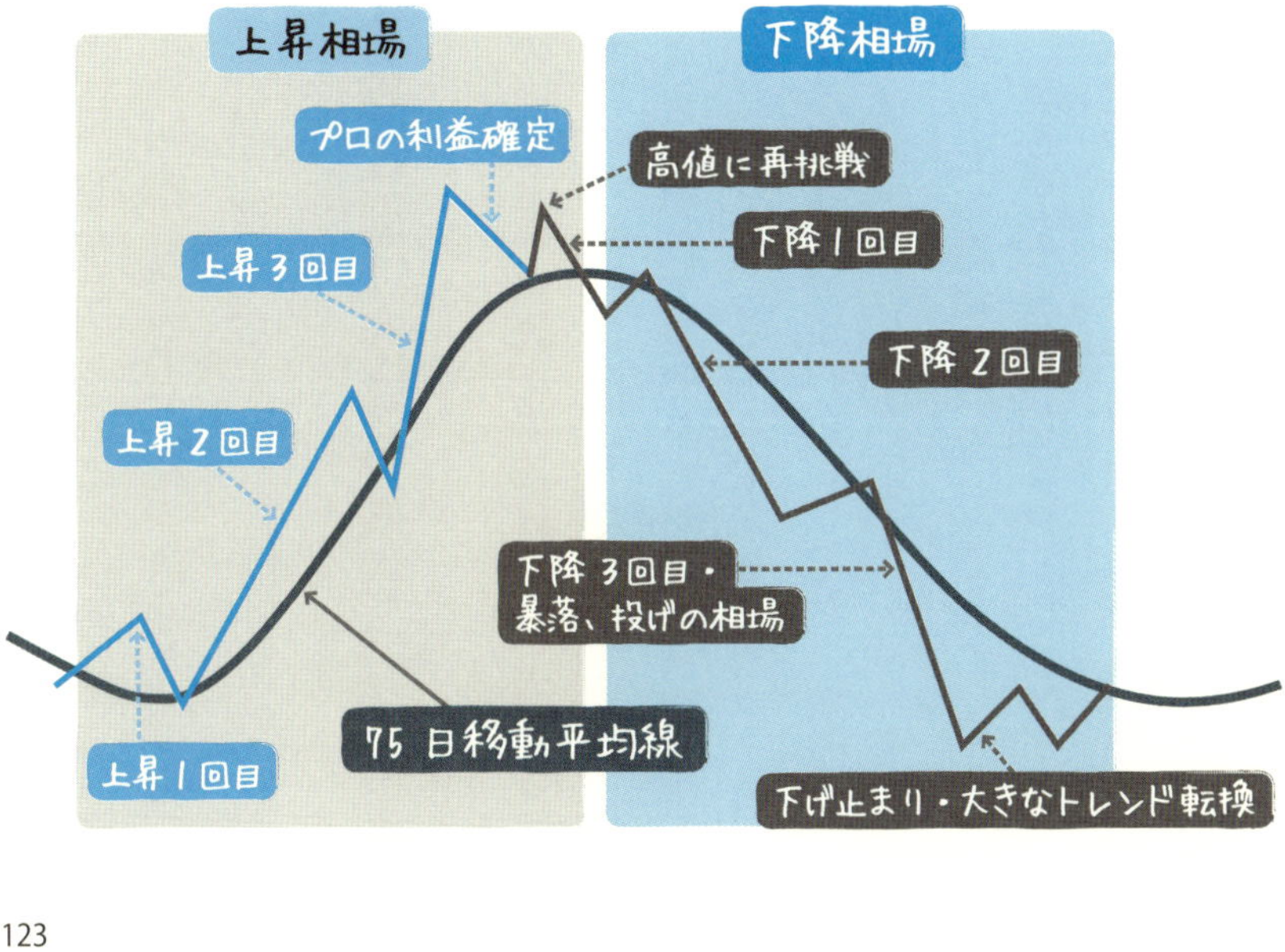

上昇相場
下降相場
プロの利益確定
高値に再挑戦
下降1回目
上昇3回目
下降2回目
上昇2回目
下降3回目・暴落、投げの相場
75日移動平均線
上昇1回目
下げ止まり・大きなトレンド転換

を割ったあたりですぐに利益を確定してくるので、価格は75日線に1回戻ります。「**空売りしたものを買い戻すと価格は上がる**」ということに注目してください。しかし、これは本格的な上昇ではないというのが、一般の投資家を錯覚させる要因です。プロがここで空売りを仕掛けたのは試しにすぎません。実はさらに大きな実弾を持って次の局面を準備しています。

3 下降2回目、ここからプロの投資家による仕掛けがはじまる

下降1回目が小さい波で終わり、75日線に戻ってくるものの、上昇が続かず75日線も下向きになりはじめます。上昇が失敗したことを確認したプロの投資家は、今度は空売りで値段を下げようとします。ここがポイントです。「**下降1回目よりさらに大きい単位で空売り**」を仕掛けてきます。結果、下げが加速して恐怖が広がります。加速を確認したプロが、さらに空売りを増やす循環がはじまり、ある程度下げると、十分下げて底だと錯覚する個人投資家の買いで、75日線まで戻りを試します。

天井で買ってしまった個人投資家は、このあたりまでガマンして塩漬けになってしまいます。もはや売るに売れず、上がってくることを「お祈り」するしかありません。ちょっとした戻りで最後の望みをかけて、もう一度買ってしまう「**2度目のナンピン**」も入ってきます。誰も気づかないうちに時限爆弾がしかけられていくところです。

4 下降3回目・暴落、投げの相場

「下降2回目が一度落ち着き、75日線まで戻ってきたら、時限爆弾が爆発するタイミング」です。戻ってきた株価に対して、下降2回目を底だと思って買った投資家、2回目のナンピンをした投資家などが、少しでも損失を減らすために売りに出します。そこで、勢いよく戻りそうだった上値が重くなり、再び下げだします。このときの下げは陰線も大きく、窓をあけながら下げだすので、恐怖を感じるほどの速さになっています。

最後の下げがはじまるのを見て、**「2回目までの下げに耐えてきた投資家がパニックに陥り、ガマンできずに投げ出すことで暴落が発生」**することがポイントです。下げはますます大きくなり、天井で買ってずっと塩漬けにしていた投資家も諦めて投げ出します。

加えて、最後の下げだとわかっているプロの投資家が空売りを仕掛けてくるので、上げる要因は何ひとつ見当たらない状況です。

チャートを見ると「最後の局面で陰線が長くなる」「窓をあけながら下げが加速する」のを見ることができますが、それは人間の恐怖が原因です。**「仕掛けられていた爆弾がすべて爆発した」**これが下げの最終局面です。

5 下げ止まり・大きなトレンドの転換

暴落を経て、爆弾はすべて爆発されたので投げ出す株も少なくなり、売るものがなくなります。安値を切り下げる動きはここで止まります。個人投資家が感じる不思議のひとつ、「**底の不思議**」がここです。なぜ自分が諦めて投げ出すと下げ止まって、次の日からは上昇をはじめるのか、誰か見ているのではないか？　と不思議に思いますが、爆弾に乗せられただけです。誰も見ていません。相場の神様も見捨てる局面で投げ出したのです。

かといってすぐに上昇には行かず、「**戻ったら〝戻り待ち売り〟で下落して、また上がる**」ことを繰り返しながら少しずつ上げはじめます。ここでいよいよ下げ止まり、上昇相場に移行していくタイミングになります。

そして、この上昇1回目から下げ止まりまでのサイクルをずっと繰り返していきます。

次節からは、いよいよ上級者への入り口、空売りを行う「**下降相場における投資戦略**」をお話しします。「下がったらうまく空売りしましょう」といった「お腹が空いたらご飯を食べましょう」的な説明とはかなり異なるので、よく考えながら読み進めてください。

Episode 2

本当に振り向いた経験からきた、誰か見てるでしょ？

セミナーや講演で下降相場の心理を説明するとき、「誰か見ているの？」と言いながら振り向く真似をしてみせたりします。笑いがわっと起きますが、その中でもほぼ毎回大きな声で笑いながら「ある、ある！」と強烈に頷く人が現れます。

強烈に頷いていた人は、セミナー終了後「先生、なんでそんなにボクの心がわかるんですか？本当っぽい、まさにそうなんじゃないかって考えていたんですよ」といったことをよく言います。また前著を読んだ人からも「ダメなパターンがあまりにも自分に当てはまるので、笑ってしまいました」といったような感想をよくもらいます。それもそのはずです。「本当っぽい」ではなく、本当なのです。まさしく私が経験して通ってきた道だからわかることです。

「えっ、先生が？　うそでしょ。南の島に移住して世界で教えている先生が？」と驚かれるのですが、はい、本当です。すべて自分が経験してダメなパターンを試し尽くしたからわかることです。

あたりまえのことですが、生まれながら投資が上手な人はいません。いかなるプロでも、必ず何もわからない状態からはじめます（「朝起きてみたら投資上手になっていた」という人はいないはずです）。ましてや、私のような外国人は日本人でも読めない相場用語からはじめているので、もっとハードルが高かったのが現状です。言葉の障壁に加えて、みなさまが通る初心者の道も必ず通るわけですから、投資上手になるには私のほうが不利なわけです。こんな背景で、「これだけハイテクが発達している日本だから、誰かカメラを仕込んで私をいじめているに違いない」と、本気で振り向いたり、天井や壁にカメラが仕込まれていないか探したりしたわけです。そんな私を見て、妻は本気で病院に電話しようかと思ったそうです。

あなたより不利な条件で、右も左もまともにしゃべれなかった外国人が日本株で投資上手になり、本を書き、日本人を指導しているくらいなので、あなたにできない理由はありますか？

何が言いたいかというと、「**ちゃんと勉強して経験を積めば、誰でも投資上手になり、利益を積み上げて資産をつくるレベルにまでなれる**」ということです。この本を手に取るつい２～３時間前と今の自分を比較してみてください。株価が下降していくときの人間の心理がわかり、空売りの概念が頭の中にしっかり入っていると気づくだけで、達成感を感じませんか？あなたの代わりにすべてを経験して、その心配までも理解している私がついています。安心してついてきてください。

もうひとつ、セミナーに参加した人たちが教えてくれた強みを紹介します。

「どうして先生が好かれているか知ってますか？」

「うーん、格好いいからですかね、あはは」

「あはは（愛想笑い）。**先生はプロじゃなかったから好かれるんですよ。**“30 万円からコツコツ”、先生がそこからスタートしたというその言葉がとても説得力があるからです。１日何百億円を動かしていたプロの技とか言われてもピンとこないし、すごいのはわかるけど、自分とは別世界の話で、私もああなる！　という気持ちにはなりません」

なるほど、これは大事な気づきです。プロではないことが弱点かもしれないと思っていたのですが、実は強みだったとは。少しだけ時間をかけて考えてみてください。

「初心者だからこそ持っているあなたの強みは何ですか？」

03 下げの局面別投資戦略

1 局面別に作戦の流れを覚えておく

上昇相場の投資戦略では、各局面における株価の位置によって戦略を変える必要があると説明しました。下降相場における投資戦略も基本の考え方は一緒です。しかし、上昇相場とは異なる下降相場の特徴を反映して、戦略の考え方が少し異なるところがあります。上昇相場の投資戦略がよくわからないという人は、前著の「世界一やさしい 株の教科書 1年生」をしっかり理解してから、こちらに戻ってくるようにしてください。

また、しっかり理解しているという人も、下降の投資戦略を読んでから、もう一度上昇相場の戦略とつなげて読み直してみてください。名探偵コナンが言うように、「これですべてがつながった！」というような大きな気づきがあるはずです。

2 高値に再挑戦から下降1回目
利益は小さく、下げのはじまり

高値に再挑戦しますが、前回の天井までは届かず再び下げだすと、上昇トレンドの終了を確認して、空売りの準備に入ります。

下降1回目の基本戦略は、「**上昇トレンドの終了を確認することが目的で、売買単位を小さくすること**」です。また、下がる途中でもう一度高値を更新しにいく動きがある可能性が高いということを覚えておいてください。まだ75日線が上向いているので、上がると思う投資家が多く、前回の高値を越えてくれば上昇継続になります。その際はおとなしく撤退してください。「天井から思いっきり空売りを仕掛けるのが腕の見せ所」なんていうのは、かなり危ない発想です。「**投資は腕の見せ所ではなく、利益を残すのが目的**」であることを常に忘れないでください。

● **下降の各局面における投資戦略と心得**

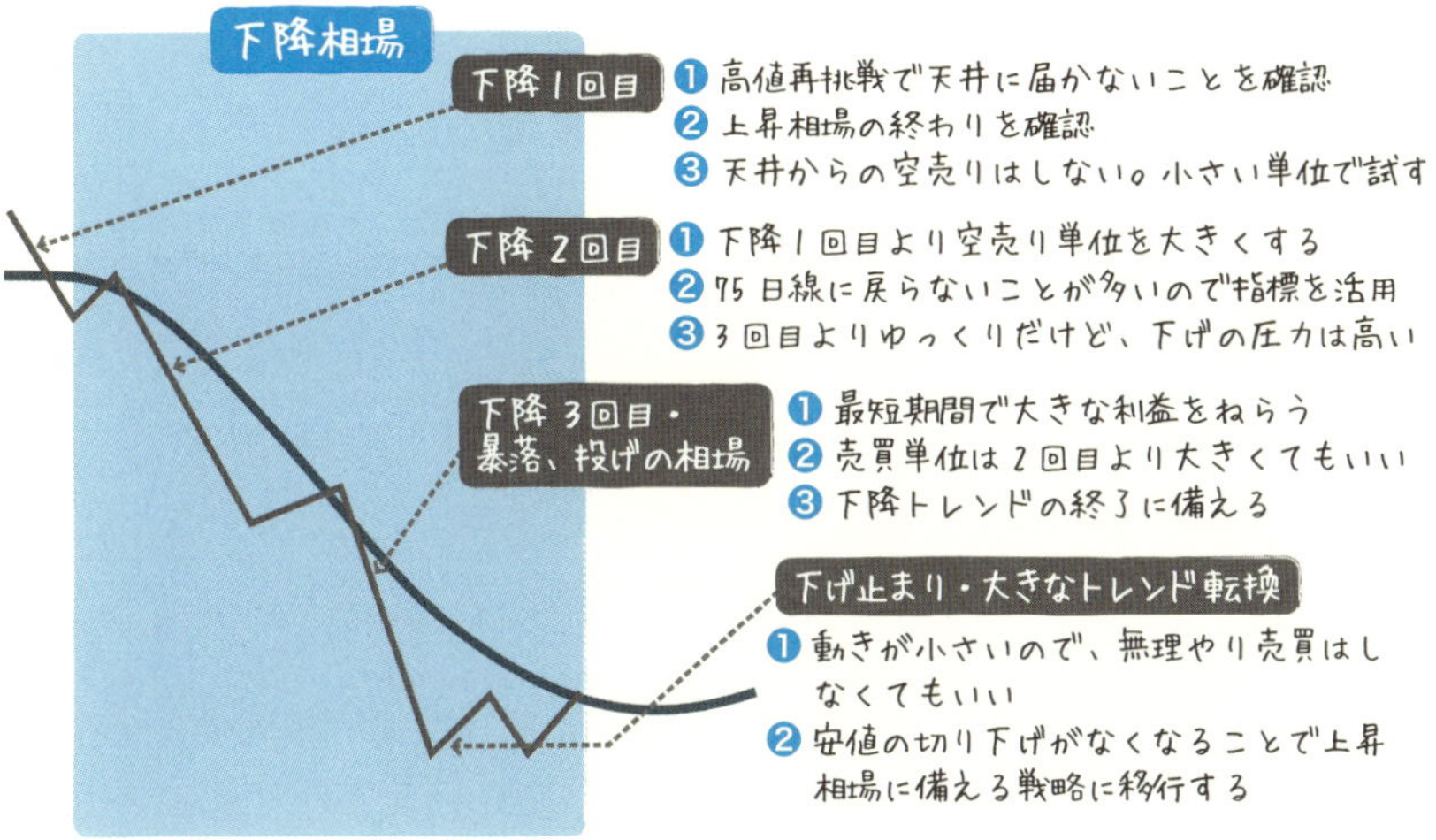

下降相場
下降1回目
❶高値再挑戦で天井に届かないことを確認
❷上昇相場の終わりを確認
❸天井からの空売りはしない。小さい単位で試す
下降2回目
❶下降1回目より空売り単位を大きくする
❷75日線に戻らないことが多いので指標を活用
❸3回目よりゆっくりだけど、下げの圧力は高い
下降3回目・暴落、投げの相場
❶最短期間で大きな利益をねらう
❷売買単位は2回目より大きくてもいい
❸下降トレンドの終了に備える
下げ止まり・大きなトレンド転換
❶動きが小さいので、無理やり売買はしなくてもいい
❷安値の切り下げがなくなることで上昇相場に備える戦略に移行する

3 下降2回目 静かにグッと大きな利益をねらう

下降2回目になると75日線が下向き、下降トレンドが発生することがわかります。上昇2回目と同様に安定したトレンドになります。ひとつ違うのは、常に下降のスピードのほうが早いということです。上昇2回目のようにじっくり上げていくというよりも早いスピードで下がり、75日線に向かって戻る場面も早く現れます。

ここでの投資戦略のポイントは「**空売りを仕掛ける売買単位を下降1回目より大きく、買い戻しのタイミングは上昇相場より早くする**」ことです。

4 下降3回目 パニック相場、最短で大きな利益を

下降2回目が終わり、75日線に向かって戻る動きの中、75日線

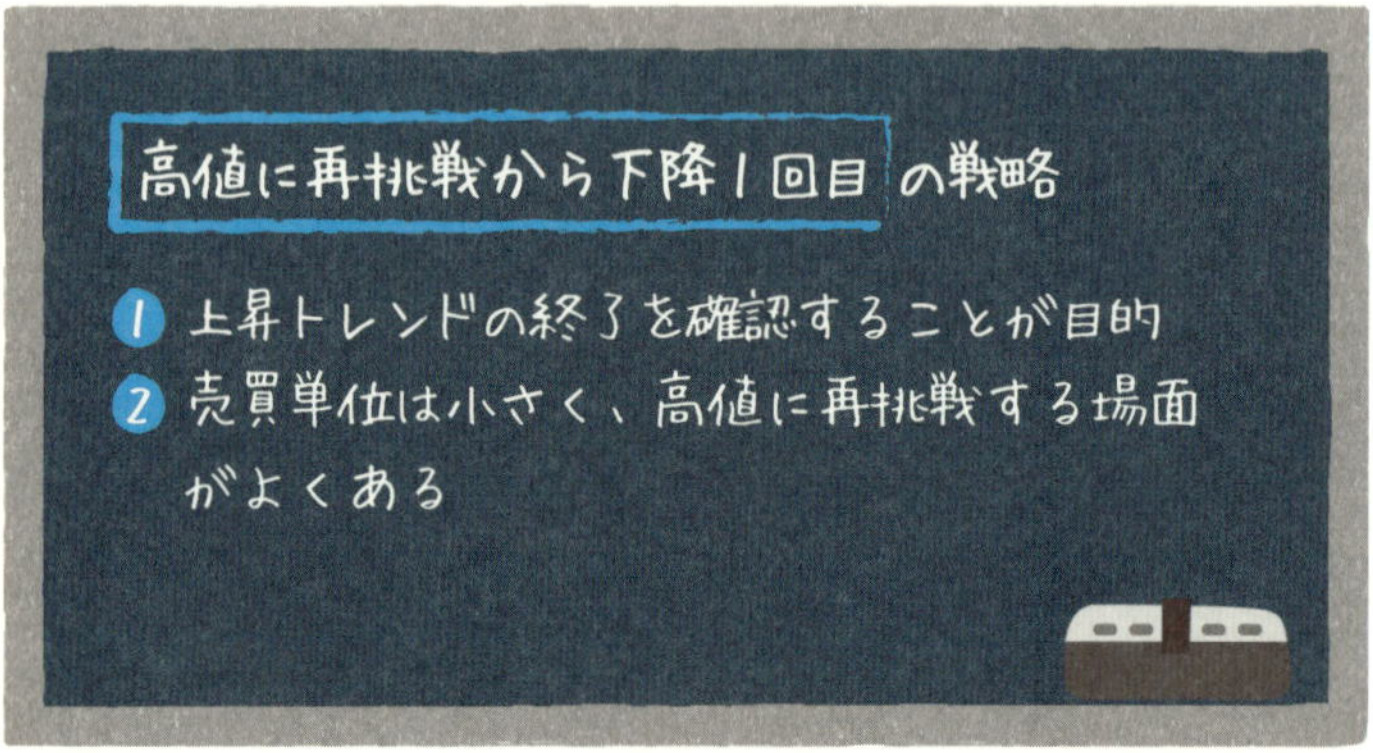
高値に再挑戦から下降1回目の戦略
1 上昇トレンドの終了を確認することが目的
2 売買単位は小さく、高値に再挑戦する場面がよくある

に1回タッチしたら、またはタッチする前に反転して再び下げはじまります。下降2回目までに仕込まれた爆弾がすべて爆発する瞬間です。

想像以上に下降が早く、市場は理性を失った状態でパニックに陥る状態です。この局面を経験したことのある人なら、どれだけ恐怖が大きいかわかるはずです。逆に**「空売りをしている投資家にとっては、最短期間で大きな利益をあげる最後のチャンス」**になります。**「売買単位は下降2回目と同じか、少し大きくしても大丈夫」**です。

上昇相場では天井から下げてくるのを見ると、早く利益確定をする必要があるといいましたが、「**下**

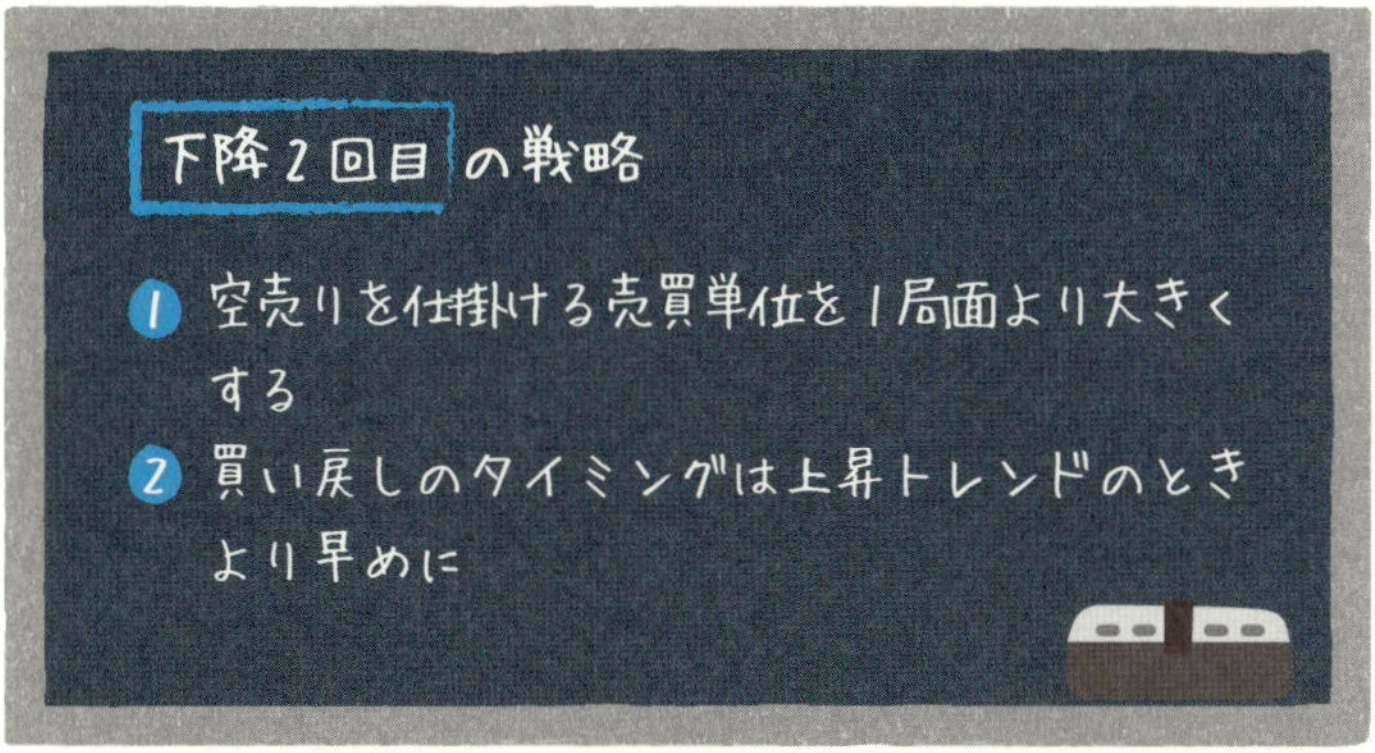
下降2回目の戦略
1 空売りを仕掛ける売買単位を1局面より大きくする
2 買い戻しのタイミングは上昇トレンドのときより早めに

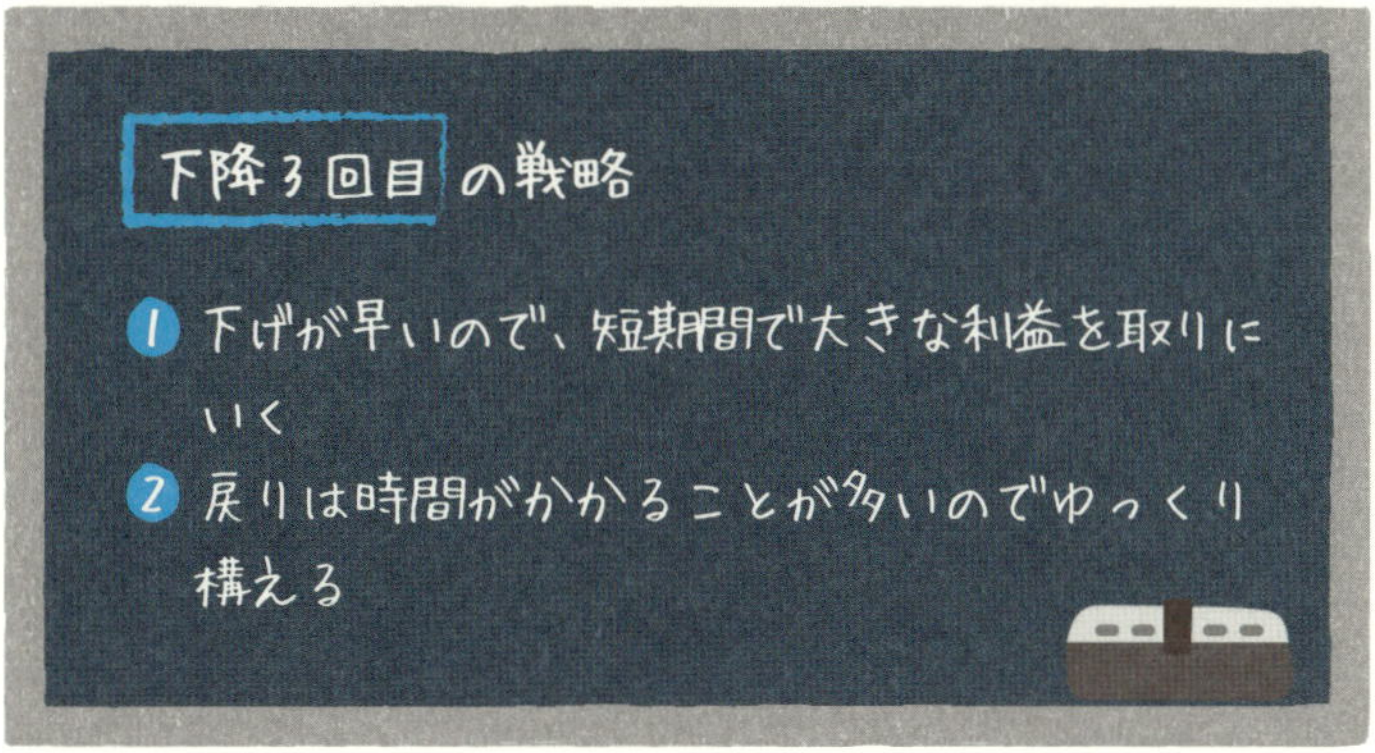
下降3回目の戦略
1 下げが早いので、短期間で大きな利益を取りにいく
2 戻りは時間がかかることが多いのでゆっくり構える

げの最終段階では少しゆっくり構えても大丈夫」な場合が多くなります。少し戻ったら上値を抑えられる動きが繰り返されることが多いので、安値が切り上げはじまるのを見てから利益を確定してもいいです。

5 下げ止まり・大きなトレンドの転換
視点の切り替えが鍵

パニック相場が終わると、さすがに売られる株が少なくなります。そして、激しく切り下げてきた安値がそれ以上は切り下がらなくなり、徐々に上に向かって動きはじめます。

底を打った状態でまだ明確なトレンドが発生する前は、底値圏で持ちあうことが多くあります。方向感がない状態では、買いも空売りもなかなか利益をあげることができないので、強引に取引をしないようにします。

ひとつ気をつけることは、人間の心理にも慣性が働くので、「**空売りで利益をあげてきた人には方向感のない状態も下げるための準備に見えがち**」ということです。「**底値付近で持ちあっていると**

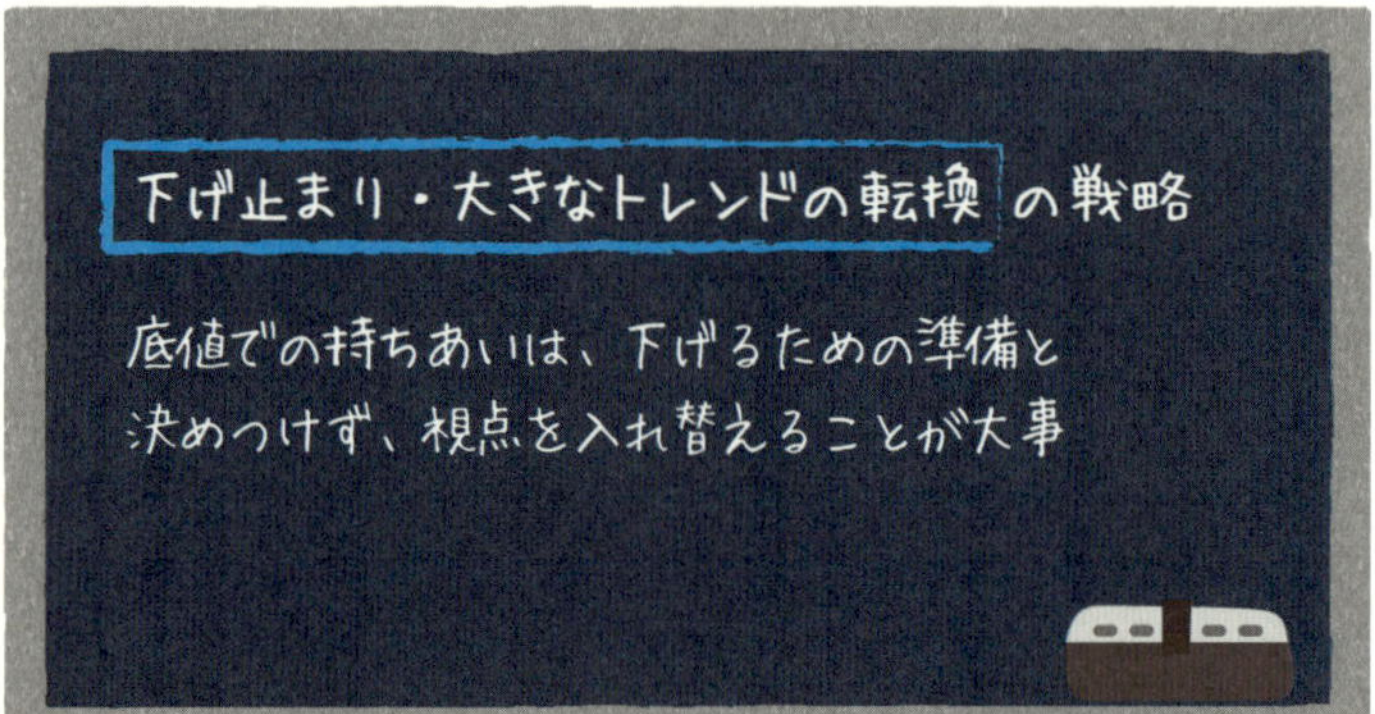
下げ止まり・大きなトレンドの転換の戦略
底値での持ちあいは、下げるための準備と
決めつけず、視点を入れ替えることが大事

きは、そろそろ下降トレンドが終わり上昇に転じる可能性があると、視点を入れ替える」ことが大事です。

下降相場の心理と投資戦略、いかがでしたか？　ばっちり理解できましたか？　利益をあげるためだけでなく、無駄な投資をしないという観点でもこの章の内容は大変重要なので、曖昧なところはぜひ戻って読み直してみてください。

これで下降相場の心理と投資戦略を理解することができました。そして、相場の局面別にどのような大きさで取引すればいいのかもわかりました。注文の出し方、下降相場での戦略、すべてわかったので「よっし、今度こそ！」とまた鼻息が荒くなっているあなた、少し待ってください。そのまま注文を出そうとしても、また凹んで戻ってくるだけです。今渡したのは「香港でお腹が空いたらこのレストランがお勧めです」というところまでです。次に必要なのは、「そのレストランにどうたどり着いて、料理をどのように注文するか」、つまり具体的な投資技術を覚えることです。でないと、グーッと鳴るお腹を抱えて道端に倒れることになります。

次章では具体的な空売りのポイントと、局面別の投資戦略をどのように実行していくかについて、じっくり勉強していきましょう。

Episode 3

本物の相場は上げにあり、上げを先に極めよう

前著がおかげさまである程度広まるようになってからは、たまにこのような質問をいただきます。

「わかりやすくていいですが、どうして空売りの話は触れていないのですか？　教えてくれたら読む人ももっと儲かるはずなのに」

確かに、「空売りというものがあります」という話はしていますが、そのやり方、下降相場の心理などについては一切触れていません。これはもったいぶっているわけではなく、最初から明確な考えを持って実行した結果です。

まず、上げを極めることが相場と投資の本質を理解することに直結するからです。FX や商品先物が広がったおかげで、空売りという概念もだいぶ広がるようになりましたが、いまだに「**ほとんどの投資家は買って利益をあげる“上昇相場”に注目**」しています。より多くの参加者が入っている場面で、その動きを理解することができ、利益をあげることができたら、どの場面においても利益を残すことができるようになります。

より多くの人が参加するというのは何を意味するかというと、「**本物の大きな相場は“上げ”のときに訪れる**」ということです。多数の人が上げ相場を望むということは、上げるときに投資家たちが集まってくるということを意味します。

2015 年 4 月の時点で、日本市場が 15 年振りに 2 万円台を達成したことで相場は盛り上がり、個人投資家の資金だけでなく、世界中の資金が流れ込んできています。資金が流れてくるので、当然相場はますます盛り上がるわけです。

しかし、株価が暴落する場面を考えてみてください。空売りがわかる人にとってはうれしい場面ですが、個人投資家には憂鬱な日が続きます。株価が暴落する場面で投資家の資金が喜んで流れてくるのを見たことがありますか？　一目散に市場から撤退して、別の金融商品に移るだけです。

強い個人投資家になるには、「上げ相場」「下げ相場」両方を理解する必要がありますが、まず出発点は上げ相場を理解するところからです。その意味で、入門編にあたる前著では徹底的に上げ相場を解説して投資の本質を理解していただきました。忘れないでください。

- **本当の大きな相場は上げで訪れる**
- **強い投資家になるには「上昇相場を制する」⇒「下降相場を制する」の順番で実践しなくてはいけない**

では、上昇相場を制するにはどうすればいいのか？

答えはいつも簡単なところにあります。「**“世界一やさしい 株の教科書 1年生”を読むこと**」からです！

5時限目

空売りを極める
空売り投資戦略のすべて

下降の3局面に分けてどのように空売りをスタートし、利益確定・ロスカットをするのかをわかりやすくお話しします。いずれも利益になる話があったら必ずロスカットをセットで覚えてください！

空売りの判断：上昇の終了を確認 ▶ 投資戦略設定：売買ポイント設定 ▶ 実践：実際の売買

01 下降1回目の「空売りポイント」の見つけ方

1 スタートは「逆張り」だから、75日線が上向きでも売る！

下降相場で利益をあげるための最初のポイント、つまり空売りをしてもいいと判断する最初の選定基準は、「**上昇の勢いがなくなり、これから下げはじめるかもしれない可能性が現れるところ**」です。この「上昇の終了を確認」するのに必要なことが、「**投資判断を行うための環境を整えてから分析を行う**」ことです。

まさに、上昇の1回目を準備するときと同じ動きで、株価が天井になった可能性のある銘柄が下げはじめたことを確認してから、空売りの1回目の取引をはじめます。スタートとして、空売り銘柄の選定からトレード戦略を立てるプロセスを見てみましょう。

プロセス❶ チャートの分析環境を整える

❶ チャートの設定を日足1年以上の長期で設定する

直近の2～3カ月が最も投資家心理を反映するのは事実ですが、より長期的な視点で眺めることで、現在の株価の位置がより明確に見えます。できれば1年半以上、最低でも1年の流れをまず見てください。

❷ 75日移動平均線と25日移動平均線だけを表示させる

ボリンジャーバンドなどの細かい指標は外してください。

1年以上の長期的な流れを見るので、ボリンジャーバンドなどの指標を外すことで、株価の流れに集中しやすくなります。

環境を整えた下のチャートを見てください。1年の長い期間から見たら、この銘柄は直近の1年の中

● 分析の環境を整える

1年以上の長期の動きを見る
ボリンジャーバンド、MACDなどの指標を外して、株価の動きと移動平均線のみを残す。長期の流れを把握するのに集中する
25日移動平均線
75日移動平均線
400
374.2
363
351.3
325
300
250
11/7
11/9
11/11
12/1
12/3

で、最高値を記録してから降りてきているところです。確かに天井から降りてきているものの、75日移動平均線は上向きで上昇トレンド継続中であることをまず念頭に入れてください。チャートの環境を整えた段階では、ここまでで大丈夫です。

プロセス② 空売りに適しているかを分析する

十分上げてきて、最近トレンドが変わりつつあるかを確認するには、グランビルで考えて3段上げを完成して、高値再挑戦まで終えたのかを確認します。これを確認するには4つのポイントを満たすのが理想的です。

❶ 3カ月以上の上昇期間があるか
❷ 3回以上、高値を切り上げたか。特に2回目以降は25日線で反発したのか
❸ 75日線から離れて上に膨らんでいた株価が、

● 上昇トレンドが終了することを確認

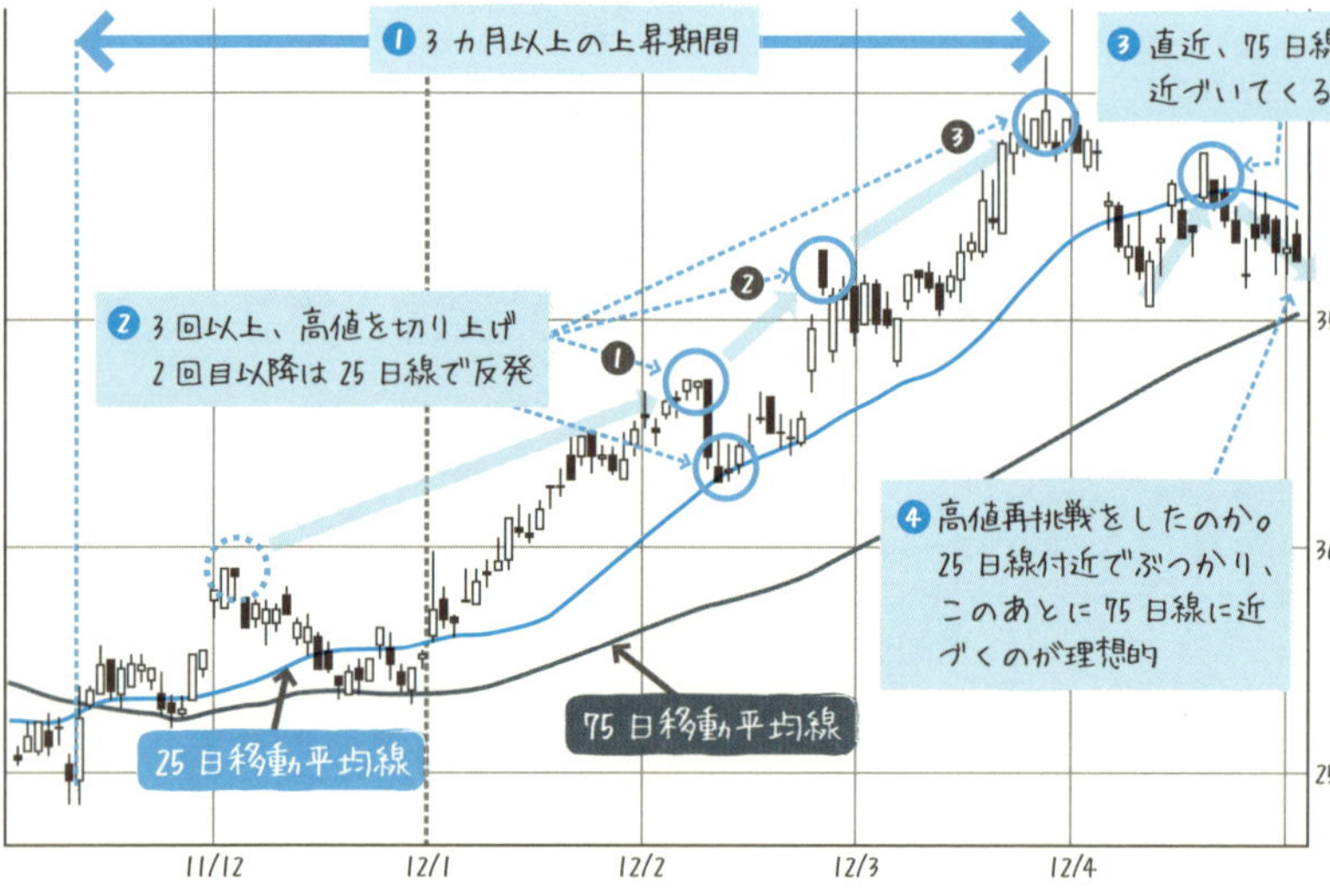

❶ 3カ月以上の上昇期間
❸ 直近、75日線に近づいてくる
❷ 3回以上、高値を切り上げ 2回目以降は25日線で反発
❶
❷
❸
❹ 高値再挑戦をしたのか。25日線付近でぶつかり、このあとに75日線に近づくのが理想的
25日移動平均線
75日移動平均線
350
300
250
11/12
12/1
12/2
12/3
12/4

直近になって75日線に近づいてくる

④ 上昇の3回目をすぎてから高値再挑戦をしたか。この再挑戦は25日線付近でぶつかり、そのあと75日線に近づくのが最も理想的

分析に入るときは少しチャートを短めにしても大丈夫です。前頁下のチャートで分析した結果、この銘柄は長い上昇トレンドが終わり高値再挑戦までしましたが、25日線付近でぶつかってから下がってきています。75日線に近づいてきましたが、まだ「**75日線を上から下に抜けていない現在の状況**」が、空売りスタートの対象になります。

2 売り建てるポイントの設定のしかた

「この銘柄は、空売りしていいですよ、以上！」と言われても何をどうすればいいのかわかりませんね。具体的にいくらで注文を出して、どこで損失限定（ロスカット）の買い戻しをすればいいかわからないと、動きようがありません。では、具体的な売買ポイントについて詳しくお話しします。

75日線がまだ上向いていても気にしない

対象になる銘柄を選んだときには、75日線はまだ上向いている、もしくは平たくなりはじめるときで、株価はまだ75日線の上にあって、徐々に近づいてきています。これは1回目の「買い」をするときとほぼ同じ状況です。

株価がいつ下に抜けるかわからないこの状況で、今日のローソク足にカーソルを乗せて価格情報を読み取ります。

今日の終値は363円で、75日移動平均線の値は351円です。株価が75日線を上から下に抜けるということは、351円より1円でも安くなるということです。設定する空売りの値段は351円より1円でも安い350円以下になります。これを逆指値注文の形式でいうと、次のようになります。

「350円以下になったら350円で売り建てる」

銘柄を選んで注文を出す方法については、3時限目をもう一度読んでみてください。これで空売りのスタートポイントは設定できるようになりま

● 空売りの売買ポイントの設定 ❶ 売り建てるポイント

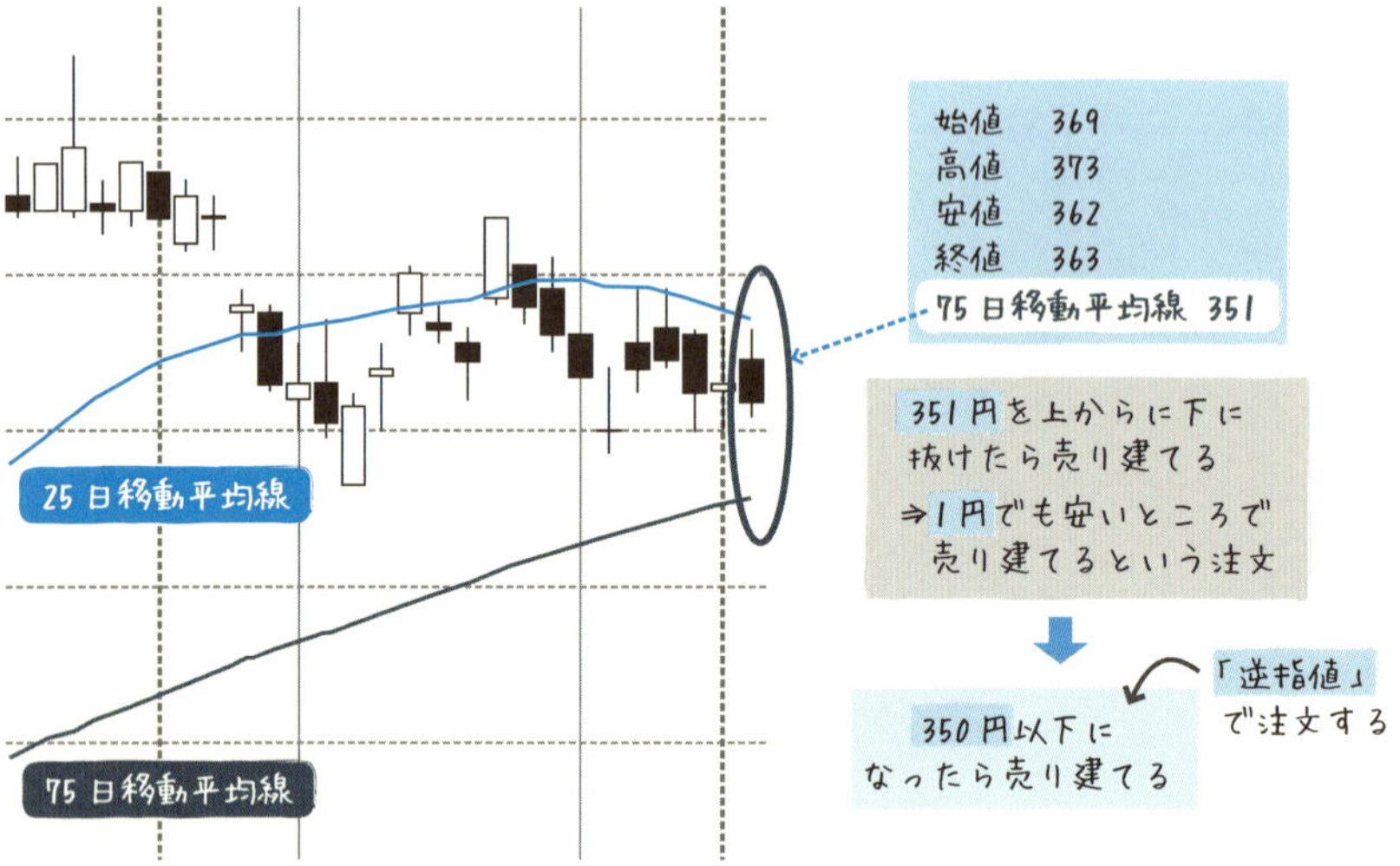
始値 369
高値 373
安値 362
終値 363
75日移動平均線 351
351円を上からに下に抜けたら売り建てる
⇒1円でも安いところで売り建てるという注文
350円以下になったら売り建てる
「逆指値」で注文する
25日移動平均線
75日移動平均線

した。

3 売り建てたら、市場が終わってすぐにロスカットの設定をする

次の日、仕事が終わって帰ってきて取引ツールを開くと、たった1日で75日移動平均線を下に抜けてきました。75日移動平均線の1円下に売り建ての注文を設定したので、売り建ての注文が約定《やくじょう》しました。これから株価が下がっていくと、利益が増えていきます。そして増えた利益でお小遣いが増える、新しい車にしようかなど、利益のことを考えるとキリがありません。しかし、利益になる確率があればその反対の可能性も存在します。明日から急に急騰していく可能性があるので、特に空売りの損失は理論的に無限大になるということを思い出すと、お風呂に入る前に「**ロスカットの買い戻し設定を忘れない**」でください。

● 空売りの売買ポイントの設定 ② ロスカットポイント

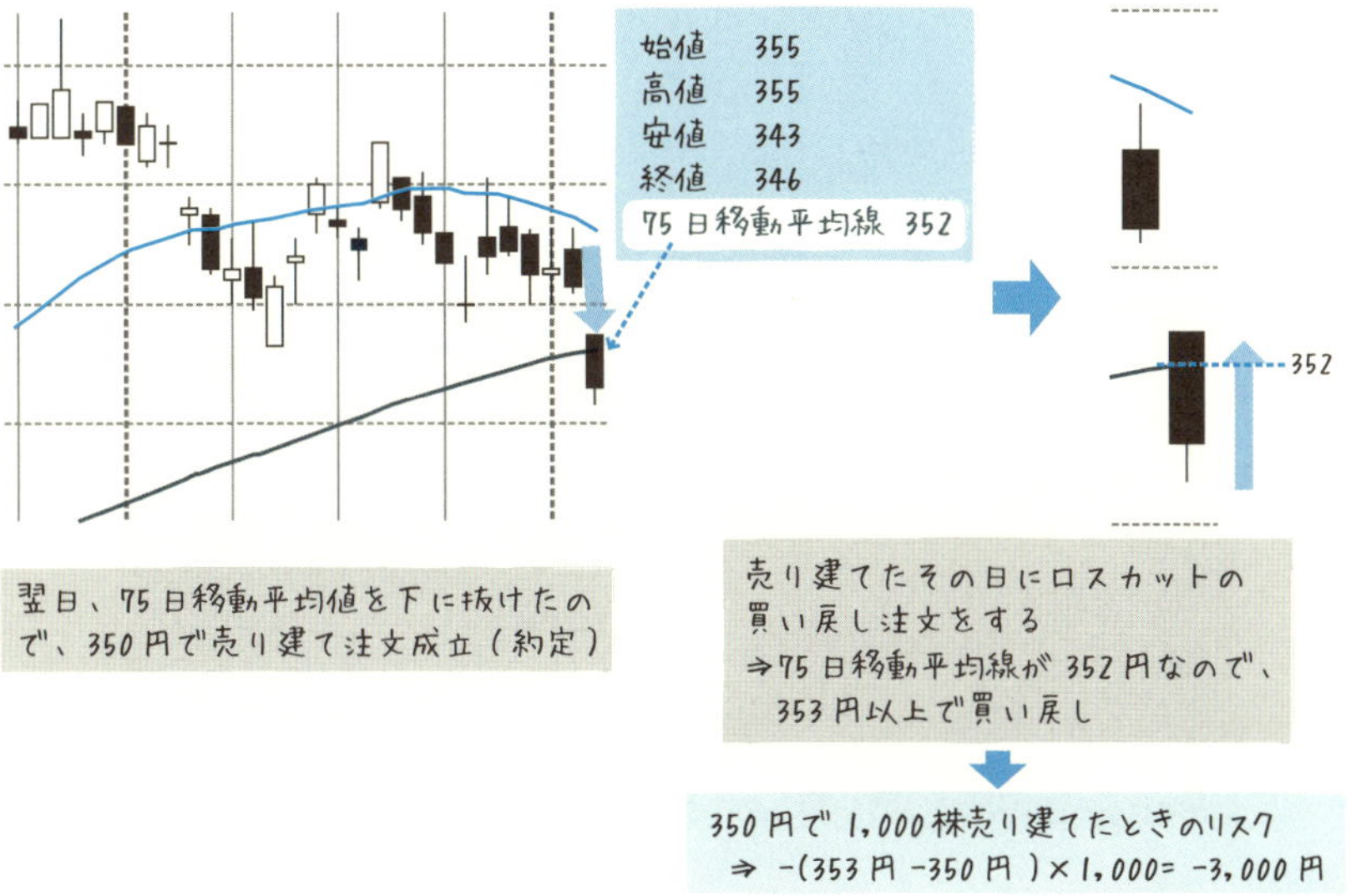
始値 355
高値 355
安値 343
終値 346
75日移動平均線 352
352
翌日、75日移動平均値を下に抜けたので、350円で売り建て注文成立（約定）
売り建てたその日にロスカットの買い戻し注文をする
⇒75日移動平均線が352円なので、353円以上で買い戻し
350円で1,000株売り建てたときのリスク
⇒ −(353円 −350円)×1,000= −3,000円

「**ロスカットの設定は〝入るロジックの反対ロジック〟**」です。忘れていないですね。つまり入口と同じ動線の出口を設定するということです。この場合は、「**75日線割れが入口だったので、出口はその反対〝株価が75日線を越える〟ところ**」に設定しておきます。

当日の価格情報を見ると、終値が346円、75日線が352円です。75日線を越えるというのは352円より1円でも高いところ、つまり353円以上になると越えることになります。逆指値の注文は、次のようになります。

「**353円以上になると、成行で買い戻しをする**」

空売りの売買ポイントの設定のしかたをわかりやすく説明する動画を本書特典サイトに用意しました。ぜひ参考にしてください。

特典動画⑧ 空売り売買ポイントの設定
(http://www.tbladvisory.com/book002)

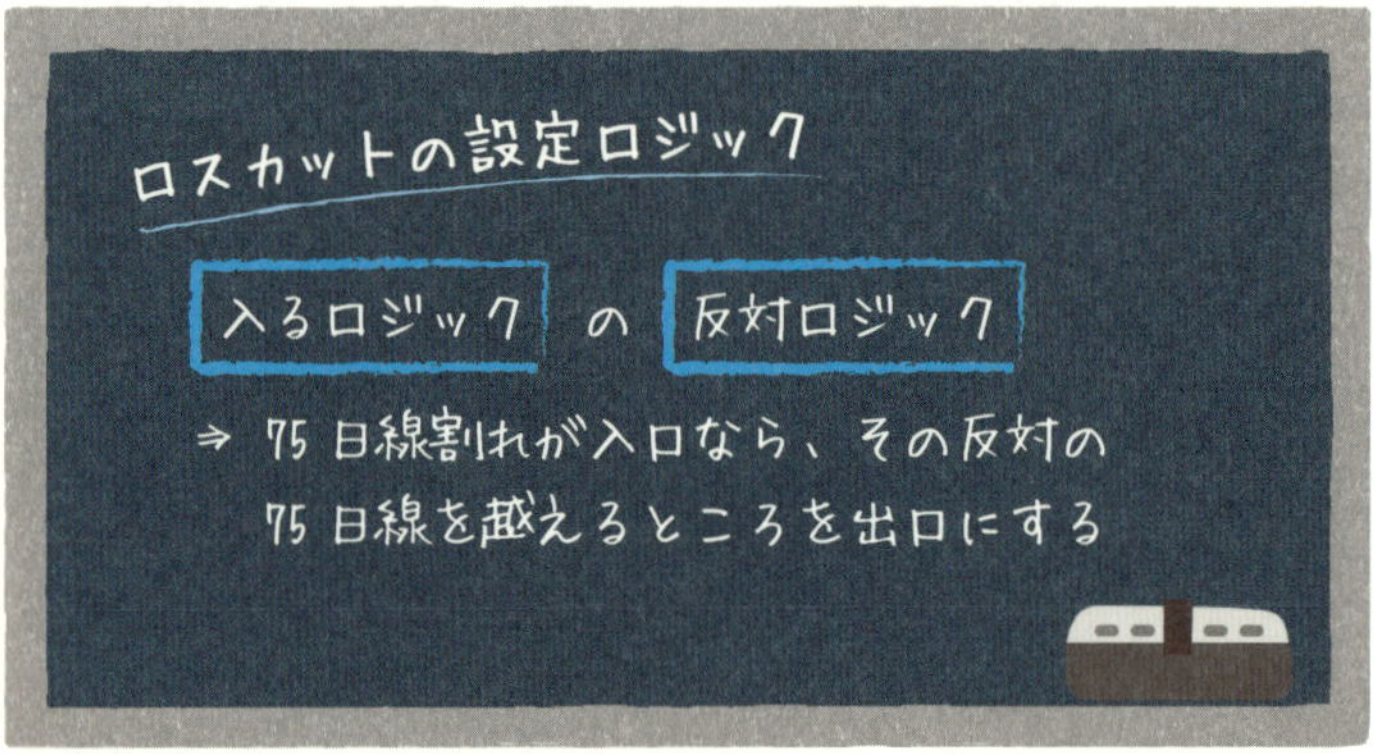
ロスカットの設定ロジック
入るロジック の 反対ロジック
⇒ 75日線割れが入口なら、その反対の
75日線を越えるところを出口にする

Episode 4

のど自慢大会に出なくてもいいですよ

SNS が発達することによって、投資上手な人たちの情報に接することも多くなりました。その方法も、以前では想像もできないほど手軽になりましたね。その人と Facebook でつながって記事を読んだり、Twitter でフォローして投稿をチェックすることで手軽に情報を集めることができます。すべてのツールがそうであるように、有効に使うとひと昔前なら多額の費用がかかったことが、かぎりなく「0」に近いコストで手に入ります。

しかし、SNS で成功する人が増えるにつれ、「のど自慢大会」のような現象が起きていることをたまに目撃します。

「先生、この人は A 社の株を底から買って大儲けしたと言ってますすよ」

「昨日は青天井から空売り仕掛けてめちゃ儲けたと言ってますけど、先生はそういったことを書かないんですか？」

投資はのど自慢大会ではありません。歌の下手な私が出る必要もないと思っています。

もちろん自慢したい気持ちはわかるし、SNS は何かを仕掛けやすいので活用したい気持ちもわかります。しかし、本当に投資上手な人がのど自慢に出るのをあまり見たことがありません。プロになるほど歌が上手い人は、プロダクションのオーディションを受けるわけで、のど自慢には出ないのと同じことです。

投資上手な人を見つけて SNS でフォローする場合は、使い方について考えてみてください。**「その行動をむやみに真似して同じ銘柄を何の分析もせずに買うのは賢明な行動ではありません」**。その人の自慢する行動で学べる点は何かを考えるのが賢明な使い方でしょう。

「すごいな、私も買おう」となる前に、1 回くらいは次のことを考えてみてください。

- **すごく儲かったというのを、なぜあとになってからしか言わないのか？**
- **逆に言えば、「今からこういう根拠でこの銘柄を買います」というリアルタイムで投稿をしないのはなぜ？**
- **もしリアルタイムで投稿している人がいたら、その銘柄の出来高をチェックしてみましょう。なぜこんなにも出来高が少ないのか？　これをみんなに買わせたらどうなるのか？　暴騰ですね、もちろん。なぜあなたにそれをさせようとしているのでしょうか？**

私とここまで勉強してきたので、少し考えるだけでわかる話ばかりです。もちろん誤解してほしくないのは、発信している人すべてがそうだということではありません。ただ、違う目的を持って行動する人がいるなら、こちらの受け入れ方も変える必要があると言っているだけです。

あなたまでのど自慢に出なくても大丈夫です。世の中には歌いたくてしかたがない人たちで溢れていますから。

02 利益を確定させる「買い戻しポイント」の見つけ方

1 空売りの利益確定はボリンジャーバンドに尽きる

よし、空売りを売り建てるポイントもわかったし、ロスカットの設定もばっちりわかった！ 今度こそ、早速はじめていいですか？ と聞きたくなりますね。

あれ、まだ何か抜けていませんか？ ロスカットすることは覚えました。しかし、ロスカットされずに利益が増えてくると、その利益を確定しなくてはいけませんよね。そうです、利益確定のしかたが抜けていました。

株の取引をするのは利益を確保するためなので、利益の確定ポイントがわからないと意味がありません。ここからは売り建てをした際に、利益を確定する方法を2つのパターンに分けてお話しします。

「空売りの利益確定は、現物株で勉強したボリンジャーバンドが非常に有用」です。

ボリンジャーバンドによる利益確定①

トレンドが出る前はマイナス2σにタッチしたところ

ボリンジャーバンドは、統計学の知識を用いて株を買うときに株価がどこまで上昇するのか、4つのバンドで予測する指標でした。

実は空売りをはじめるときのトレンドの強さも、ボリンジャーバンドを使って判断することができます。天井から降りてきたものの、まだ強いトレンドは発生せず、一定の範囲の中で上下に動くことを繰り返す際の特徴は、ボリンジャーバンドの幅は狭く、上か下への向きがゆるやかということです。

下図を見てください。天井から降りてきて、75日線に近づきますが、すぐ戻って25日線に押さえられたあと、やっと75日線を割ったばかりです。あなたは今日、この時点で売り建てをし

● トレンドが発生する前はここで利益確定する

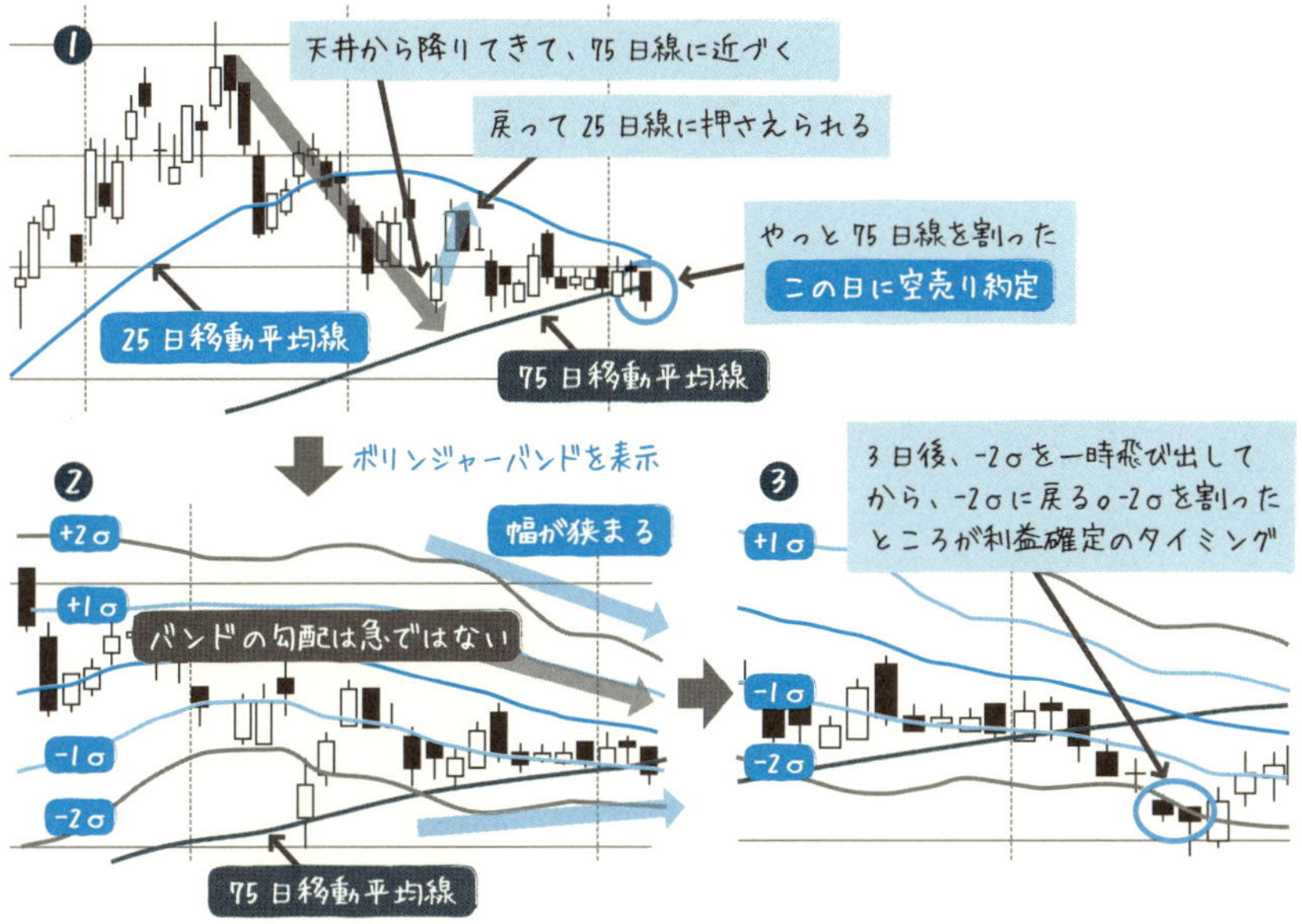

1
天井から降りてきて、75日線に近づく
戻って25日線に押さえられる
やっと75日線を割った
この日に空売り約定
25日移動平均線
75日移動平均線
ボリンジャーバンドを表示
2
+2σ
+1σ
-1σ
-2σ
幅が狭まる
バンドの勾配は急ではない
75日移動平均線
3
3日後、-2σを一時飛び出してから、-2σに戻る。-2σを割ったところが利益確定のタイミング
+1σ
-1σ
-2σ

ました（❶）。ここでボリンジャーバンドを表示してみると（❷）、株価が天井から下がりはじめるとバンドの幅がぐっと狭くなっていることがわかります。また、下向きに変わってからゆるやかに流れていますが、急な向きにはなっていません。これはまだ本格的な下げが発生していないので、トレンドが弱い状態ということを表しています。このような状況では、**「終値がマイナス2σにタッチするか、下に割ると最適な買い戻しのタイミング」**になります。前頁下の右のチャートを見ると、空売りをしてから3日後に終値がマイナス2σを下回って、1、2日ほど持ちあったあと、バンドの中に戻っていることがわかります。このように、空売りを仕掛ける際に**「トレンドが発生していない場合は、マイナス2σを利益確定の目安に」**します。

ボリンジャーバンドによる利益確定❷

トレンドに乗ったらマイナス1σを超えたところ

次は、下落するスピードが早く、売り建てをするときに、すでにトレンドが発生している状態です。この場合はボリンジャーバンドの幅が広がり、急な勾配になっています。急な勾配というのは、株価がマイナス1σとマイナス2σの間を推移しながら、マイナス2σを押し下げるように下落していくことです。この現象を投資理論ではバンド（帯）の中を歩くようだという意味で、よく「**バンドウォーク**」と呼びます。**「バンドウォークは上昇時の利益確定方法としてよく用いられるものですが、実は下落の際も非常に相性がいい」**のです。

次頁下のチャートを見ると、この銘柄は天井から下落する勢いが非常に強く、75日線割れで売り建てる際にはすでにボリンジャーバンドの幅が広がり急激に下に向かっています。しかも空売りをした当日、すでにマイナス2σを割り込んでいます。これではマイナス2σで利益を確定する方法は使えません。ではどこで利益を確定するのかというと、「**バンドウォークが終わるところ**」です。マイナス1σとマイナス2σの間を推移しながら下がっていた株価は売られすぎの局面を迎え、下げの勢いが止まります。サインは「**株価が上昇してマイナス1σの中に入ってくること**」です。

下の❸を見ると、急激に下げていた株価が最後の陰線が出た翌日、大きな陽線が出現してマイナス1σに近づきます。この時点で、マイナス1σを超えるところに利益確定の逆指値注文を出しておきます。この日のマイナス1σの値は275円なので、逆指値の注文は次のようになります。

「**276円以上になると、成行で買い戻しをする**」

● **トレンドに乗ったらここで利益確定する**

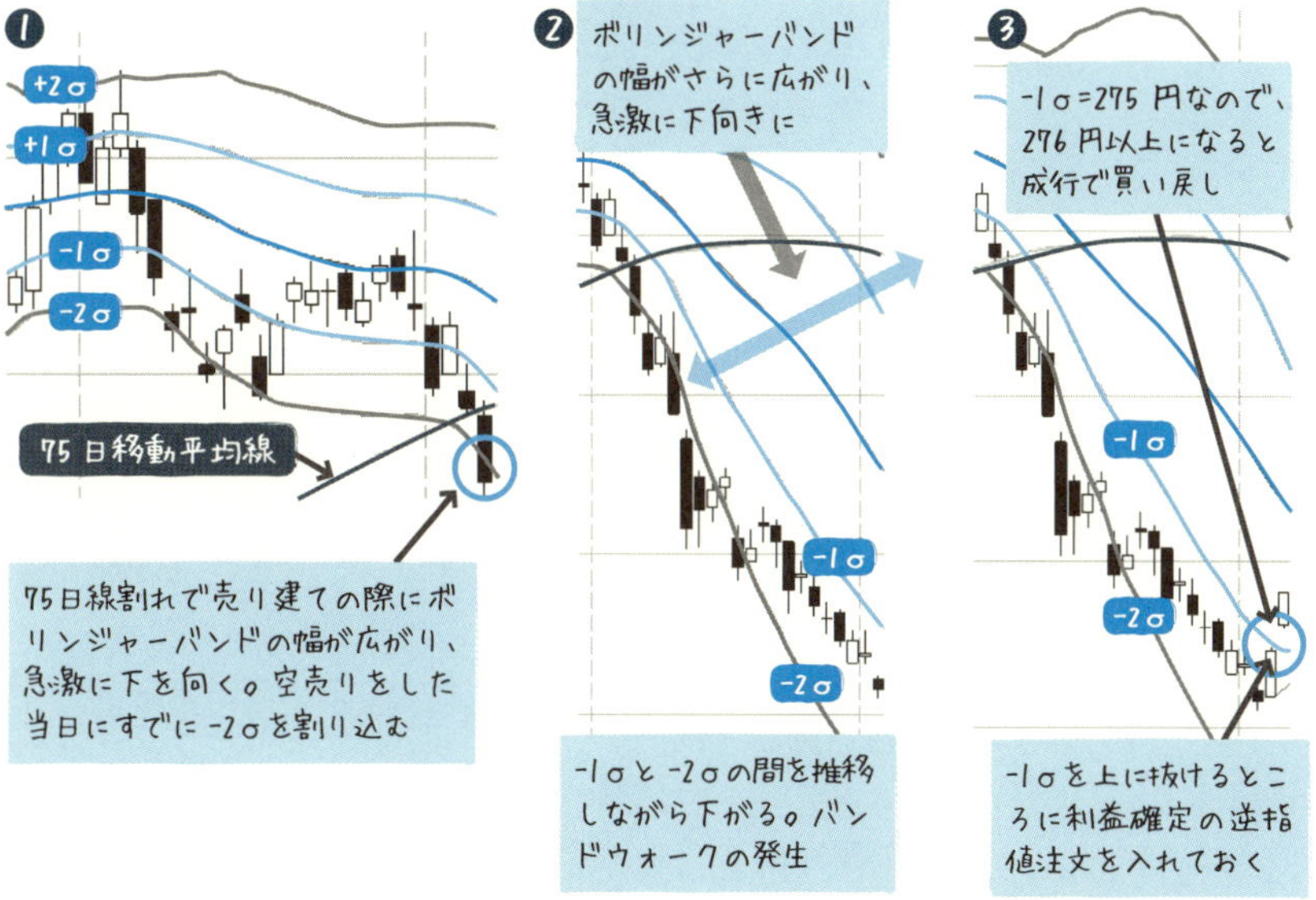
❶
+2σ
+1σ
-1σ
-2σ
75日移動平均線
75日線割れで売り建ての際にボリンジャーバンドの幅が広がり、急激に下を向く。空売りをした当日にすでに-2σを割り込む
❷
ボリンジャーバンドの幅がさらに広がり、急激に下向きに
-1σ
-2σ
-1σと-2σの間を推移しながら下がる。バンドウォークの発生
❸
-1σ=275円なので、276円以上になると成行で買い戻し
-1σ
-2σ
-1σを上に抜けるところに利益確定の逆指値注文を入れておく

実際にチャートを見ると、翌日は大きく上昇してマイナス1σの中にジャンプするかのようにはじまります。これで逆指値注文が発注、利益は確定されます。

まとめてみると、ボリンジャーバンドによる空売りの利益確定は上昇時の裏返しです。しかし、上昇時とは異なる特徴があるので、必ず覚えるようにしてください。

特徴 下降1回目からトレンドが発生していることが多い

下降が上昇より早いということはお話ししました。上昇の1回目はまだ迷いが多く、ゆっくり上げていくことが多いですが、損失を早く回避したい心理が働く下降の局面では、上昇より勢いが早く、1回目ですでにトレンドが発生しやすいです。よって、1回目から❷の利益確定方法を使うことが多くなります。

これで利益確定の方法もしっかり理解することができました。

ボリンジャーバンドによる利益確定をわかりやすく説明する動画を本書特典サイトに用意しました。こちらは量が多いので、2本になります。ぜひ参考にしてください。

特典動画❾ ボリンジャーバンドによる利益確定❶
特典動画❿ ボリンジャーバンドによる利益確定❷
(http://www.tbladvisory.com/book002)

Episode 5

せっかく分析したのに空売りできない！空売りができる銘柄は別にある

「あ、空売りできない？　またチェックするのを忘れた！」

私もいまだにやってしまうことですが、空売りのできない銘柄で一生懸命売りの分析をして、注文する段階でやっと気づくことがあります。制度信用取引に選定された銘柄（制度信用銘柄）の中には、実は２つの種類があります。わかりやすく言えば「**空売りができる銘柄**」と「**空売りできない銘柄＝買い建てしかできない銘柄**」が存在するのです。

信用売りができる銘柄、つまり買い建てと売り建ての両方ができる銘柄を「**貸借銘柄**」、買い建てしかできない銘柄を「**信用銘柄（非貸借銘柄という場合もある）**」といいます。

貸借銘柄　**証券金融会社に十分な株があって、投資家に容易に貸し出すことができる銘柄。何の制限もないので「貸借銘柄」になる**

非貸借銘柄　**証券金融会社が保有する株が少なく、空売りが膨らむと株が足りなくなる懸念のある銘柄。貸し出しに向かないので「非貸借銘柄」になる**

チャートの形を見て、空売りに適していると思って一生懸命分析しても、注文を出すときに、「**非貸借銘柄です**」と断られてしまうことがあります。結局分析に使った時間が無駄になるので、分析の前にはその銘柄がどの分類に入るかをチェックしてください。

見方は簡単です。証券会社の銘柄詳細ページで、銘柄名の隣にその情報が書かれています。大体の場合は、上場している市場名と制度信用銘柄の種類が並んでいます。

● 楽天証券で制度信用銘柄の種類を確認する

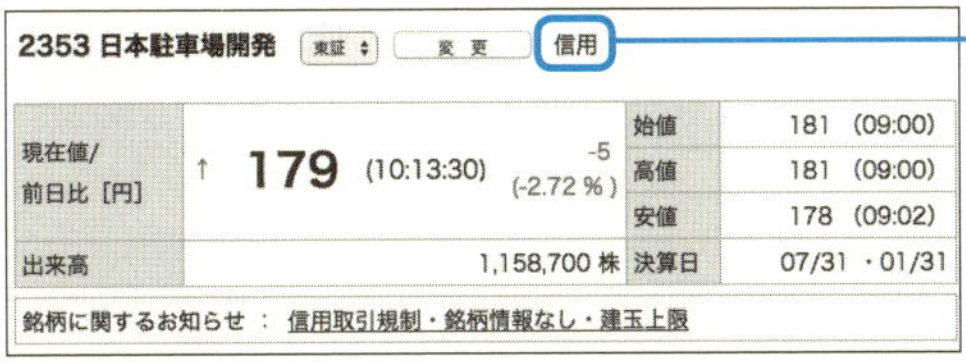

「信用」とあれば、「信用銘柄（非貸借銘柄）」を意味する

● 会社四季報オンラインで制度信用銘柄の種類を確認する

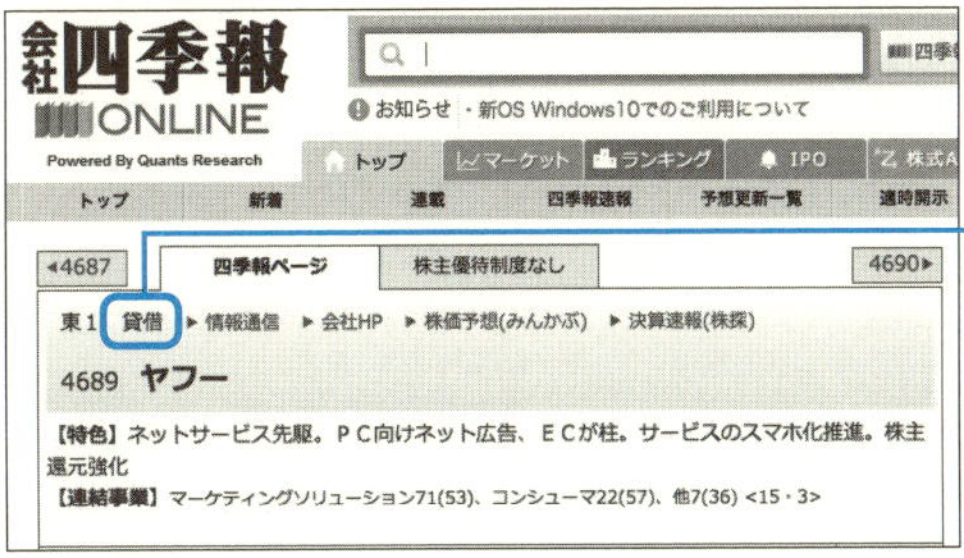

「貸借」とあれば、「貸借銘柄」を意味する

03 下降2回目・3回目の「空売りポイント」の見つけ方

1 下げで次の波に乗るかは線1本で決まる

下降1回目のポイントで、どこで空売りをするか（売り建てをするか）、また買い戻しのポイントに関しても理解することができました。次は1回目より大きい利益が見込める下降2回目と3回目の売買ポイントです。あれ、それは簡単じゃないの？　グランビルの法則にしたがうなら、75日移動平均線に戻ってきて再び反落したら空売りをして、ボリンジャーバンドを見て利益確定をすればいいのでは？　と言いたい気持ちはわかります。しかし、問題は上昇のグランビルと同様のことが下降時にも起きるということです。

次頁のチャートを見ると、下降の1回目で利益確定をしたあと、75日移動平均線に戻る動きを見せますが、75日移動平均線をタッチする前に再び反転して、次の局面に入ってしまいます。75日移動平均線まで戻るのを待っていては、この下降トレンドに対応することができず、本当に取りたい大きな利益を見逃してしまいます。

では、どうすればいいのでしょうか？

これは上昇のとき同様、トレンド転換線を使います。いわば「**下降のトレンド転換線**」です。それでは「魔法の線バージョン2」、下降のトレンド転換線を紹介します。

2 下げ局面における トレンド転換線の描き方

「75日移動平均線に戻らずに下げていく銘柄の売買ポイントがわからない」

その問題を解決してくれるのが、上昇の局面でお話ししたトレンドラインの裏返しみたいな線、「下降のトレンド転換線」です。「この線を境界にして、調整トレンドが終わり、下降トレンドに転換し

● 75日移動平均線に戻らずに下がってしまうことが多い

75日移動平均線
75日移動平均線に戻る前に反転して、
再び下降トレンドに戻る

ている」ことがわかります。

もし**「下降のトレンド転換線が正確に描けたら、この線を下に抜けたところで売り建てることができ、その後は下降の2回目、3回目に安心して乗れる」**ことを意味します。まさしく上昇でも下降でも2回目、3回目の入るタイミングを教えてくれる魔法の線です。

では、詳しい描き方を「STEP」に分けてお話しします。

ちょうど上昇の際に描くトレンド転換線の逆バージョンみたいになっていますが、ここにもひとつ注意点があります。

いったんトレンド転換して再び下がりだすと、上昇よりはるかに早く勾配が急になり、売買タイミングも早くなる

● **下降のトレンド転換線の目標**

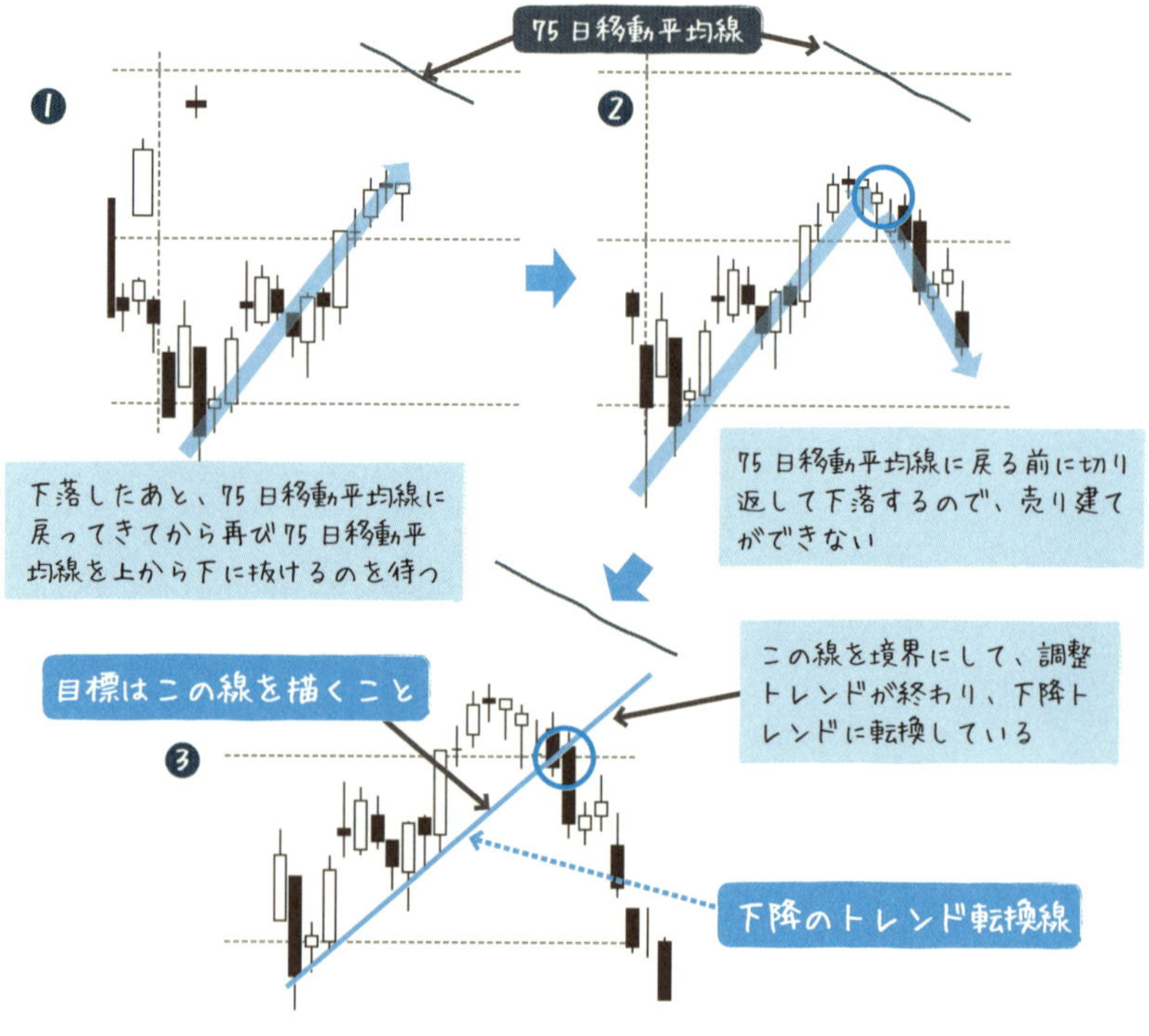

75日移動平均線
1
2
下落したあと、75日移動平均線に戻ってきてから再び75日移動平均線を上から下に抜けるのを待つ
75日移動平均線に戻る前に切り返して下落するので、売り建てができない
目標はこの線を描くこと
3
この線を境界にして、調整トレンドが終わり、下降トレンドに転換している
下降のトレンド転換線

下降のトレンド転換線の引き方

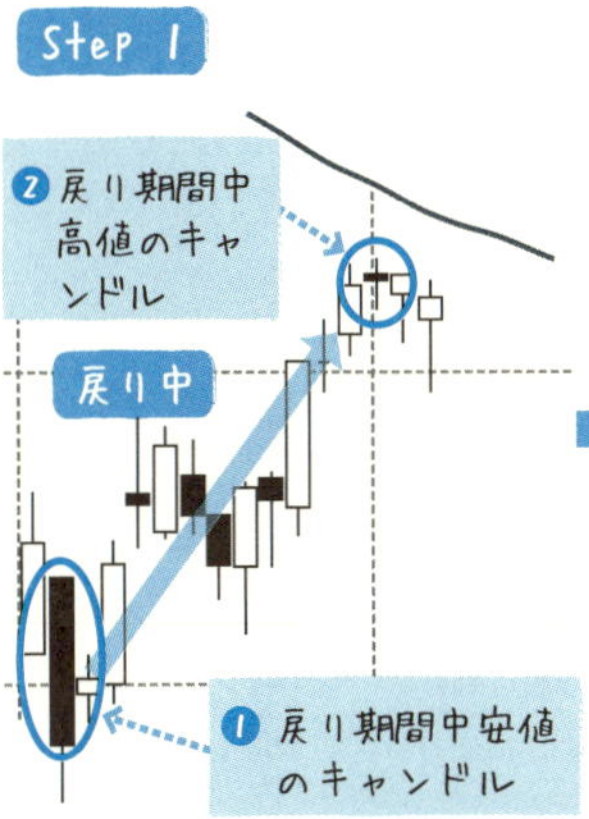
Step 1
❷ 戻り期間中高値のキャンドル
戻り中
❶ 戻り期間中安値のキャンドル

戻りが終わり、トレンド転換を確認したい期間において、直近の安値（❶）と高値（❷）を探す

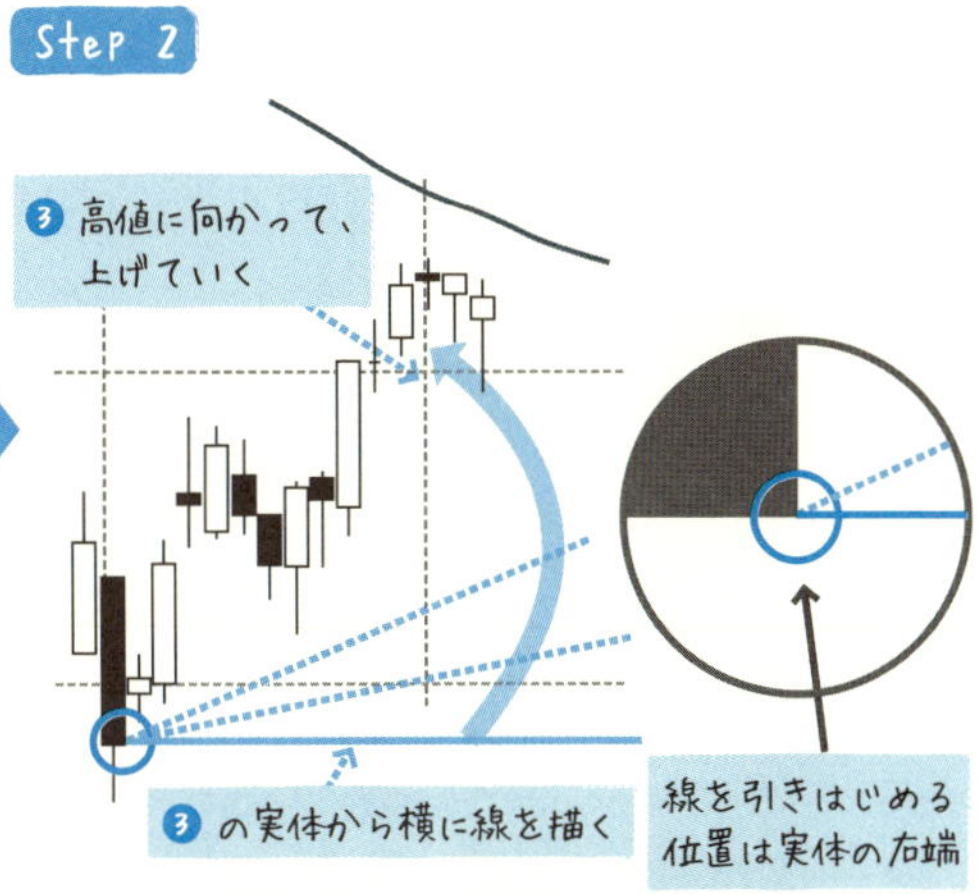
Step 2
❸ 高値に向かって、上げていく
❸ の実体から横に線を描く
線を引きはじめる位置は実体の右端

直近安値の実体から線を引き、直近の高値に向かって上げていく。
線を引きはじめる位置は実体の右端

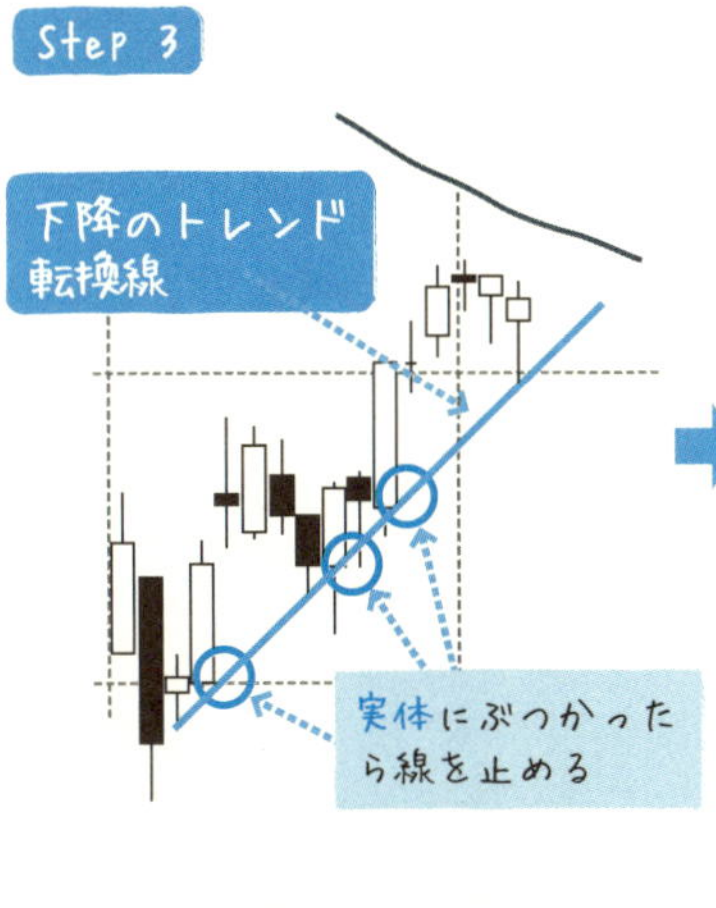
Step 3
下降のトレンド転換線
実体にぶつかったら線を止める

上げていく途中でキャンドルの実体にぶつかったら線を止める。この線を「下降のトレンド転換線」と呼ぶ

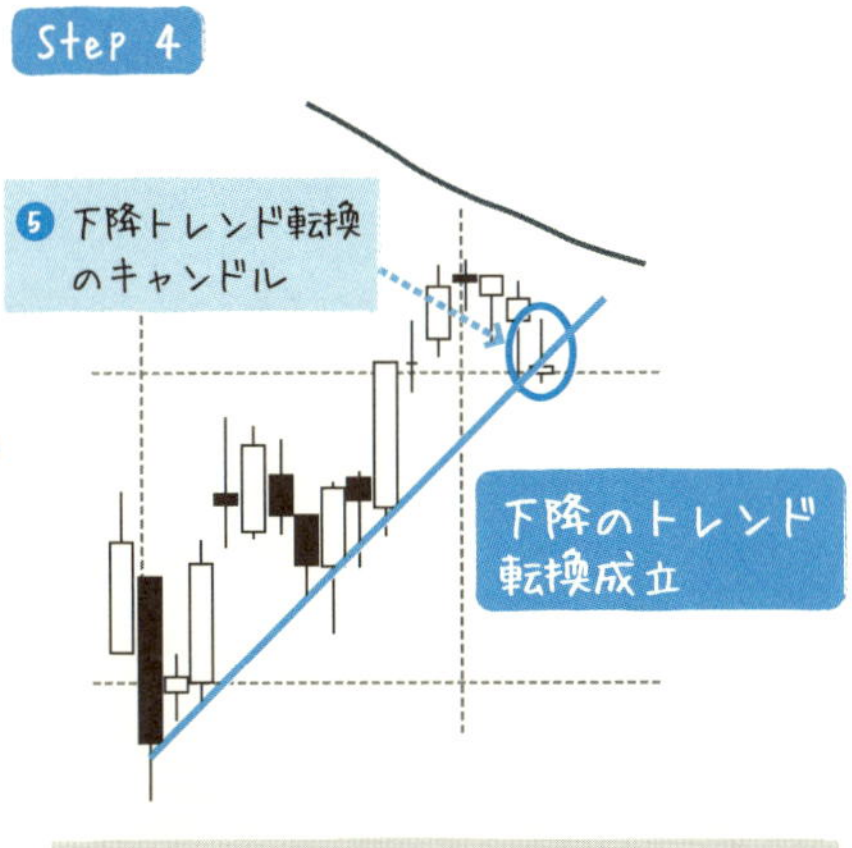
Step 4
❺ 下降トレンド転換のキャンドル
下降のトレンド転換成立

キャンドルの実体が下降のトレンド転換線を上から下に抜けると、このキャンドルを「下降トレンド転換のキャンドル」（❺）と呼び、この日を「下降トレンド転換をした日」と定義する

上昇の際はトレンド転換してしばらく持ちあったあと、再び上昇することが多いのですが、下降の際は次の局面になればなるほど恐怖が深まるので、1日見逃すだけで売買ポイントを見失うことになります。トレンド転換が近づいてきたら、密接にケアする必要があります。

怒っている恋人（恋の下降曲線ですね）をケアするのは、機嫌がいいときよりはるかに難しいのと一緒です。

上昇のトレンド転換線と一緒で、「**下降のトレンド転換線も練習すればするほど短時間で描けるようになり、チャンスが増える**」ことになります。自分でいっぱい描いてみてください。それが一番の早道です。

下降のトレンド転換線の描き方をわかりやすく説明する動画を本書特典サイトに用意しました。ぜひ参考にしてください。

特典動画⑪ 下降のトレンド転換線の描き方
(http://www.tbladvisory.com/book002)

下降のトレンド転換線の描き方は万全ですか？　何事も実践あるのみです。本書を読んで内容を理解したら、ぜひ動画も見ていただき、動画を繰り返し見たあとは、興味を持っている銘柄でぜひトレンド転換線を引いてみてください。過去のことでもいいので、売買ポイントを導き出してみてください。上昇・下降、どちらでもトレンド転換線が描けるようになると、売買ポイントはほぼ自由自在に決められます。

トレンド転換が成立した日の安値を下に抜けると、株価は再び下降をはじめます。この性質を利用して、トレンド転換での売り建てのポイントをお話しします。

それでは、肝心の売買ポイントについて考えてみましょう。

3 トレンド転換線の空売りポイント

75日移動平均線に戻る前にトレンド転換したことを確認したら、具体的にどこのポイントで買うのかが大事になります。これもトレンド転換した日から「STEP」別に見ていきましょう（次頁参照）。ここでも「STEP2」で終わりにしないで「STEP3」のロスカットの設定まで必ず見てください。下降のトレンド転換線という新しい戦略を覚えたので、次はセットになっているロスカットポイントのルール、覚えていますね？

下降のトレンド転換線に基づく売買ポイントをわかりやすく説明する動画を本書特典サイトに用意しました。ぜひ参考にしてください。

特典動画⑫ 下降のトレンド転換線の売買ポイント
(http://www.tbladvisory.com/book002)

● 下降のトレンド転換線の売買ポイント

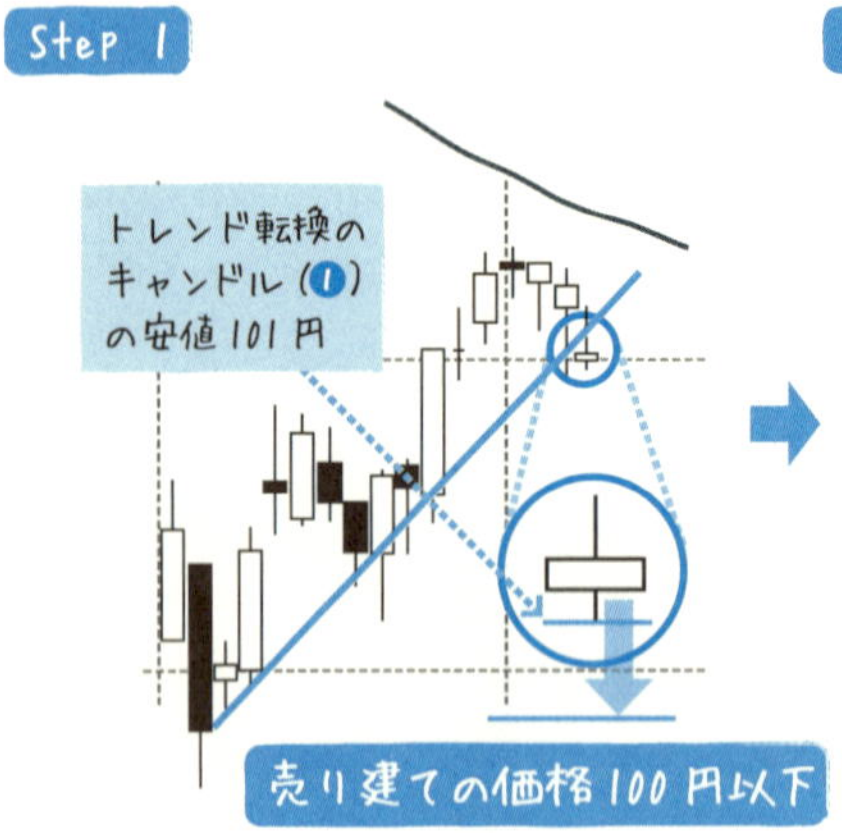
Step 1
トレンド転換のキャンドル（❶）の安値101円
売り建ての価格100円以下

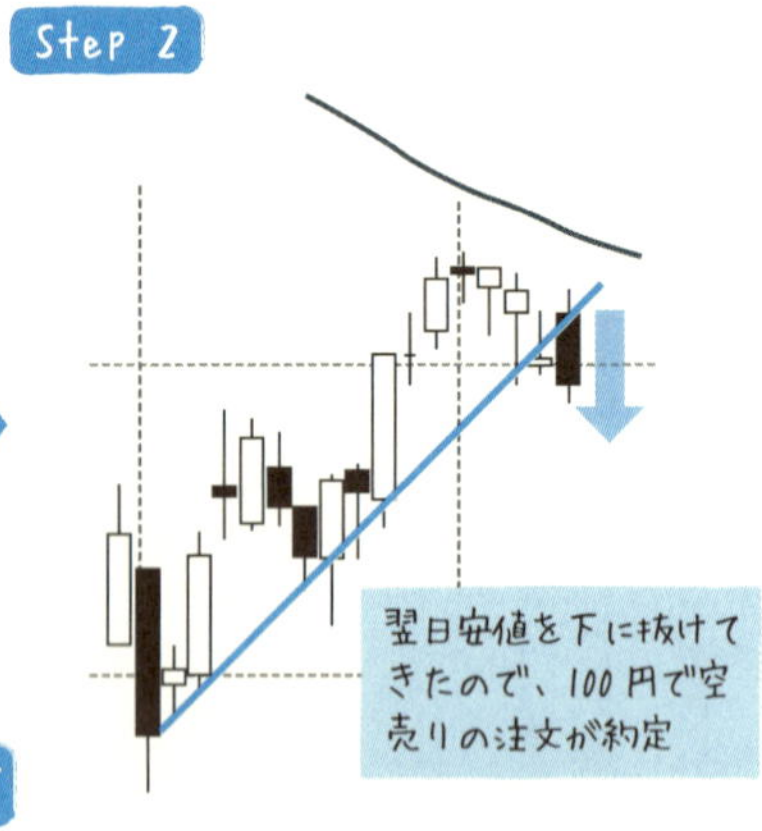
Step 2
翌日安値を下に抜けてきたので、100円で空売りの注文が約定

75日線を上から下に抜けるポイントで、売り建てるのと同じ要領で、トレンド転換線を抜けた❶の安値を上から下に越えるタイミングで売り建て逆指値の注文を出す。たとえば❶の安値が101円の場合、逆指値の価格は「100円以下になったら、100円で売り建てる」設定にする

❶の安値を下に抜けてくることで、下降がはじまるサインになる。翌日すぐに約定しなくても数日持ちあってから、下に抜けてくることも多いので、注文期間を1週間ほどにして、約定したか毎日チェックする。この例は翌日早速、100円で空売りが約定している

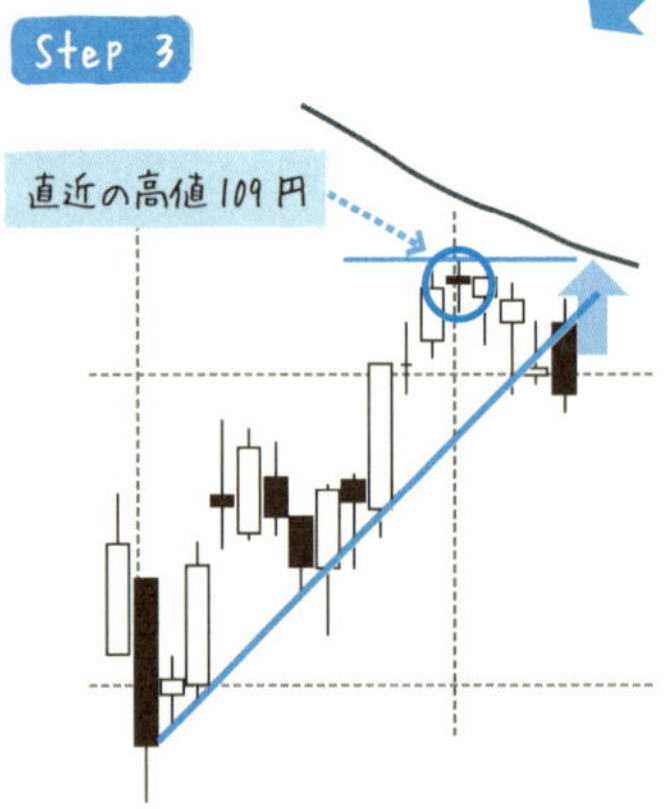
Step 3
直近の高値109円

ロスカットは、トレンド転換線を描くときに見つけた直近の高値のローソク足で、その高値を越えてくるところに設定する。たとえばこの高値が109円の値になっていると、ロスカットは109円を下から上に抜けた110円以上になる。

逆指値注文の場合、「110円以上になると、成行で買い戻す」といった設定をしておく

Episode 6

ダース・ベイダーとジェダイのライトセーバー対決

前著で紹介した技術の中で、よく相談されるのが「**トレンド転換線**」です。トレンド転換線を引くのが慣れないうちはどうすれば上手に描けるのか、また自分が描いたトレンド転換線が正しいのか確信が持てず、悩むことが多いようです。

早く上達するコツを聞かれたとき、私の答えは「**とにかくたくさん描いてみること**」です。描き方に関してはすでに前著と動画を通じてわかりやすくお話ししているので、それにしたがってひたすら書いてみる以外、早道はありません。ただ、描いた転換線があっているかあっていないか、ちゃんとチェックしてあげることで、どんどんスキルアップするので、スクール生には画面キャプチャを撮って、どんな形でも私に送ってもらうようにしています。

チェックすることを繰り返していると、驚くほど思い入れを捨てたスッキリしたトレンド転換線が引けるようになります。

では、今度は「**慣れすぎた人たち**」の話をしてみましょう。トレンド転換線を描くのに慣れてきた上達者たちは徐々に線を描かなくても線が見えてくるようになります。もう一段階上のレベルになると、トレンド転換線以外にもいろいろな線（抵抗線や支持線といったテクニカル分析の目印になる線）を描くのにもすでに慣れているので、より多くの線が見えてきます。そして上手な人同士で今後の戦略を語りはじめると、初心者のスクール生にはまったく意味不明な世界が広がります。

「トレンド転換はしたけど、30 円上に抵抗線があるからそんなに伸びないよね、下がるんじゃない？」

「いやいや、下がってきても 10 円くらい下に支持線と先行スパン 1 の上雲があってぶつかるから、すぐ切り返すでしょう。その線を目安に取り組もうよ」

画面に映し出されているチャートを見ながら延々とこんな議論が続きます。唖然としてその戦いを見ていた初心者のスクール生が言いました。

「まるでダース・ベイダーとジェダイがライトセーバーで戦っているようですね。光で戦うのは見えるからまだましだけど、これはまるでフォースだけの世界ですね」

フォースだけの世界という言葉にみんな爆笑しましたが、「**線が明確に見えてきたら投資の分析はぐんと楽に**」なります。

遠い世界の話のようですが、「**練習を続けるとある日突然その線が見えてくる**」のです。

そのときは迷わず私のところに連絡してください。

「フォースが見えてきました！」

これであなたも立派なジェダイの仲間入りです。

04 下降の最終局面の見極め方

1 いつまでも下げてはいられない

これで空売りのすべての局面について、売買のポイントまでカバーできました。今度こそ鼻息荒くパソコン画面に向かっていいです。思いのまま取引をしていいのですが、最後にもうひとつ大事なことが残っています。下降の最終局面を確認して、視点を入れ替えることです。

2 慣性が働くことで視点が固定される

下降の2回目、3回目を経て短期間で大きな利益をあげられるようになると、慣性の力が働き、ずっと下向きの視点になってしまいます。時間が経ってから振り返ってみると、「どうしてこんなところでずっと下がると思い続けたのかな？」と不思議に思うことがあります。

まだ空売りの経験がない場合は実感がわかないことですが、上手になってくると1回くらいは陥るジレンマです。

慣性の法則そのまま、もともと動いている方向にそのまま進んでいくのが一番楽なので、下げで利益を取ってきた人は、どうしても下げる要因を探したくなります。そして、いつの間にか下降相場が終わっているのに、ひとりで一生懸命空売りを仕掛けていることに気づきます。せっかく築いてきた利益が台無しにならないように、下降トレンドが終わることに早く気づいて、上昇の準備に取り掛かる必要があります。

では、慣れてしまった視点を切り替えるポイントについて考えてみましょう。

3 下げ止まったことを確認する3つのポイント

下降2回目と3回目で利益を確定するタイミングが近づいてくると、グランビルの法則の観点から、下げ切ったと確認するポイントを満たしているかを必ず確認してください。確認ポイントは次の3つです。

この3つが確認できたら「**そろそろ底値で下降トレンドは終わり、これから上昇トレンドになるかも**」といったように、視点を切り替えて空売りを終わりにして、上昇相場の戦略に切り替えていきます。

確認ポイント① 下げてきた期間

1カ月や1カ月半くらいの下げ期間しかない場合は、まだ下降トレンドが続いている場合が多いです。少なくとも2カ月から3カ月以上下げてきたかを確認してください。

確認ポイント② 下げた期間の間に安値の切り下げが3回以上あったか

これはグランビルの法則を考えると当然導き出されることです。下降3回目がしっかり現れると、チャートレベルで見て、安値の切り下げが3回以上あるはずです。

確認ポイント③ 下降3回目の特徴が現れたあと、安値の切り下げが止まる

下のチャートのような下降の3回目では、天井に似た特徴が現れます。窓をあけてはじまる非常に長い陰線が現れ

● 下げ止まったことを確認するポイント

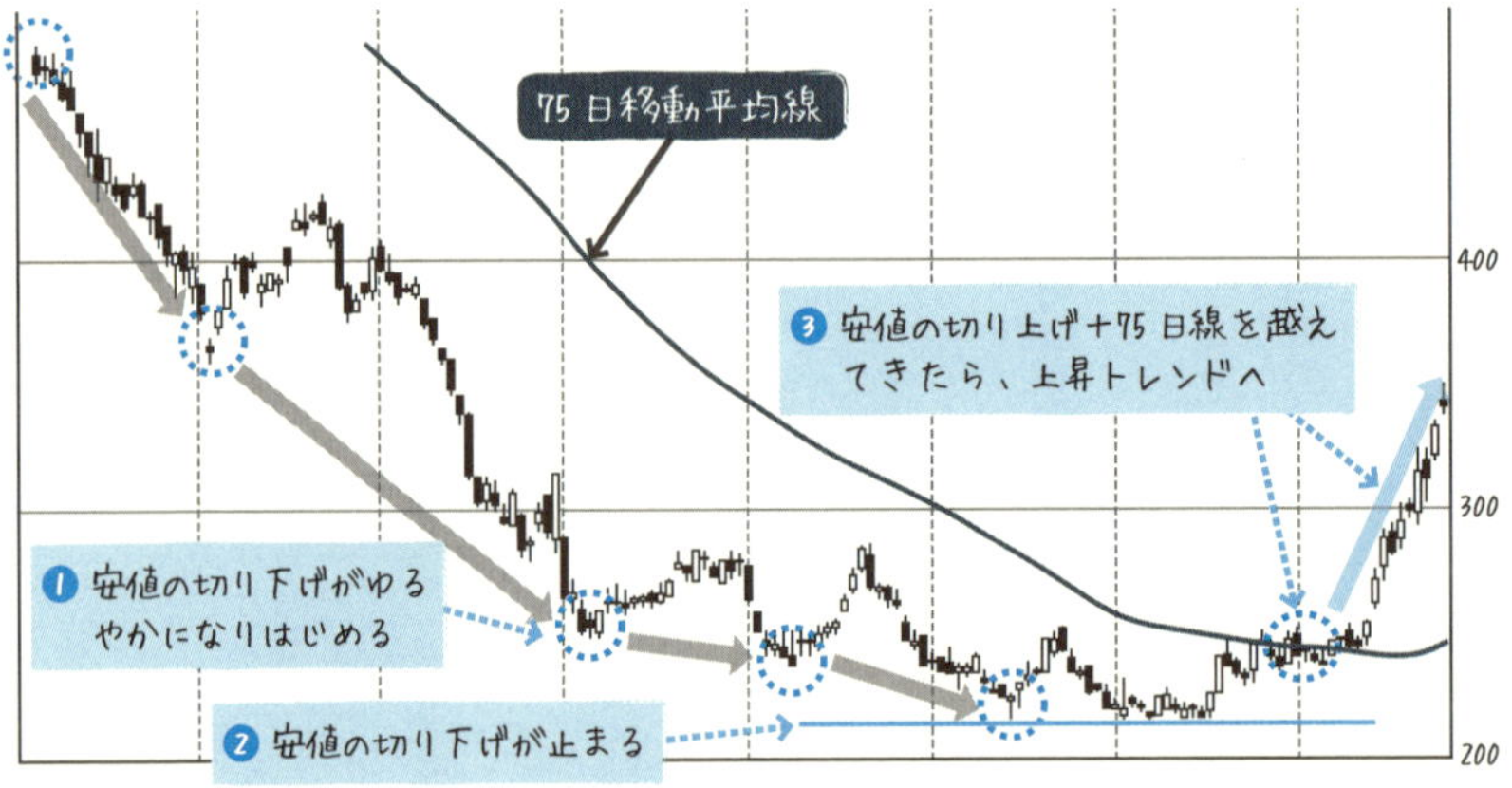
75日移動平均線
③ 安値の切り上げ＋75日線を越えてきたら、上昇トレンドへ
① 安値の切り下げがゆるやかになりはじめる
② 安値の切り下げが止まる
400
300
200

るなど暴落のサインが出たあと、ある日を境に安値の切り下げがゆるやかになる、またはそれ以上切り下がらなくなります。これが下げ止まりのサインです。

4 「テスト売り」と「テスト買い」でトレンドの転換を確認

3つのポイントをすべて満たしていることを確認したにもかかわらず、ひとつの方向に傾いた心理を反対に向かせるのはなかなか難しいものです。少し下げだすと「あ、やはり下げ継続かも」と未練がましく空売りを仕掛けたりします。しかし、すでにトレンドが変わろうとしているときは市場が迷っているので、上にも下にも明確に方向を示さず、しばらく持ちあうことが多くあります。このようなときに無理やり利益をつくり出そうとしたら、むしろせっかく貯めてきた利益を減らすことになります。

まだ下げる？ この最後の迷いを消す方法

このような最後の迷いを防ぐ効果的な方法は、「**トレンドが変わる方向に小さく買いを入れてみる**」ことです。

先ほどの3つの確認ポイントを満たす銘柄が直近になって75日線に近づいてくると、最小の単位で買いを入れてみます。大きなトレンドの転換を試すという意味でこれを「**テスト買い**」と名づけましょう。まだ明確に上昇のトレンドが発生していないので、ロスカットになる確率が高いですが、ロスカットされたあともその株価の動きを観察してみてください。そして前回の安値まで下がる前に切り替えしてくるなら、いよいよ安値の切り上げがはじまります。これで「**いつの間にか視点が変わっているはず**」です。

しかし、このテスト買い、どこかで見たことありませんか？　はい、そのとおりです。「**上昇1回目の買い、そのもの**」です。下げ切ったことが確認されたあと、75日線に近づいている状態を買っていくことは、視点を切り替えるためのテスト買いであり、上昇1回目の買いになります。

では、その反対は？　はい、ずっと上げてきた株価がいよいよ上昇トレンドの終わりを告げて、「**下がりはじめるときはテスト売りをして、視点の入れ替え**」をします。

「下げ止まりを確認して上昇に視点を切り替える」「上げてきた銘柄の天井を確認して下げに視点を切り替える」際のポイント

❶ 大きな利益を期待しない

持ちあいではどうしたって大きな利益は取れないし、期待すべきではありません。むしろ「**そのあとに訪れるトレンドに乗せることに重点**」を起きましょう。

❷ 視点の切り替えはトレンドの継続性確認から

トレンドの継続はもちろん、その直前まで続いていた傾向が継続することを意味します。上昇相場の場合は今回も高値を切り上げているのか、下降相場の場合は安値を切り下げているのかを確認します。これが成立しなくなったとき、つまり高値が切り上げなくなった、安値の切り下げがなくなったときがトレンドの変化がはじまるところです。

旅の終わりに、お土産はほしくありませんか？

長い旅でしたが、これで下降相場に関わる心理から、判断基準、各局面における売買ポイントまでをすべて理解することができました。読み終わったこの瞬間からプロというにはさすがに無理がありますが、実際の売買をしながら読み直していくと、ひとりで行きあたりばったりのトレードをするよりは、数十倍早く上達できるはずです（余談ですが、私の初心者時代に誰かこんな本を書いてほしかったですね）。

さあ、旅の案内は終わりです、安心して一歩踏み出してくださいと言いたいところですが、あれ、ちょっと待ってください。

一歩踏み出したいところだけど、一体どこで空売りの銘柄を見つけるの？　と思いませんか。それがないと一歩をどこに踏み出せばいいかわからない！　前著では上昇の銘柄を仕入れる方法ま

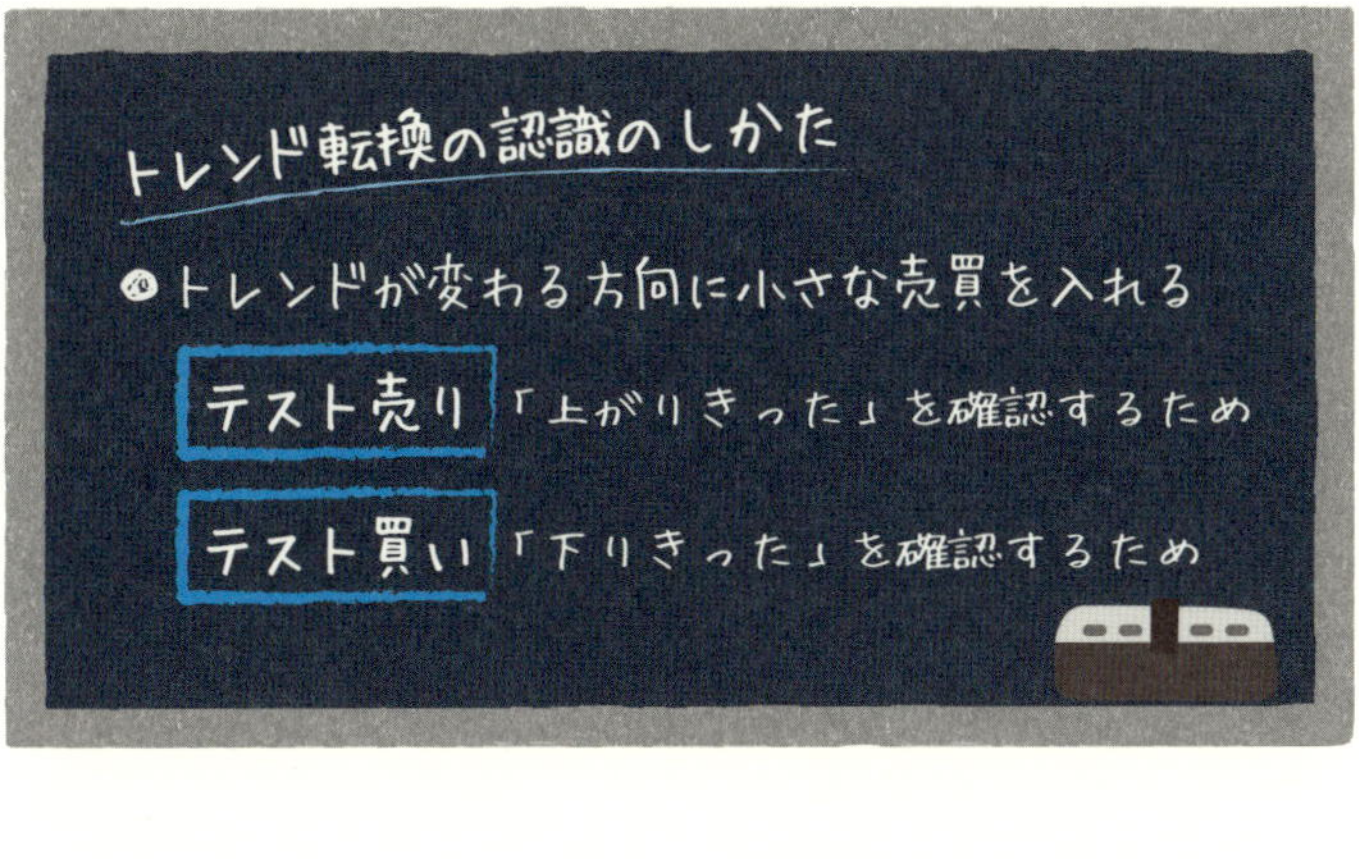
トレンド転換の認識のしかた
トレンドが変わる方向に小さな売買を入れる
テスト売り
「上がりきった」を確認するため
テスト買い
「下りきった」を確認するため

で親切に案内してくれたのに、空売りはなんでないの、先生が毎日送ってくれたりするの（しませんよ！）など、いろいろと突っ込みたくもなりますね。

上昇の銘柄を仕入れる方法は教えたので、それを応用してくださいといえば間違ってはいませんが、結局また途方に暮れるだけですね。

初心者のことを考えて最後まで手を抜かない著者が送るギフトセットを次章に用意しました。

空売りする銘柄を仕入れる方法や、仕入れた銘柄を管理する・育てるしくみから、投資家を悩ませる問題を解決する戦略など、もっと利益を大きくするために必要なギフトセットです。

旅のお土産セットとして持って帰ってください。

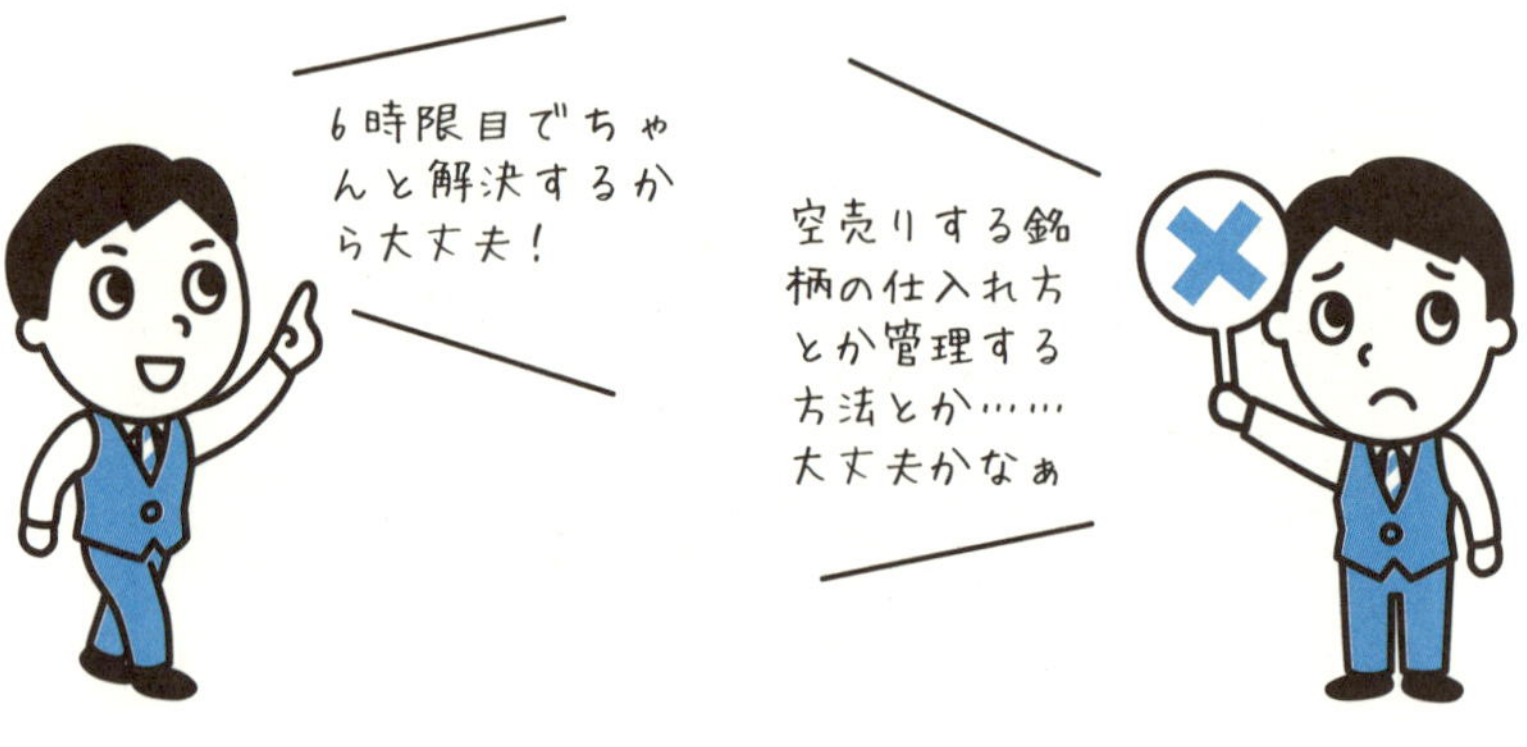

空売りする銘柄の仕入れ方とか管理する方法とか……大丈夫かなぁ
6時限目でちゃんと解決するから大丈夫！

6時限目

銘柄探しから管理のしかた

プロの技大全

基礎を身につけたばかりのあなたが明日からでもプロのように振る舞える、まさしくプロの技3セットをお渡しします。

この3セットがそろうことであなたの負担はかなり減り、より自信を持って信用取引に挑むことができます。

01
銘柄の仕入れ方

1 ランキング主義で行こう！

取引をはじめたばかりの初心者はもちろんのこと、ある程度慣れてきた経験者にも共通した悩みは、どのように銘柄を探すのかです。知識はそろっているので、できることならすぐにでも取引をはじめたいけれど、どこからどう手を出せばいいのかがわかりません。ここでは、すぐに役に立つ銘柄の仕入れ方法を紹介します。

銘柄の重要な仕入れ先について、ちゃんとフィルタリングすれば「ランキング」が有効であると、前著「世界一やさしい 株の教科書 1年生」で詳しくお話ししました。「**空売りもちゃんとフィルタリングすれば、ランキングから仕入れるのが有効**」です。空売りに適した銘柄を含めて、幅広く仕入れができるランキングの使い方についてお話しします。

2 仕入れ先❶ ランキングは上昇、下降の両方が見つかる宝箱

75日移動平均線にくっついているものでラクラク銘柄探し

株価のサイクルが理解できると、ひとつのランキングを見るだけで、上昇・下降、両方の観点を満たす銘柄を見つけることができます。たとえば、ヤフー・ファイナンスの「テクニカル関連ランキング」にある乖離率関連ランキングは両方の銘柄がそろう無料の宝箱です。

用語が少し難しいですが、「**低乖離率（75日・プラス）**」について考えてみましょう。「低乖離率」とは、あまり離れていない、つまり「くっついている状態」という意味で、「75日・プラス」とは75日移動平均線の上にあるということです。まとめると、「**75日移動平均線の上にあるけれど、かぎりなく75日移動平均線に近い状態**」が堅調に現れている銘柄が集まっているランキングという意味です。

上昇のサイクルに集中していた前著に比べて、今は全サイクルを理解しているので、すべての局面におけるチャンス銘柄が見つかることを意味します。

言葉だけでは難しいので、図で考えてみましょう。次頁下のチャートを見ると、全サイクルにおけるチャンス銘柄が集まっているという意味がわかるはずです。上昇1回目が終わって75日移動平均線に戻ってきたものや、下降1回目が終わって75日移動平均線に戻ってきて上に抜けたけ

れど、再び下落しようとして75日移動平均線にくっついている銘柄など、あらゆる局面の銘柄がチャンス間近な順番で並んでいるわけです。これはうれしいことですね。

実際のランキングで、両方見つかる例を見てみましょう。次頁下のチャートはある日の「低かい離率（75日・プラス）」ランキング一覧です。

下降している銘柄探し

一番右の「かい離率」を見ると、1位の銘柄は終値が75日移動平均線から0・01％しか離れていないことを表しています。まさしくくっついているわけです。ここでランキング13位のチャートを見ると、1回暴落してから75日移動平均線に戻り、75日移動平均線の上で再び暴落、次の下落を準備していることがわかります。これは明日か

● 株価のサイクル別にチャンス間近の銘柄が見つかる

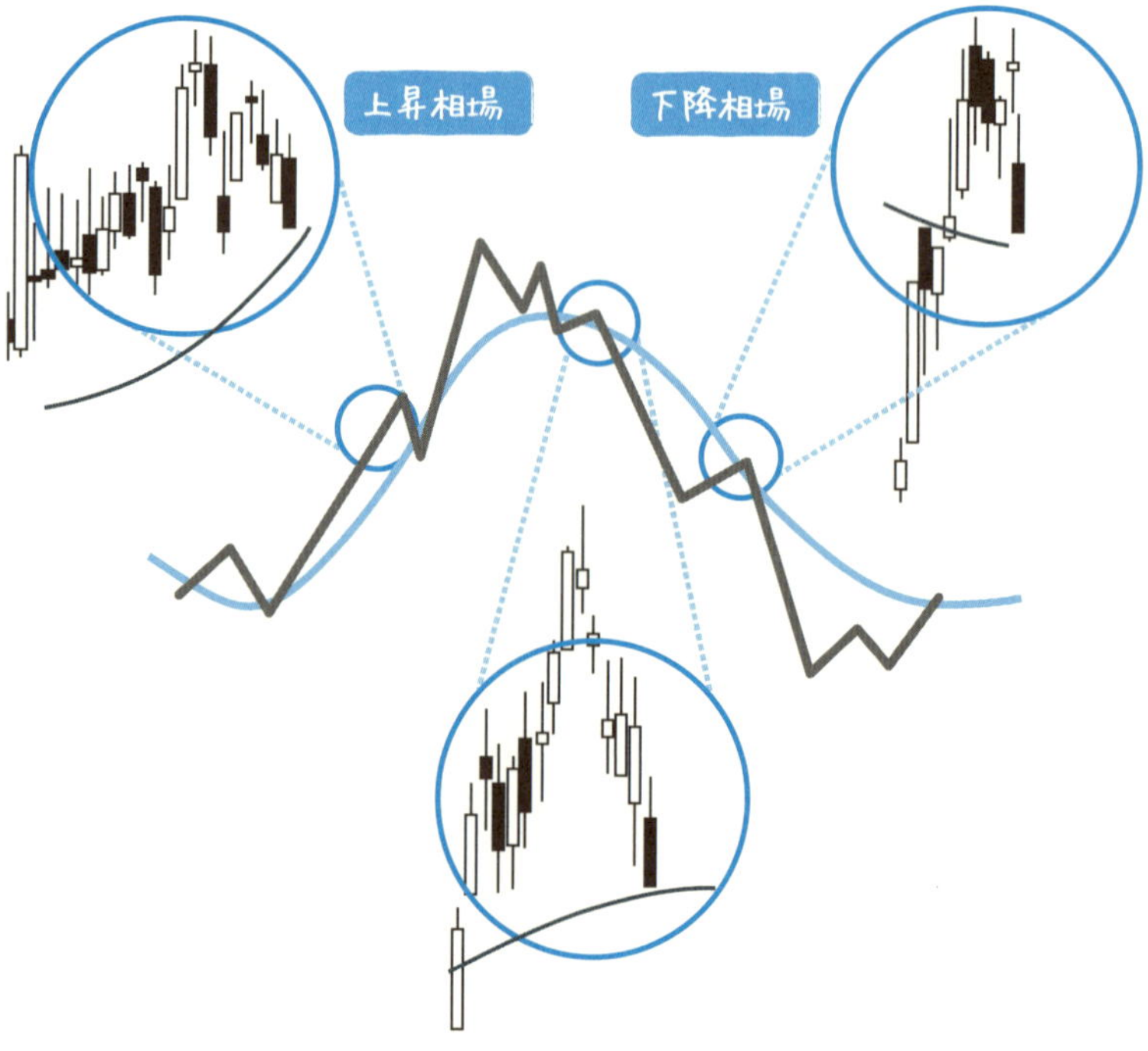

らでも空売りを仕掛けられそうな銘柄です。

上昇している銘柄探し

一方、41位のチャートを見ると、底値を抜けて、上昇1回目が終わったばかりで、上昇2回目を準備していることがわかります。こちらは数日以内に買いのチャンスが訪れそうですね。

ひとつのランキングリストを見てチェックするだけで、上昇中の銘柄、下落中の銘柄、上昇中に戻ってきたものなど、あらゆる局面の銘柄が見つかります。紛れもない宝箱です。

ランキングから銘柄を仕入れる例をわかりやすく説明する動画を本書特典サイトに用意しました。ぜひ参考にしてください。

特典動画⑬ ランキングから銘柄を仕入れる
(http://www.tbladvisory.com/book002)

ランキングから仕入れる例

低かい離率（75日・プラス） 東証1部 デイリー

1〜50件/1423件中

順位	コード	市場	名称	取引値		75日移動平均	かい離率
1	2284	東証1部	伊藤ハム(株)	15:00	660	659.93	+0.01
12	7995	東証1部	日本バルカー工業(株)				
13	1983	東証1部	東芝プラントシステム(株)				
41	7522	東証1部	ワタミ(株)				

©Yahoo!ファイナンス

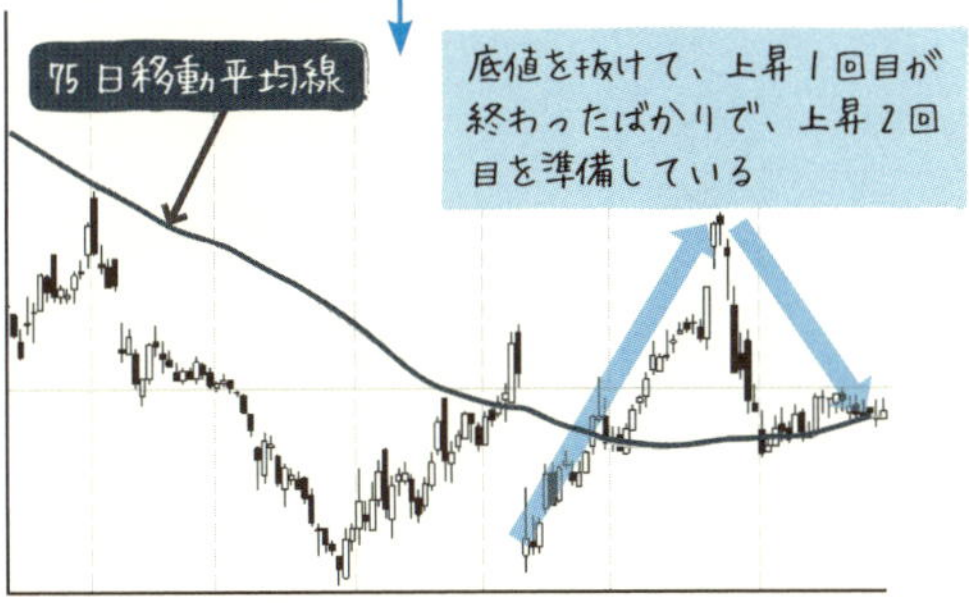

75日移動平均線
底値を抜けて、上昇1回目が終わったばかりで、上昇2回目を準備している

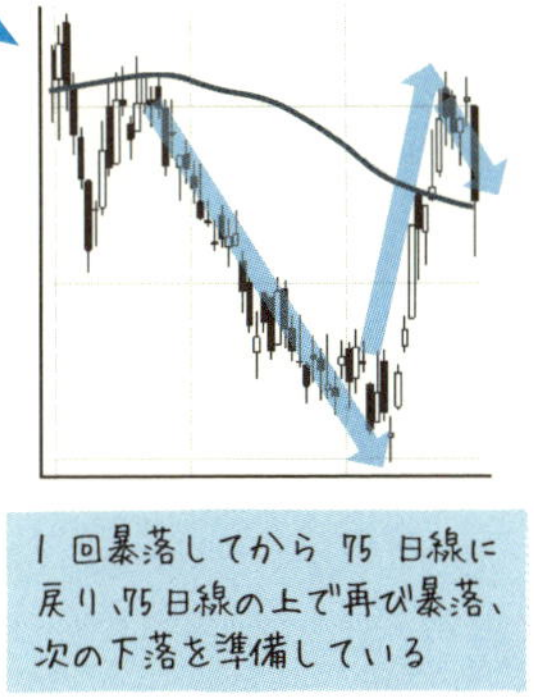

1回暴落してから75日線に戻り、75日線の上で再び暴落、次の下落を準備している

02 銘柄をポートフォリオで管理する

1 見つけたものはポートフォリオに登録して、全サイクルで作成！

せっかく見つけた銘柄なので、しっかりノートにまとめて管理したいですね。投資をするにあたって、観察したい銘柄を管理するノートのようなものがポートフォリオです。ポートフォリオの定義から詳しい作成方法、管理の仕方まで、前著で詳細にお話ししました。まだ読んでいない人はぜひ読んでみてくださいね。

株価のすべてのサイクルを理解したら、すべてのサイクルにあわせてポートフォリオを作成しましょう。そして**「見つけた銘柄を各サイクル別に登録しておくと、自分で育てる宝箱に」**なっていきます。

先ほどランキングで見つけた銘柄の例で、ポートフォリオへの登録を考えてみます。上昇のトレンドにあわせて取引したいと見つけた銘柄は、「上昇2回目」というポートフォリオに登録しま

● ポートフォリオをすべてのサイクルで作成

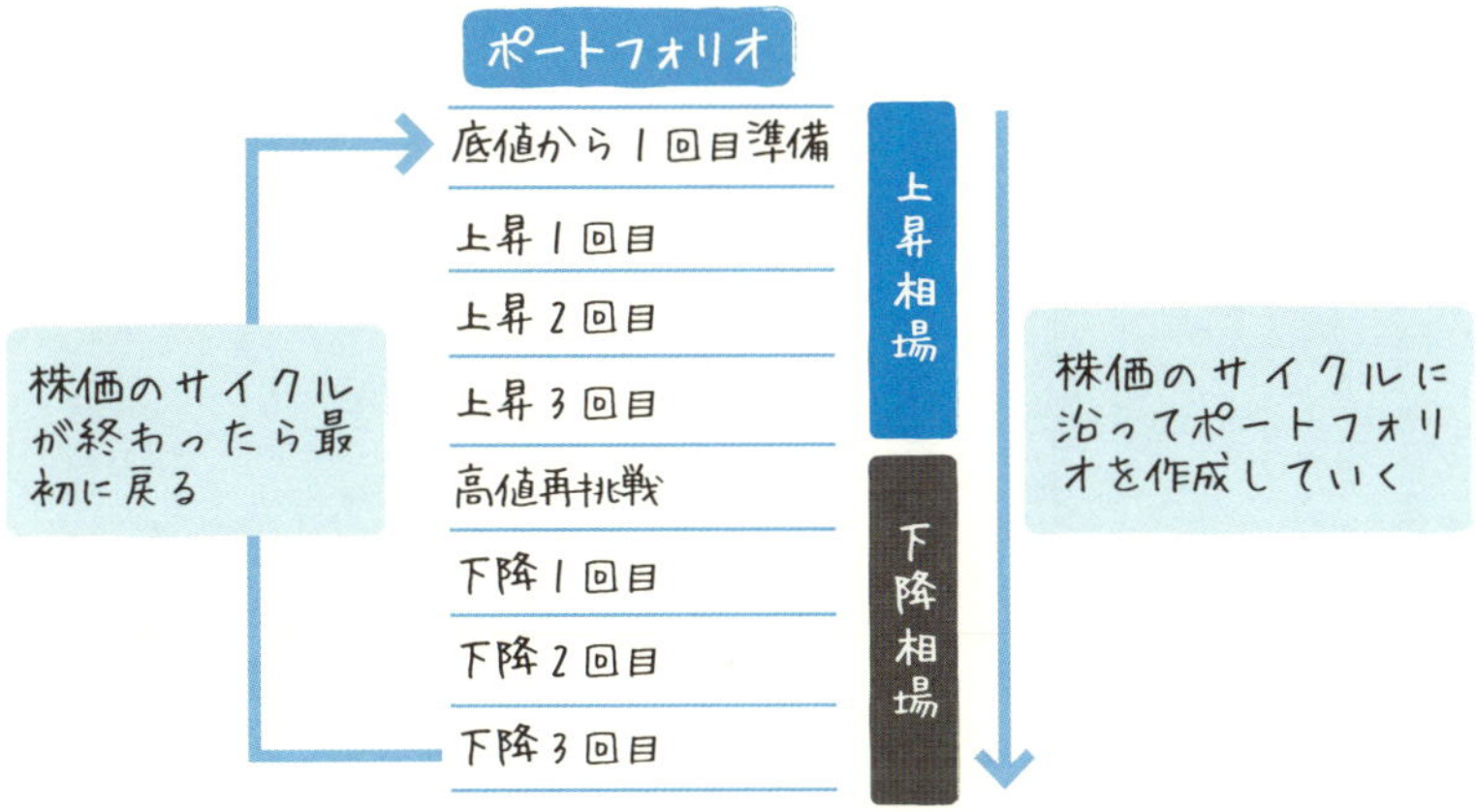
ポートフォリオ
底値から1回目準備
上昇1回目
上昇2回目
上昇3回目
高値再挑戦
下降1回目
下降2回目
下降3回目
上昇相場
下降相場
株価のサイクルが終わったら最初に戻る
株価のサイクルに沿ってポートフォリオを作成していく

● 見つけた銘柄をポートフォリオの各サイクルに登録

低かい離率（75日・プラス） 東証1部 デイリー

1～50件/1423件中

順位	コード	市場	名称
1	2284	東証1部	伊藤ハム(株)
13	1983	東証1部	東芝プラントシステム(株)
41	7522	東証1部	ワタミ(株)

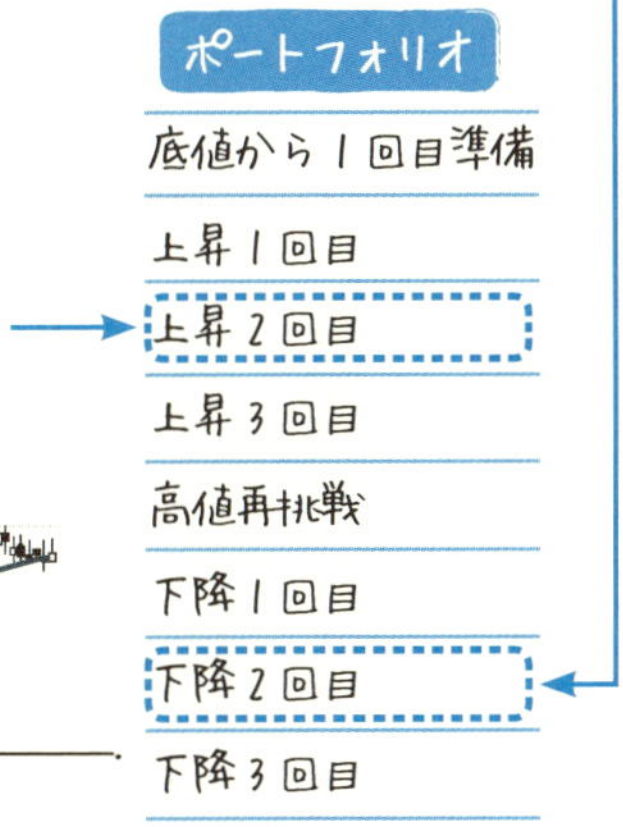
ポートフォリオ
底値から1回目準備
上昇1回目
上昇2回目
上昇3回目
高値再挑戦
下降1回目
下降2回目
下降3回目

す。また、暴落の1回目から戻ってきて下降2回目を準備している銘柄は「下降2回目」というポートフォリオに登録するといった具合です。

最初は何もなくて寂しく見えるポートフォリオですが、ちゃんと管理すれば数カ月もしないうちに宝物でいっぱいになります。以前、私のポートフォリオをすさまじい金額で買い取ると提案した人もいましたが、人のポートフォリオを持っていたところで、ここで説明している考え方を理解しないかぎり、使い物になりません。無料でいくらでもつくっていけるので、早道を選ばずコツコツとつくってみてください。

仕入れた銘柄をポートフォリオで管理するプロセスをわかりやすく説明する動画を本書特典サイトに用意しました。ぜひ参考にしてください。

特典動画⑭ 仕入れた銘柄をポートフォリオで管理するプロセス
(http://www.tbladvisory.com/book002)

Study 1

「信用銘柄（非貸借銘柄）」は空売りできないから、一方通行になりやすい

Episode 5（149 頁参照）では、制度信用取引に選定された銘柄の中に 2 つの種類があることをお話ししました。このお話をすると、たまにこんな誤解を持った人が質問してきます。

「信用買いしかできない“信用銘柄（非貸借銘柄）”は、買うしかないので上がるしかないんじゃないですか？　じゃ、その銘柄を買えば儲かりますよね」

そんな都合のいいことがあるなら、「信用銘柄（非貸借銘柄）」だけ検索して買い漁っていれば、悩むことなく利益をあげることができてしまいますよね。果たしてこれは本当でしょうか？

もちろんそんなことはありません。銘柄を売買する人は、信用取引だけでなく現物で取引する人もたくさんいます。現物で買った人はいつかは売るはずだし、信用で買った人だって 6 カ月をすぎればいやでも売らざるを得ません。れっきとした「売り」が存在するわけです。

その代わり、「**信用銘柄（非貸借銘柄）は動きが一方的になりやすい**」という特徴があります。一方的な動きが頻繁に入れ替わると乱高下を繰り返す、わかりにくい銘柄になります。なぜ一方的になるかは、人間の心理をよく考えることで理解することができます。

ある銘柄に関心が集まって買いが多くなると、空売りができないため、しばらくの間一方的に上がります。しかし永遠に上がり続ける株はないので、誰かが利益確定のために売りはじめると、利益が減少するのを恐れた投資家が次から次へと売りに出すので、一方的に下がります。空売りができる場合は、空売りをしてからある程度下がると利益を確定するために買い戻しをするので、株価はやがて下げ止まります。

貸借銘柄で考えると、買われすぎだと思われるところまで上がったら、値下がりをねらう空売りも入るので上値が押さえられます。また下げるときも同様に空売りの買い戻しで下げ止まります。この動きが続くと上がったら調整で下がる、下がったら少し戻すなど、波を形成しながら安定的に動くわけです。

しかし、「**信用銘柄（非貸借銘柄）は一方的に上がっては、急激に下がる変動性の高い銘柄になりやすい**」のです。この動きは現物で取引しても避ける方法はないので、「**激しい動きに巻き込まれたくない場合は“非貸借銘柄”は避けるほうが無難**」です。

● 非貸借銘柄の動き

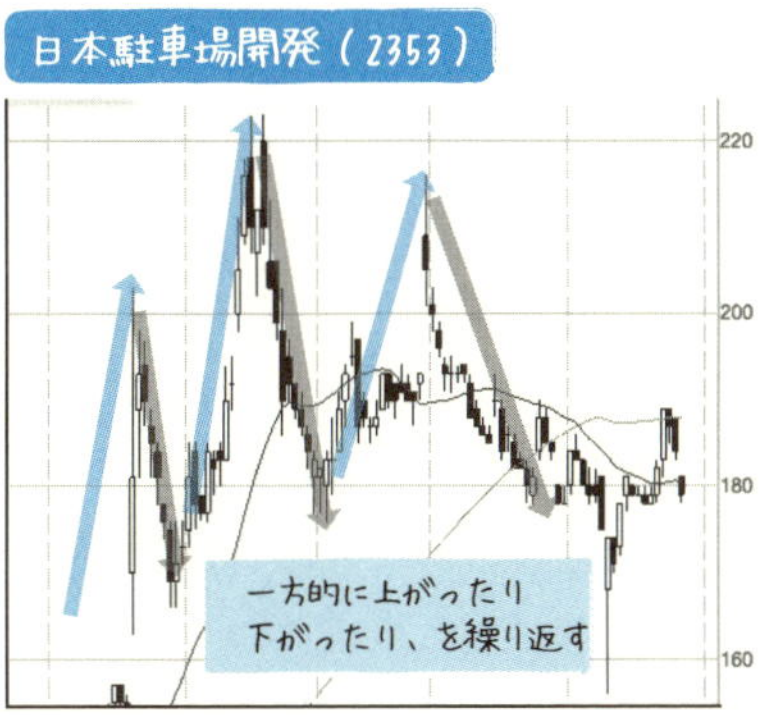
日本駐車場開発（2353）
220
200
180
160
一方的に上がったり
下がったり、を繰り返す

03

「チャートフォリオ」の使い方

1

仕入れ先② 木を見て森も見る「チャートフォリオ」で流れに沿った銘柄をピックアップ

いい銘柄を見つけたとき、こんなことを考えたことはありませんか？

「この銘柄に動きが似ている銘柄はないかな？」「市場全体の傾向が上がり基調なら、市場の動きに沿ったものを見つける方法はないかな？」または「少し出遅れている銘柄だけ見つける方法はないかな？」

こんなことができればどれだけ楽でしょうか。果たしてそんなウマい話があるのでしょうか。これだけ話していて、そんなウマい話があるわけないでしょと片付けたら、怒られてしまいそうですね。はい、あります。これだけＩＴが発達しているので、あなたのわがままを実現してくれる情報源があります。しかもいつも私が強調するように「無料」（ただし口座開設が必要）です。

今度は「チャートの形」に注目してみる

ここまで見てきたランキングは「値段の動き」に注目したものです。「値段が大きく上がったもの」「暴落した順番」「75日移動平均線から値段がどれくらい離れたか」といったものでした。

一方、これからお話しするのは、「チャートの形」に注目したものです。つまり、「上昇をはじめた」とか、「トレンドが発生して上昇している最中」だとか、「そろそろ天井」などというパターンを決めておいて、それに類似する銘柄を集めてくれる優れものです。銘柄の仕入れだけでなく、私は市場全体の動きを把握するのにもよく使っています。**「銘柄という〝1本の木〟だけでなく、市場全体、または業種の動きという〝森〟まで把握できる便利なツール」**なので、ぜひ一度試してみてください。

これだけのことが無料でできるのが、松井証券とマネックス証券が提供している**「チャートフォリオ」**というツールになります。

2 「チャートフォリオ」を使って同じパターンを検索

チャートフォリオは、現在のところ松井証券とマネックス証券に口座を開設している人に、無料で提供されるツールです。ここでは、松井証券の例を使って何ができるのか、実際の画面を見ながらお話しします。

STEP 1 ログインしてチャートフォリオを立ち上げる

まずログインして表示されるホーム画面から、「情報検索」タブをクリックします。高度な機能を持つ有料ツールから無料の媒体までいろいろなツールが並んでいるので、左側のサイドバーか真ん中の画面で「チャートフォリオ」をクリックして、「起動する」を押します。

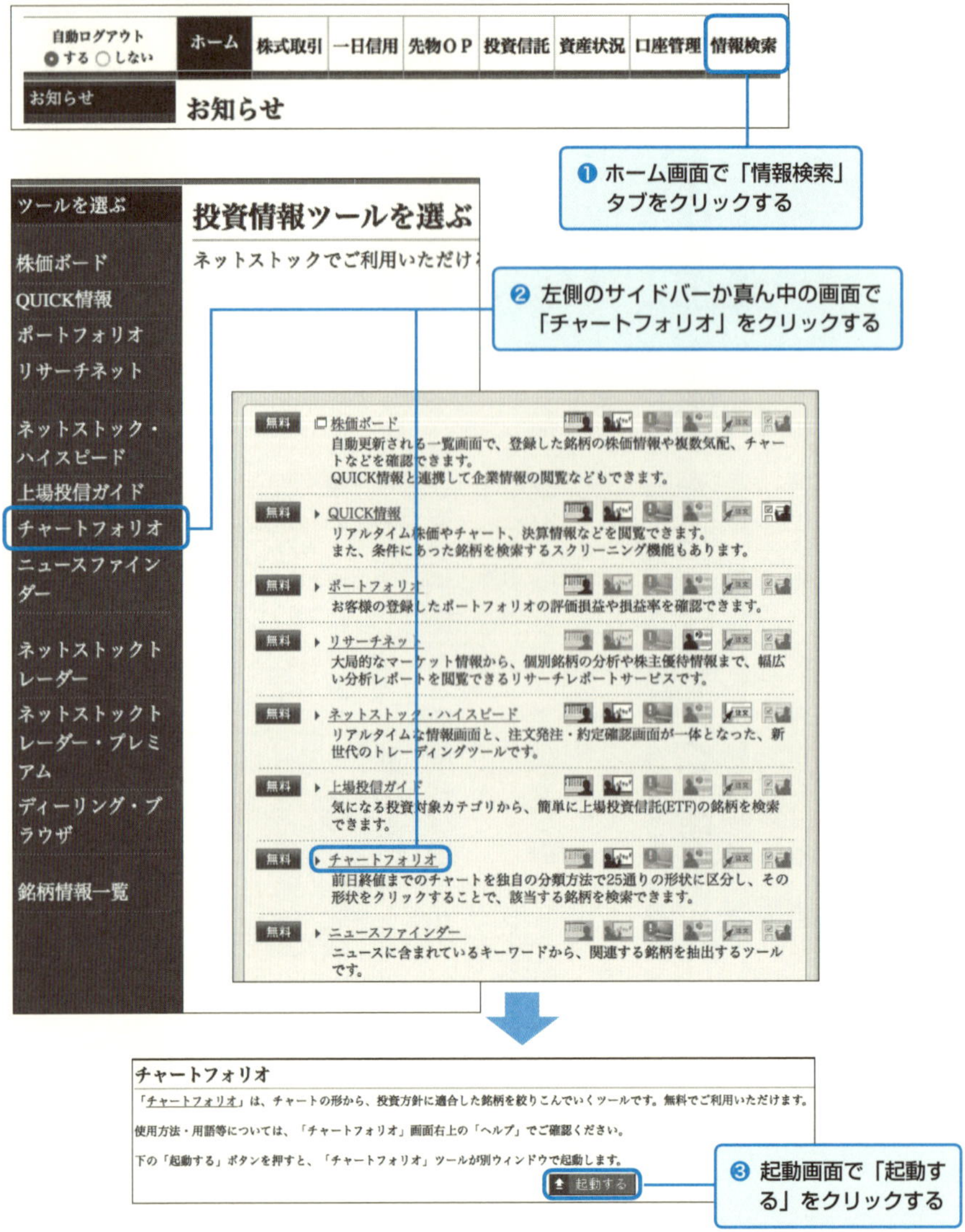

STEP 2 メイン画面で市場全体の動きを把握する

最初の画面には、チャートの形が「上昇一服？」「もみあい？」「下落」など25パターンで分類されています。

そして市場全体の中でそのパターンに当てはまる銘柄がどれくらいあるのか、数字と赤いバーで表示されています。

この画面の優れた点は、これだけで市場全体の大きな現状が把握できるということです。

バーの長さと数字を見ると、「上昇基調？」(443銘柄)か「上昇ストップ？」(466)が最も大きな比重を占めており、現在の日本市場全体は高値圏で上値を押さえられ、持ちあい気味になっているということがわかります。

実際のチャートを見ると、確かに日経指数が15年振りに2万円台を突破してから、高値圏でしばらく持ちあっていることがわかります。

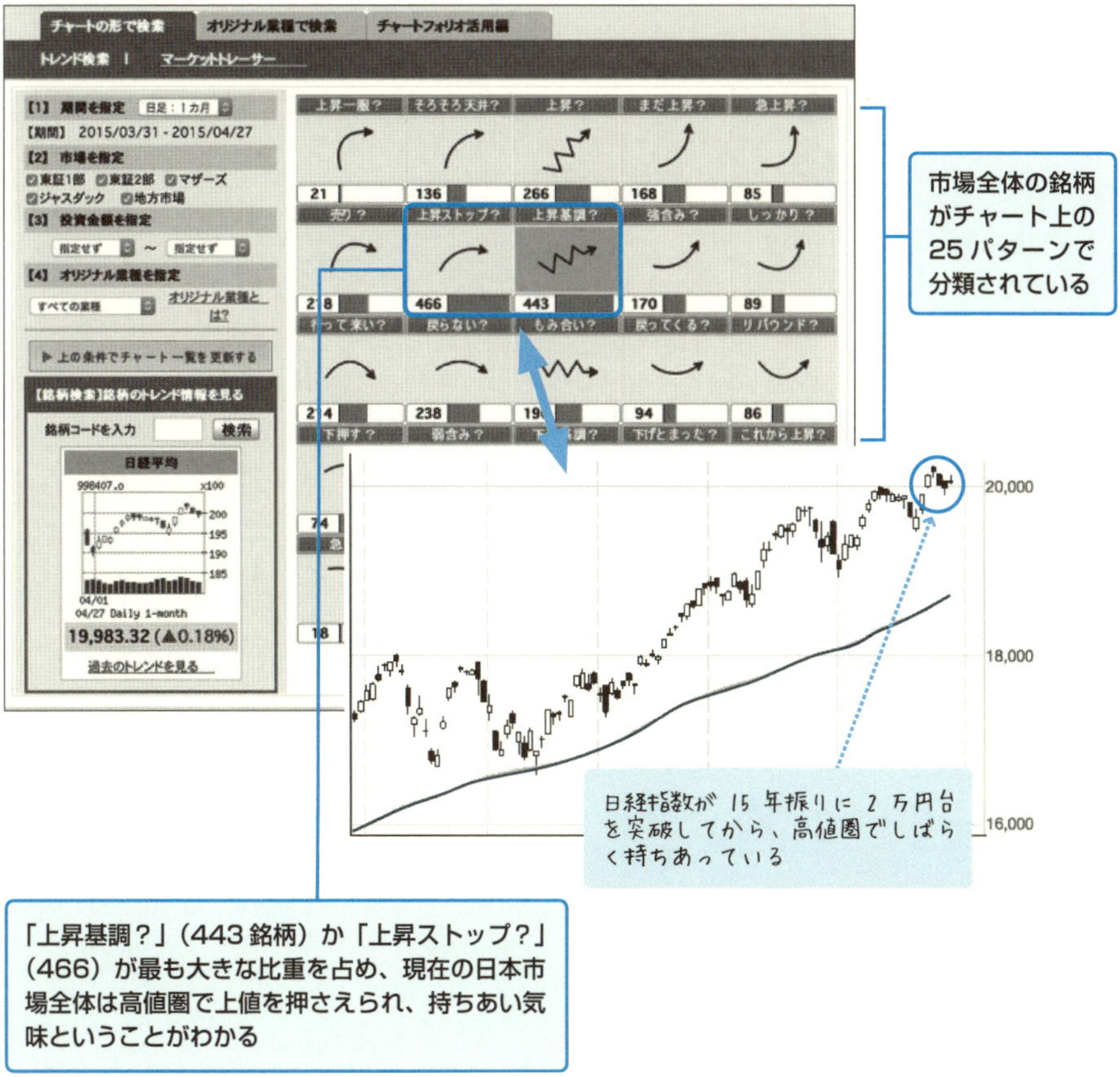
市場全体の銘柄がチャート上の25パターンで分類されている
20,000
18,000
16,000
日経指数が15年振りに2万円台を突破してから、高値圏でしばらく持ちあっている
「上昇基調？」(443銘柄)か「上昇ストップ？」(466)が最も大きな比重を占め、現在の日本市場全体は高値圏で上値を押さえられ、持ちあい気味ということがわかる

同じパターンの銘柄一覧を見つける❶

市場全体という「森」がわかったところで、あなたの希望である「この動きに似ている銘柄だけが集まっているところはないかな?」を検索してみましょう。

前々節で見つけた「7522 ワタミ」は、底値を抜け出し上昇1回目が終わったばかりで、これから2回目になる可能性のあるパターンでした。これと同じパターンになっているリストを検索します。

メイン画面の左下に「銘柄のトレンド情報を見る」パーツがあります。ここに先ほど見つけた銘柄番号を入力して検索すると、この銘柄は「戻ってくる?」パターンに分類されています。なるほど、納得できる分類に入っているのがわかります。

そして、そのパターンに当てはまる銘柄は94銘柄あると表示されています。「戻ってくる?」パターンにカーソルを持っていくと、クリックできるようになっています。クリックすると、このパターンに属する銘柄が一覧で表示されます。

同じパターンの銘柄を見つける❷

例として最初に表示されている「7261 マツダ」を検索してみましょう。

チャートを見ればわかるとおり、「7522 ワタミ」とほぼ同じ形をしていて、底値を抜け出したあと、上昇1回目が終わって再び75日移動平均線を割ったばかりだということがわかります。

STEP 3 同じパターンの銘柄一覧を見つける ❶

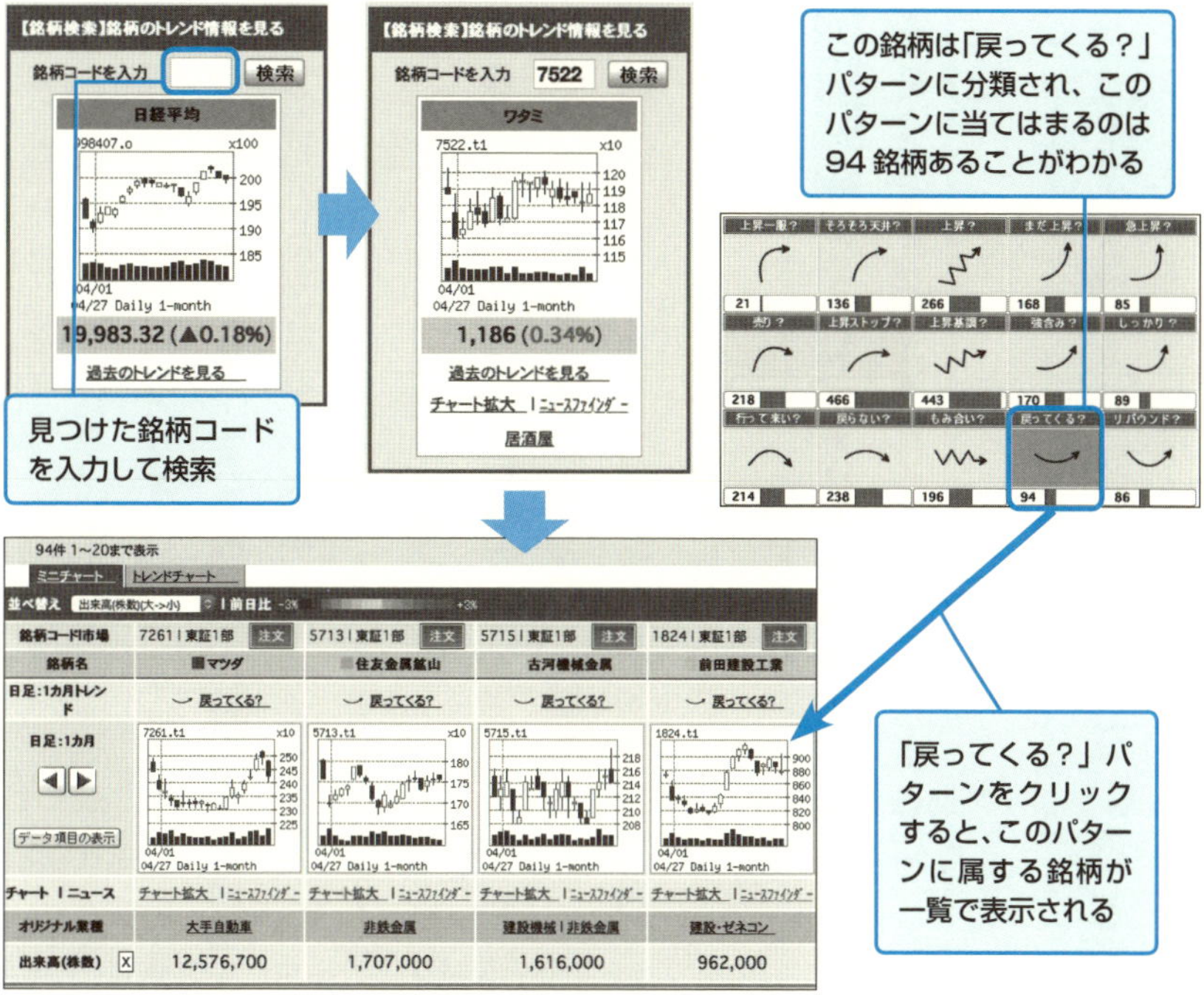

STEP 4 同じパターンの銘柄を見つける ❷

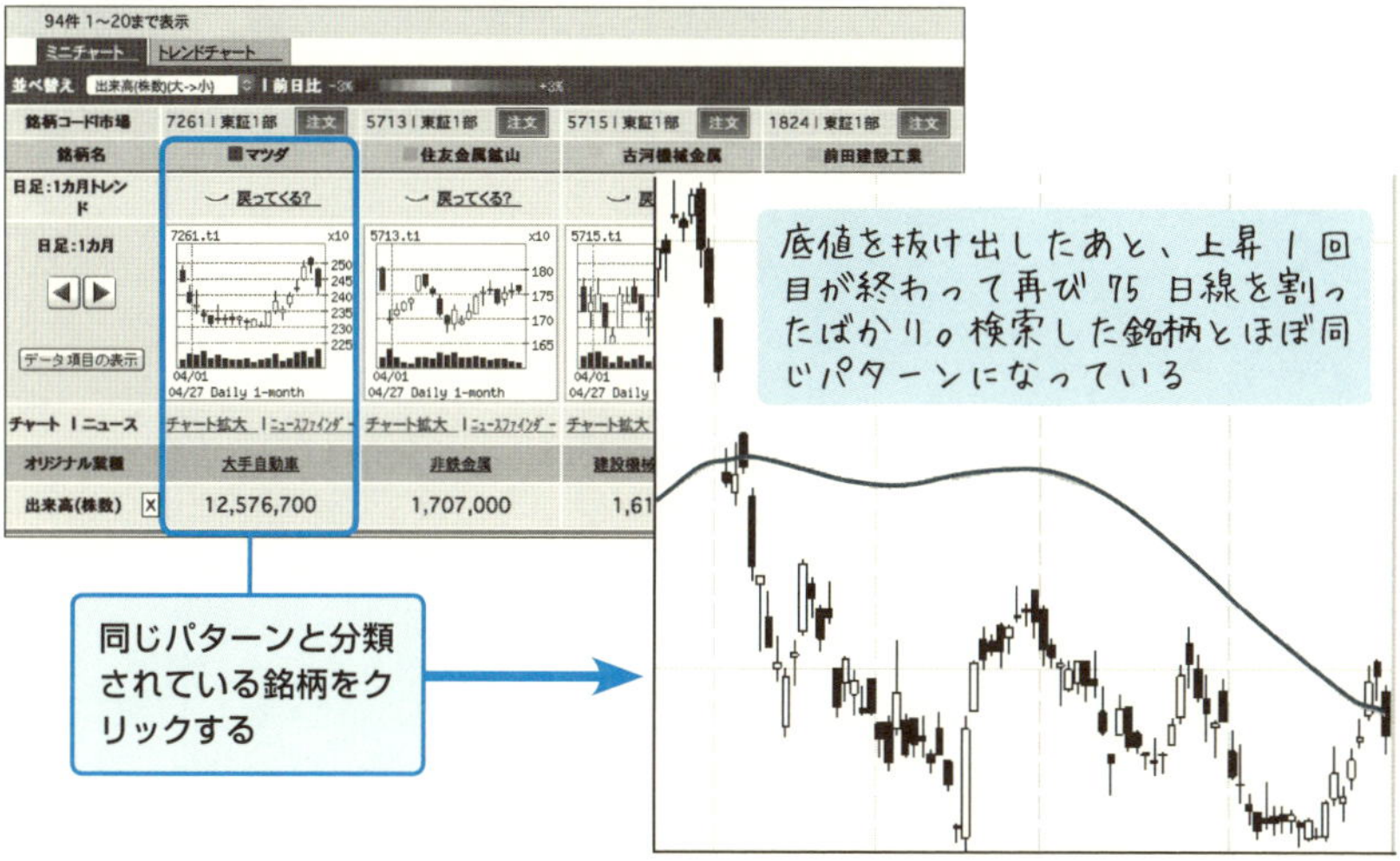

早速明日から買うのは難しいかもしれませんが、前回の安値まで行かずに反発してくると買っていき、上昇トレンドに乗ってくる可能性があります。

すかさず、**「ポートフォリオに登録 ⇓ 続けて観察 ⇓ チャンスがきたら実際の売買 ⇓ ポートフォリオの次のサイクル（上昇3回目）に移す ⇓ 観察 ⇓ 売買……」**とスムーズな流れができそうです。これは便利ですね。現代のＩＴに感謝です。

このように自分が注目している銘柄と同じパターンの銘柄を簡単に見つけることができます。「森」と「木」が一気に把握できるという意味がおわかりいただけましたか？

実際のサイトを訪問してみると、さらに深い使い方が親切なマニュアルで説明されているので、口座を開設してぜひ1度試してみてください。

実際にチャートフォリオで銘柄を楽々仕入れる様子をわかりやすく説明する動画を本書特典サイトに用意しました。ぜひ参考にしてください。

特典動画⑮ チャートフォリオで銘柄を楽々仕入れる
(http://www.tbladvisory.com/book002)

3 ＩＴやツールは万能ではないことを認識しておく

ここまで「IT万歳！」みたいなことをお話ししておいて、何を今さら？　のようなタイトルに映るかもしれません。言わんとすることは、要するに「**最後に残るのは〝あなた自身〟でないといけない**」ということです。

私も人間である以上、楽したいというのが本能なので、これだけ楽できる情報を集めました。しかし一生懸命集めておいて気づいたことは、ツールはあくまでもツールで、「便利」という補助的な位置づけから抜け出してはいけないということです。

必要な情報が溢れるほどそろっていても、それを判断するのは結局自分自身です。株価のサイクルというわかりやすいことを理解するだけで、ランキングやチャートフォリオが単純な情報の羅列から宝物に変わるわけです。その理解を深めるにはある程度の訓練は必要不可欠なことです。私が示しているのは効率的なガイドであって、あなたの代わりに体に染み込ませることまではできません。牛を連れて川までは行けるけれど、水を飲むか飲まないかは牛にかかっています（あなたが牛という意味ではありませんよ）。

「**自分が主で、ツールは自分を補助する便利なものにすぎない**」ということをしっかり認識してください。ツールが自分を支配してしまわないようにしてください。

ここで紹介したツールの情報も、機械の中に組み込まれたルールに沿ったものを盲目的に集めただけのものです。当然、万能ではないし、100％正しいということもありません。役に立つ情報を自分が判断して、自分で選別するという認識を常に忘れないようにしましょう。

話は哲学的なことにまでおよびましたが、そろそろ次のギフトセットを開けてみましょう。

04 ロスカットポイント困った！　を解決するプロの技

1 入った途端にロスカットポイントをすぎてしまった

言葉ではわかりづらいので、次頁の下のチャートを見てください。本を読みながらすでに取引をはじめた人は経験したことがあるかもしれません。まず左のチャートは空売りをした日に起きている困った状態の例です。75日線の上に株価がある状態で、その線を下に抜ける位置に空売りの逆指値注文を入れました。結果的に75日線を一時的に割って空売りが約定したものの、その日のうちに値を戻して75日線の上で終わってしまいました。終値が75日線の上にあるので、「75日線を越えてくるとロスカット」というルールを適用しようにもしようがありません。しかも経験を積んでいくと、こういったことは特殊なケースではなく、結構頻繁に起こります。

さて、売り建てるポジションを持った途端にロスカットポイントをすぎてしまったような場合、ロスカット設定はどうすればいいのでしょうか。

2 ロスカットで最も意識するのは「高値」と「安値」

入った途端にロスカットポイントをすぎてしまったこの悩みとセットで、よく相談されるのは「昼間にチェックする時間があるので、約定したらすぐにロスカットを設定している。しかしその日のうちにロスカットされてしまうことが多い」というものです。

確かに、このようなケースの場合、売り建てが約定してからすぐロスカットを設定すると、その日のうちにロスカットされてしまいます。

セットで姿を表すこの2つの悩みに対して、早速解決策とその理由についてお話しします。

● 投資家を悩ませる売りと買い

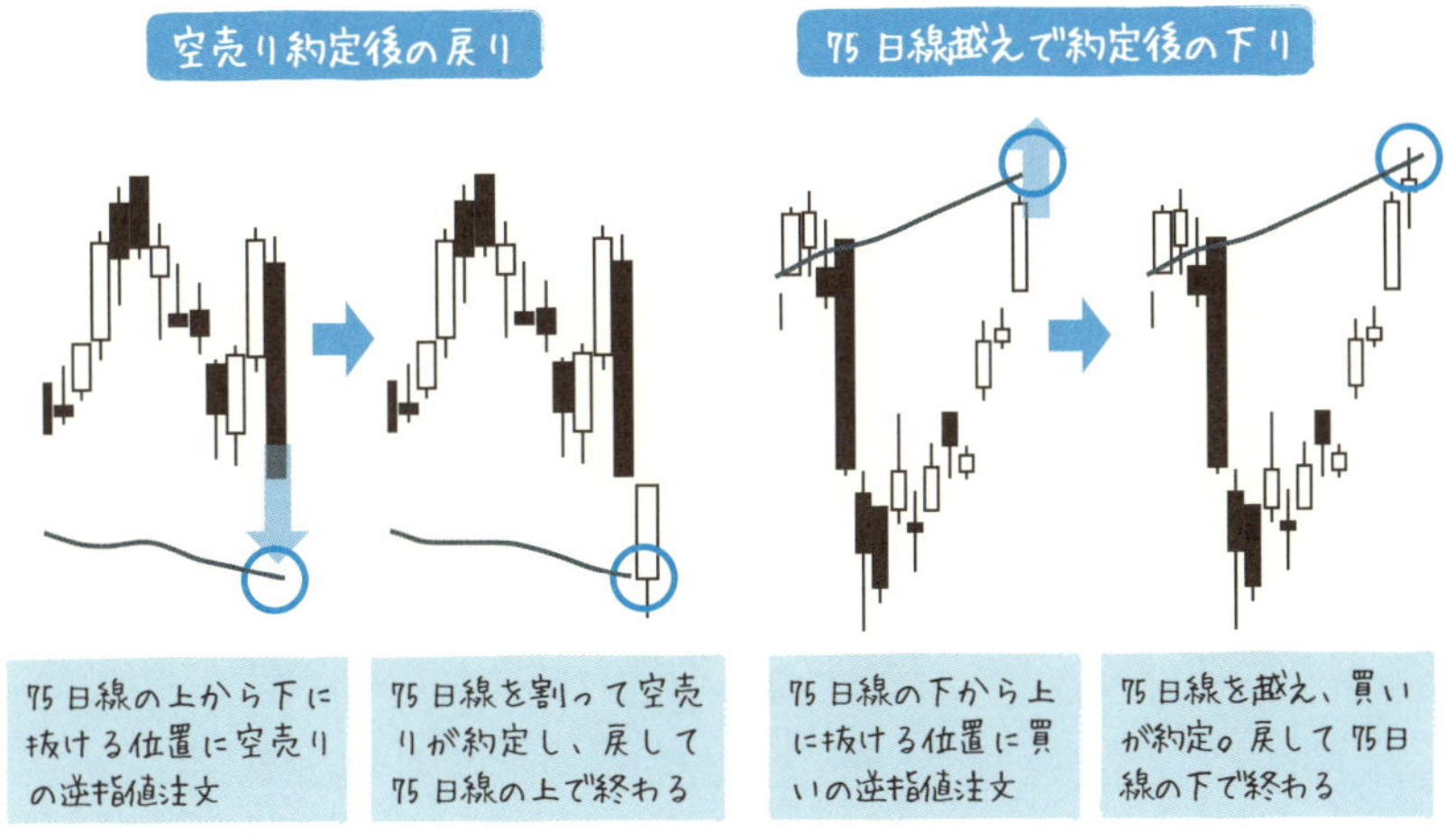
空売り約定後の戻り
75日線越えで約定後の下り
75日線の上から下に抜ける位置に空売りの逆指値注文
75日線を割って空売りが約定し、戻して75日線の上で終わる
75日線の下から上に抜ける位置に買いの逆指値注文
75日線を越え、買いが約定の戻して75日線の下で終わる

回答❶ ロスカット設定は、その日の場が終わってからする

75日線を越えて上昇トレンドが発生するか、逆に下に抜けて下降トレンドが発生するか、どちらにしてもそうなろうとする可能性が見えてくる時期は、迷いが強い状態です。つまり75日線を挟んで上げたい人と下げたい人が拮抗している状態です。多くのチャートを見ればわかるとおり、75日線付近では激しく上げたり下げたりを繰り返しているのがわかります。したがって、空売りを仕掛けてすぐに75日線の上にロスカットを置いておくと、拮抗して75日線の上と下を激しく値動きをしている中で、その日のうちにロスカットされてしまう可能性が高くなります。

最も簡単な解決策は「**拮抗するその現場にいないこと**」です。つまり「**取引時間が終わって、拮抗状態が解消された時点でじっくりロスカットの設定を行えば無駄なロスカットはされずにすむ**」のです。ここで説明しているトレードはデイトレードではないので、焦って売り買いを繰り返す必要はありません。

回答❷ 投資家が気にするのは高値と安値

「この銘柄は年初来高値を更新しました」「史上最高値です」「底値を抜けて暴落しました」といった話をよく聞くと思います。株式市場でよく基準になるのは高値を越えたか、安値を切り下げたかです。史上最高値などの長期的なことだけでなく、短期的にも一緒です。あなたはすでに高値と安値を基準にするトレードに慣れています。覚えていますか？　下降のトレンド転換線では、

トレンド転換したローソク足の安値を下に抜けるところに売り建てを設定しました。逆に上昇のトレンド転換線の場合はトレンド転換したローソク足の高値を上に抜けるところに設定しました。75日線を挟んで拮抗した結果、その線をまたがってローソク足がつくられた場合も、意識されるのは「**その高値を上に抜けて上昇基調に戻るか**」です。

その高値を超える瞬間は、次の2つのことが起こって価格をつり上げます。

Ⓐ あなたのように空売りをした投資家がロスカットの買い戻しをします。買い戻しをすると価格はどうなるかというと、買いが増えているので上がります。

Ⓑ やはり上昇に戻ったと思う「買い派」が買いを入れます。買いが入るということは、こちらも価格は上がります。

75日線の上に戻るときに大きな陽線が現れたりするのは、この2つの要因が重なって起きることが多いです。このように、値段が上がる要因が多く残っているわけです。説明が長くなりました

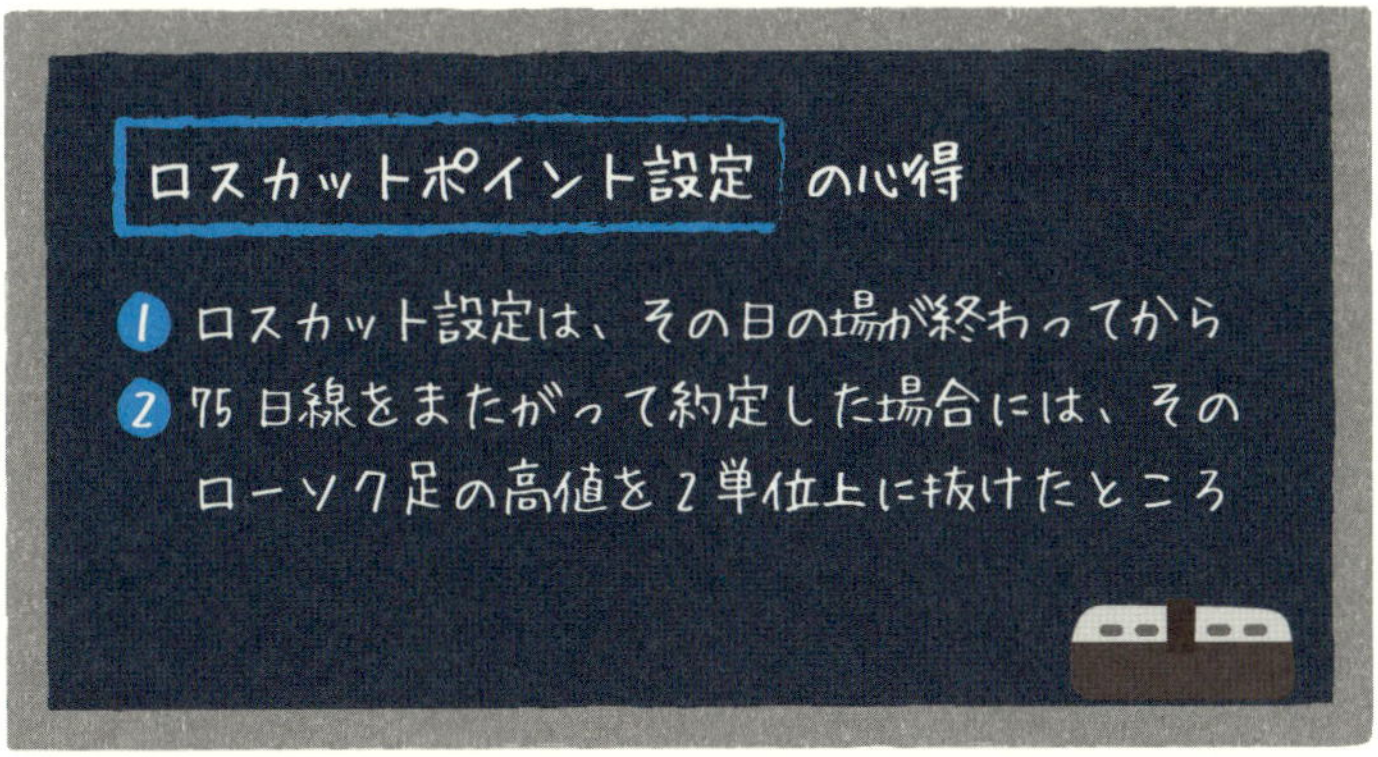
ロスカットポイント設定の心得
1 ロスカット設定は、その日の場が終わってから
2 75日線をまたがって約定した場合には、そのローソク足の高値を2単位上に抜けたところ

が、結論をまとめていうと次のようになります。

「75日線をまたがって売り建てが約定した場合は、そのローソク足の高値を1、2単位上に抜けたところにロスカットを設定する」

下図の例を見てください。75日線をまたがって売り建てが約定したローソク足の高値が100円だとすると、ロスカットの設定は100円を上に抜ける101円または102円以上になるところです。

1、2単位上といいましたが、「**勢いが強いときは1単位ほどすぎてから戻ることが多いので、私の場合は2単位以上に設定する**」ようにしています。これを適用したときの注文は「**高値が100円の場合、〝102円以上になると成行で買い戻しをする〟**」になります。

3 買い建ても安値で問題解決

もうおわかりの人も多いでしょう。75日線をまたがった売り建てのときにロスカットを高値に設定するなら、上昇をね

● 75日線をまたがって約定したときのロスカット設定（売り建て）

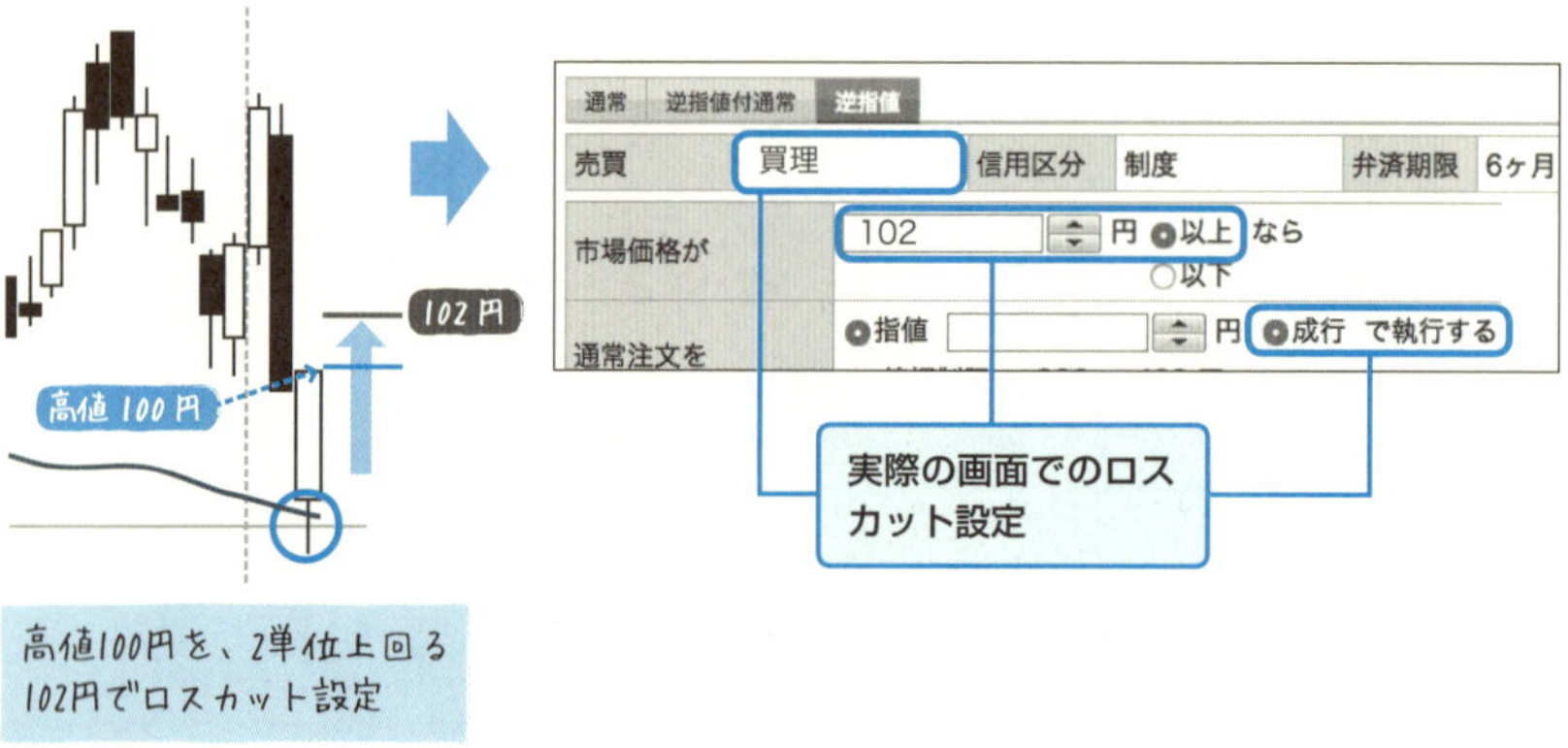

102円
高値 100円
高値100円を、2単位上回る
102円でロスカット設定
通常
逆指値付通常
逆指値
売買
買理
信用区分
制度
弁済期限
6ヶ月
市場価格が
102
円
以上
以下
なら
通常注文を
指値
円
成行 で執行する
実際の画面でのロスカット設定

らう買いのときにはどうしたらいいのでしょうか？

はい、**「安値を割り込むところ」**です。これも実際のチャートを使ってお話しします。

75日線を越えるところに買い建ての設定をしましたが、拮抗する動きで、75日線をまたがったローソク足の状態で約定しました。終値がすでに75日線を下回っています。このときのロスカット設定は、またがってできたローソク足の安値の2単位下になります。**「安値が102円の場合、"100円以下になると成行で売る"」**という注文になります。

この安値を割り込むところで大きな陰線が現れたりするのは、空売りのときとは反対の心理が動いているからです。

Ⓐ 75日線を越えることを判断基準として買っていた投資家が、失望の売りを出すことで価格は下がります。
Ⓑ 75日線を下に抜けたのを見た「空売り派」が「ほら、やはりまだ下降だった」と思い、さらに空売りを仕掛けてきます。

● 75日線をまたがって約定したときのロスカット設定（買い建て）

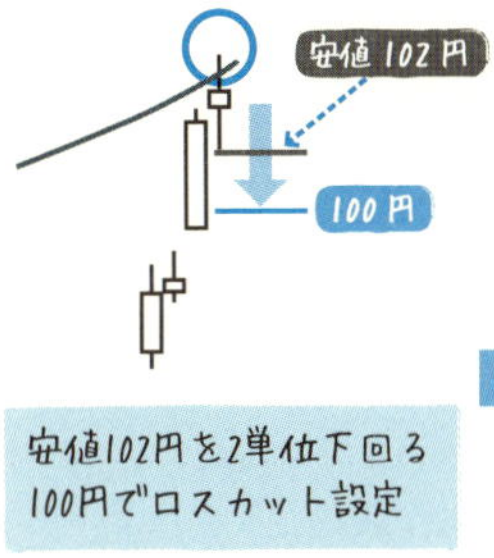
安値102円
100円
安値102円を2単位下回る
100円でロスカット設定

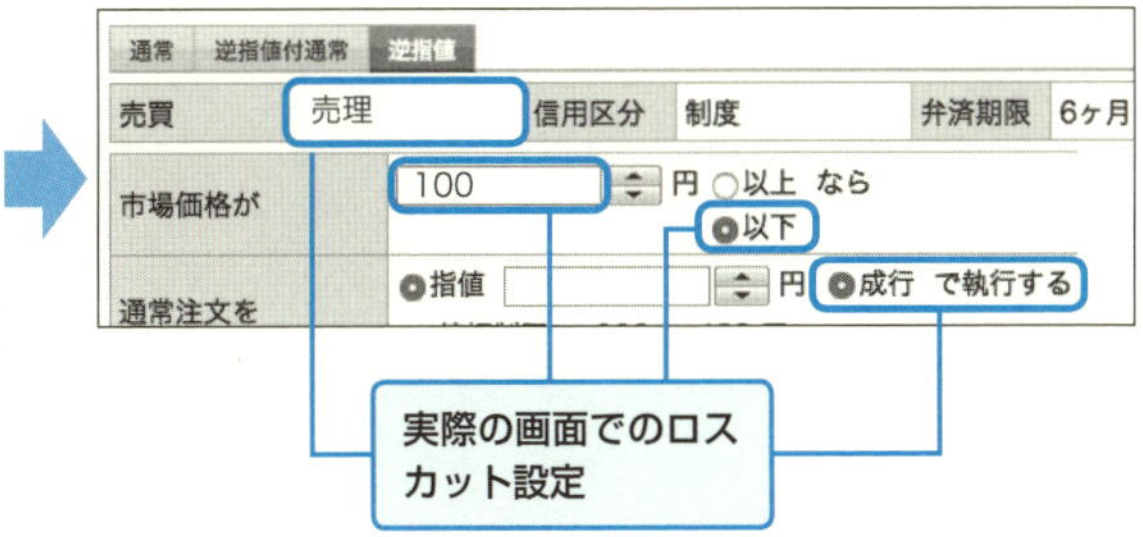
通常
逆指値付通常
逆指値
売買
売埋
信用区分
制度
弁済期限
6ヶ月
市場価格が
100
円
以上
なら
以下
通常注文を
指値
円
成行 で執行する
実際の画面でのロスカット設定

下げる要因2つが重なっているので、大きく下がるわけです。

上手なロスカットの設定のわかりにくい部分を、わかりやすく説明する動画を本書特典サイトに用意しました。ぜひ参考にしてください。

特典動画⑯ 75日線をまたがって約定したときのロスカット設定
(http://www.tbladvisory.com/book002)

これで投資家を悩ませる買い・空売りのロスカット設定は解決できました。もう何が来ても怖くなさそうです。今度こそ光のスピードで飛んでも崩れない髪型で格好よく飛びたいところです。

しかし、ちょっと待ってください。また何をとうんざりする前に、私が「ギフトセット3つ」と申し上げたことを覚えていますか？ 髪型も胸の**S**もバッチリ決まっているけど、赤いブーツとマントを忘れていますよ。「もっと、もっと」という人間の欲望に関する最後のギフトセットをお渡しします。これでスーパーヒーローの完成です。

Study 2

教えられたメソッドを実行しても ロスカットばっかり 悩みはじめたら、それは成長の証拠！

私の前著を読んだり、セミナーに参加して投資をはじめたばかりの人によく起こることは、「思っているポイントで思いどおりにいかない」ことです。

たとえば、トレンドが転換するところでうまく買ったけれど、次の日には下がってロスカットになってしまったとか、テクニカル指標を使ってうまく利益確定をしたと思ったのに、次の日からまたグングン上がっていってしまったとか。そして悩んだ挙句、次のようなことを口にする人もいます。

「ジョン先生のせいにするわけではありませんが、教わったとおりにやっても、うまくいかないことが多いですね」

いやいや、私のせいにしているように聞こえます。そういう人によくお願いすることがあります。

「ちゃんと勉強する前の自分と今の悩んでいる自分を比較してみてください」

勉強する前に「なんちゃって投資」をしているときは、どうして自分が負けているのか、なぜ損失が重なるのかまったくわからなかったはずです。今の悩みは、真剣に本を読んだりセミナーに参加したうえで実践しているからこそ見えてくる悩みではありませんか？

勉強をはじめてみないと悩みすらわからなかったはずです。ゴルフをはじめてみないと自分のスウィングに悩むことはないですよね？　つまり「**“悩みはじめる”とは、自分が成長しはじめているということ**」です。

今は個人投資家の教育のために世界を飛び回っている私にも初心者時代はあったし、同じ悩みを持つこともありました。早く上達するためにあらゆるセミナーや本を買い漁り、ノウハウの吸収に熱心でした。そして少し試してみてはダメ、また別のノウハウを試してはダメというように「**ノウハウコレクター的なことを繰り返してもうまくいかない**」ことに気づきました。

ある方法論や投資メソッドが有効かどうかは統計的に意味のある数を実行してみないとわからないことです。たとえば、75日線を割り込むときの空売りについて学んだ今、このやり方が本当にあなたにあっているかどうかは、最低でも10回以上実行してみないとわかりません。1、2回やってみてロスカットで終わると「なんだ、使えないじゃん」といって、また別の方法を求めてしまう人がほとんどです。

悩みはじめていますか？　もし悩みはじめているなら、おめでとうございます。あなたは成長期に入っています。残ったことは「**その悩みの正体が何で、どうすれば改善するのか、探っていくこと**」です。

05 買い増しのタイミング

1 もっと買っておけばよかった！　を解決する「買い増しの理論」

「あれ、こんなに上げているね。しまった、もっと買っておけばよかった！」

私を含めて、投資に慣れてくると誰もが1回は口にしたことがあると思います。そして利益が出ているにもかかわらず、不思議なことに損した気持ちになります。もっと買っておけばよかったと思ったことはありませんか？　株式だけでなく、なんらかの形でこのように「増幅する欲望」に遭遇したことがあるはずです。

「すごくいい銘柄を見つけたけど、すでに75日移動平均線を越えている。最高の買いタイミングは今日だったんだ」

そして、タイミングを逃したので、買わなかったものにかぎってグングン上げていきます。もう一度75日移動平均線に戻るか、調整でトレンド転換するまではチャンスがなくなってしまいます。

この2つのことは、取引をしている間にほぼ間違いなく経験することです（下のチャート参照）。

しかし、2つのことにひとつの解決策で対応することができます。なおさら素晴らしいことは、その解決策のスキルをあなたはすでに持っているということです。高値と安値で実現するもうひとつのマジック、「**利益の最大化〝買い増しの理論〟**」をお話しします。

2 勢いが増すところにチャンスあり

よくプロは個人投資家と反対のことをする

● 投資家を悩ませるタイミングと欲望

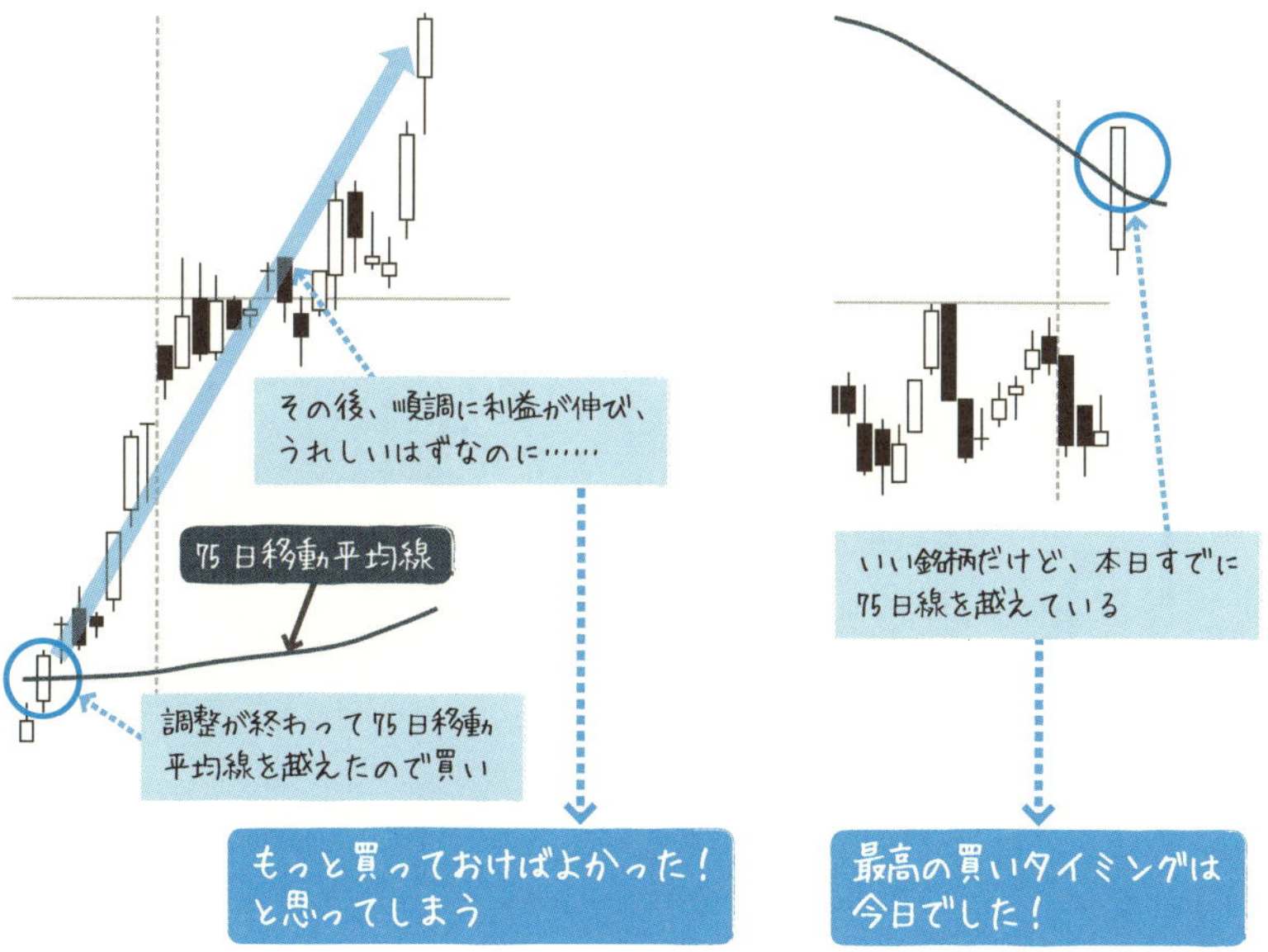
その後、順調に利益が伸び、うれしいはずなのに……
75日移動平均線
調整が終わって75日移動平均線を越えたので買い
もっと買っておけばよかった！と思ってしまう
いい銘柄だけど、本日すでに75日線を越えている
最高の買いタイミングは今日でした！

といわれています。しかし、ここまで見てきたとおり、これは「知っているか、知らないか」の差があるだけで、プロが流れに逆らうことばかりやっているという意味ではありません。下のチャートの左側を見てください。個人投資家が見たら、この銘柄はずいぶん大きく上昇して75日移動平均線を越えているので、「こんなに上げたので、明日はもう下がるのでは？」と思います。しかし、勉強したことを応用すれば「**明日も上がると思う人が多くて買われているなら、この高値を抜けて上にいくはず**」と判断するのが自然でしょう。右側は反対に大きく下げたときの例です。

　プロならさらに上がっていくとわかって買ったように見えますが、実は「**可能性の高いところに素直に身を置いただけ**」です。その予想が外れたら？　外れたら高いところに来ないので買わないだけです。外れたので恥ずかしいとか、勝負に負けたというようなことではありません。

● **勢いに乗るとき、プロ目線の違い**

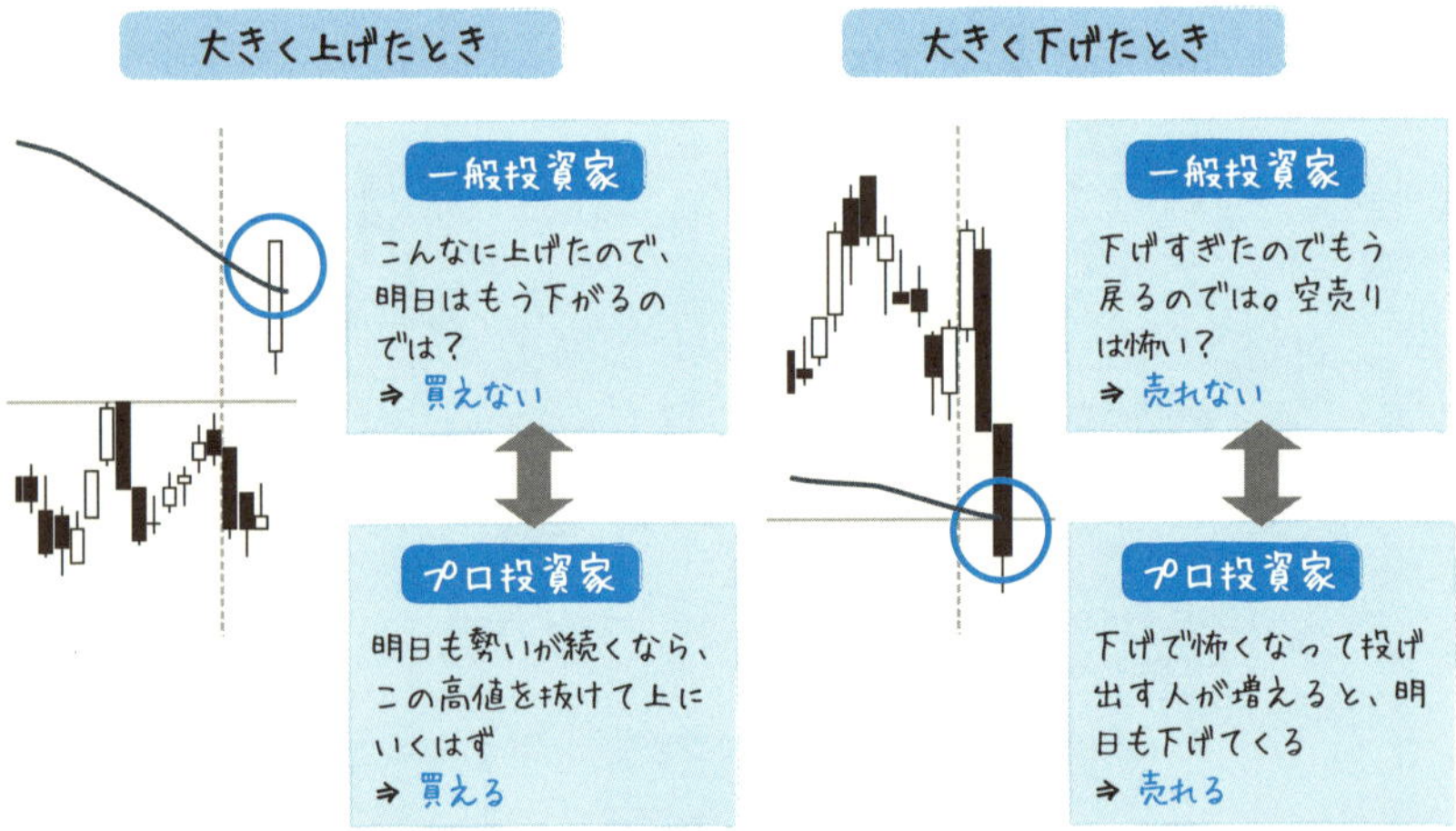

大きく上げたとき
一般投資家
こんなに上げたので、明日はもう下がるのでは？
➡ 買えない
プロ投資家
明日も勢いが続くなら、この高値を抜けて上にいくはず
➡ 買える
大きく下げたとき
一般投資家
下げすぎたのでもう戻るのでは。空売りは怖い？
➡ 売れない
プロ投資家
下げで怖くなって投げ出す人が増えると、明日も下げてくる
➡ 売れる

3 勢いが増すことがポイント

買い増ししてポジションを大きくする方法

では、本格的に勢いが増すところでさらに買っていき利益を拡大する、「買い増しの理論」で売買ポイントを覚えましょう。ここでひとつ、用語を覚えてください。「**1回買ったけど、もう一度買ってポジションを大きくすることを〝買い増し〟**」といいます。

次頁下のチャートは先ほどと同じものです。75日移動平均線を越えるところに逆指値を入れて置いたら、約定して大きな陽線とともに力強く上昇しました。本日約定した分のロスカットポイントは？　はい、勉強したとおり、「**75日移動平均線をまたがって越えてきたので、75日移動平均線割れではなく、本日の安値を2単位下回るところ**」です。この勢いが続くなら明日も本日の高値を抜けてくるはずです。そこで本日の高値を抜けてくるところにもう一度買いの注文を入れておきます。本日の高値が110円の場合、買い増しの注文は「111円以上になると買い」になります。ここでひとつ注意事項があります。「**買い増しの注文を入れるときは株数を最初の買いより小さく**」します。理由はロスカットの設定をするときにお話しします。

翌日、なるほど勢いが増し、高値を抜けてくるところで買い増しの注文が約定しました。買い増しというプロがやるようなことをやり遂げた自分を褒めまくってください。

買い増し分のロスカットポイントは？

自分を褒めたら、次は何をするんでしたっけ？　これを忘れたら私から学んだとは言わないでくださいね。新しく利益になるスキルを学んだら、それとセットになっているロスカットの方法を必ず覚えてくださいと言いましたね。このルールとロスカットの注文を出すことは絶対に忘れないでください。

では、買い増し分のロスカットポイントです。「**買い増し分のロスカットポイントは、買っていくときの反対のロジックで考える**」ことです。75日移動平均線を越える勢いを見てから買ったので、その勢いがなくなってしまうポイントが出口になります。つまり、「**75日移動平均線を越えたときのローソク足の安値を割り込むところがロスカットポイント**」になります。結局は最初の買いと同じポイントになります。

買い増し分の株数を少なくする理由

● 買い増しのポイントとロスカットの設定

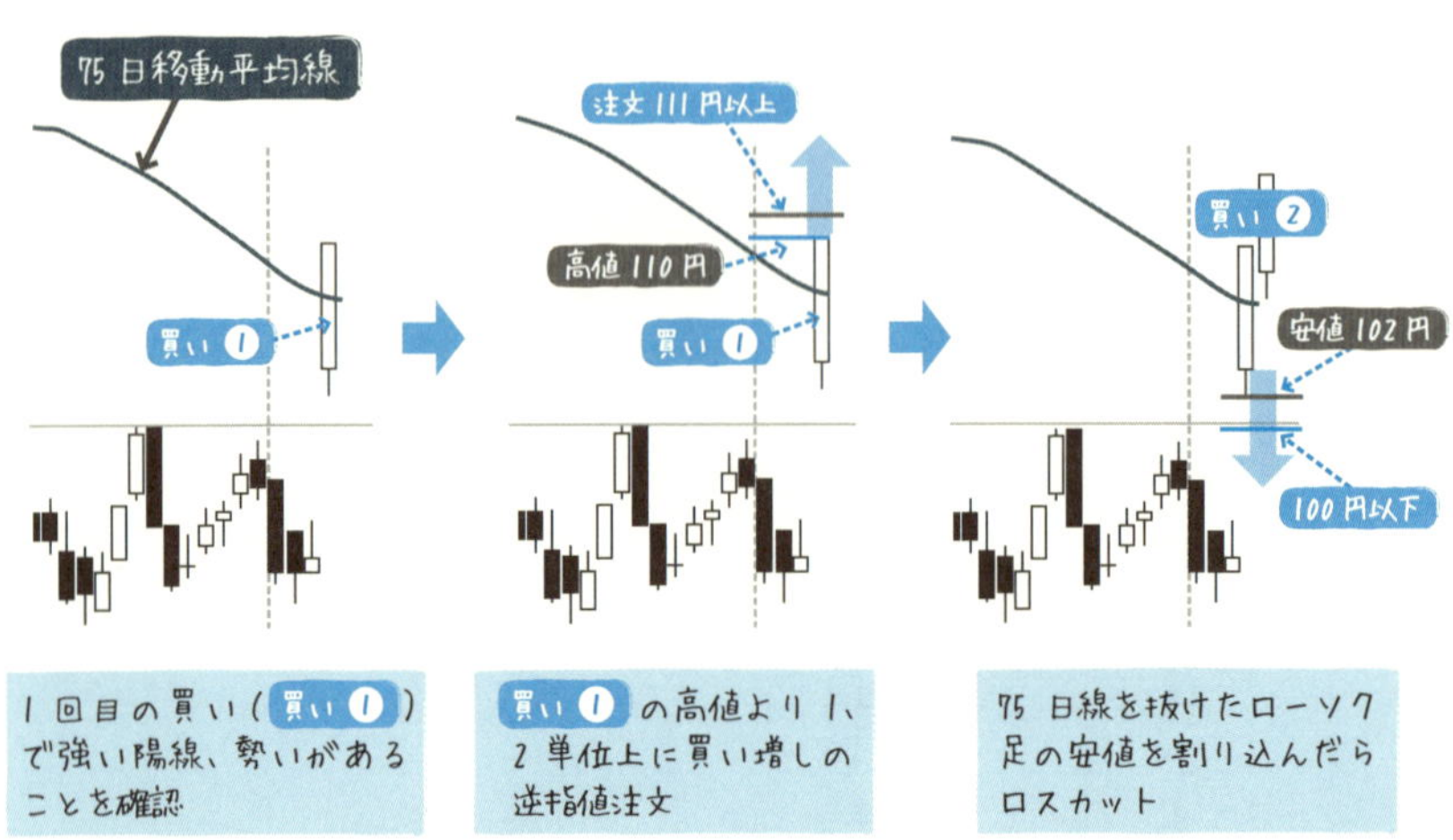

75日移動平均線
買い 1
注文 111 円以上
高値 110 円
買い 1
買い 2
安値 102 円
100 円以下
1回目の買い（買い 1）で強い陽線、勢いがあることを確認
買い 1 の高値より 1、2 単位上に買い増しの逆指値注文
75 日線を抜けたローソク足の安値を割り込んだらロスカット

このロスカット幅を見ると、買い増しは株数を少なくするという理由がわかります。高値を抜けてくるところに買い注文を出しているので、ロスカットポイントが高くなっています。このままロスカットされると利益を大きくする考え方に沿わないうえに、実際に損失が大きくなります。そこで買い増しの株数は小さくするわけです。買い増しがわかるようになると、見つけた日にすでに75日移動平均線を抜けていたという場合も買っていけるようになります。**「買い増しの理論を使って、高値抜けのところで買えばいい」**だけです。また**「トレンド転換で買うタイミングを逃したときも同じく、勢いが増す高値を抜けるところで買っていける」**ようになります。ただし、下のポイントでも触れたように、**「最初の勢いが強いことを確認するのが必須条件」**となります。つまり、最初のローソクが強い陽線であることが必須条件になります。

　買い増しの理論と売買ポイントの設定をわかりやすく説明する動画を本書特典サイトに用意しました。ぜひ参考にしてください。

特典動画⑰ 買い増しの理論と売買ポイントの設定
(http://www.tbladvisory.com/book002)

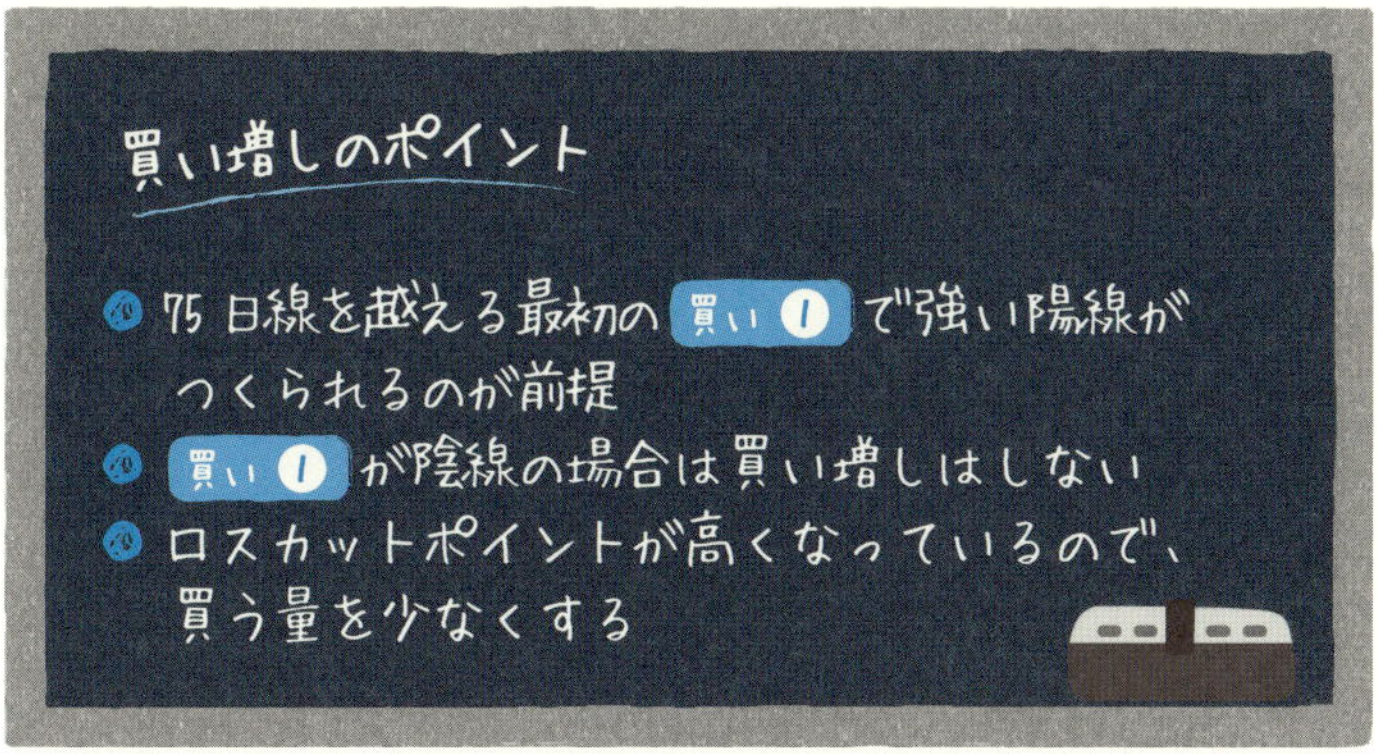
買い増しのポイント
75日線を越える最初の 買い1 で強い陽線がつくられるのが前提
買い1 が陰線の場合は買い増しはしない
ロスカットポイントが高くなっているので、買う量を少なくする

06 売り増しのタイミング

1 もっと売っておけばよかった！ を解決する「売り増しの理論」

買い増しが理解できたので、売り増しのポイントは容易に想像がつくと思います。

ここでひとつ、用語を覚えてください。空売りも買い増しと同じように、**「1回空売りをして、そのまま次のポイントでまた空売りすることを〝売り増し〟」**といいます。

売り増ししてポジションを大きくする方法

では、本格的に勢いが増すところでさらに空売りをして利益を拡大する、「売り増しの理論」で売りポイントを覚えましょう。

基本的な考え方は一緒です。**「下がっていく勢いが強いときは、75日移動平均線を割り込んだ大きな陰線の安値をさらに割り込んで下がっていくので、その安値を割り込むところが売り増しの**

ポイント」になります。そして「**売り増した分のロスカットポイントは、最初の空売り分と同じところ、高値の2つ上まで上昇してきたところ**」に設定します。

2 売り増しは買い増しを応用するだけ

買い増しポイントの裏返しのようになりますが、売り増しのポイントもまとめてみましょう。特に注意していただきたいのは、「**勢いがあることを必ず確認する**」ことです。これを忘れる人が非常に多いです。セミナーで受ける質問も、この「**勢いがネックになる**」相談がとても多いです。

「先生のいうとおりに売り増しをしたけど、全然うまくいかない」

「安値を切り下げたこのローソク足、陽線ですよ」

「あっ、そうだった。それを忘れてた！　ごめんなさい、つい利益ばかりに目を奪われて」

● 売り増しのポイントとロスカットの設定

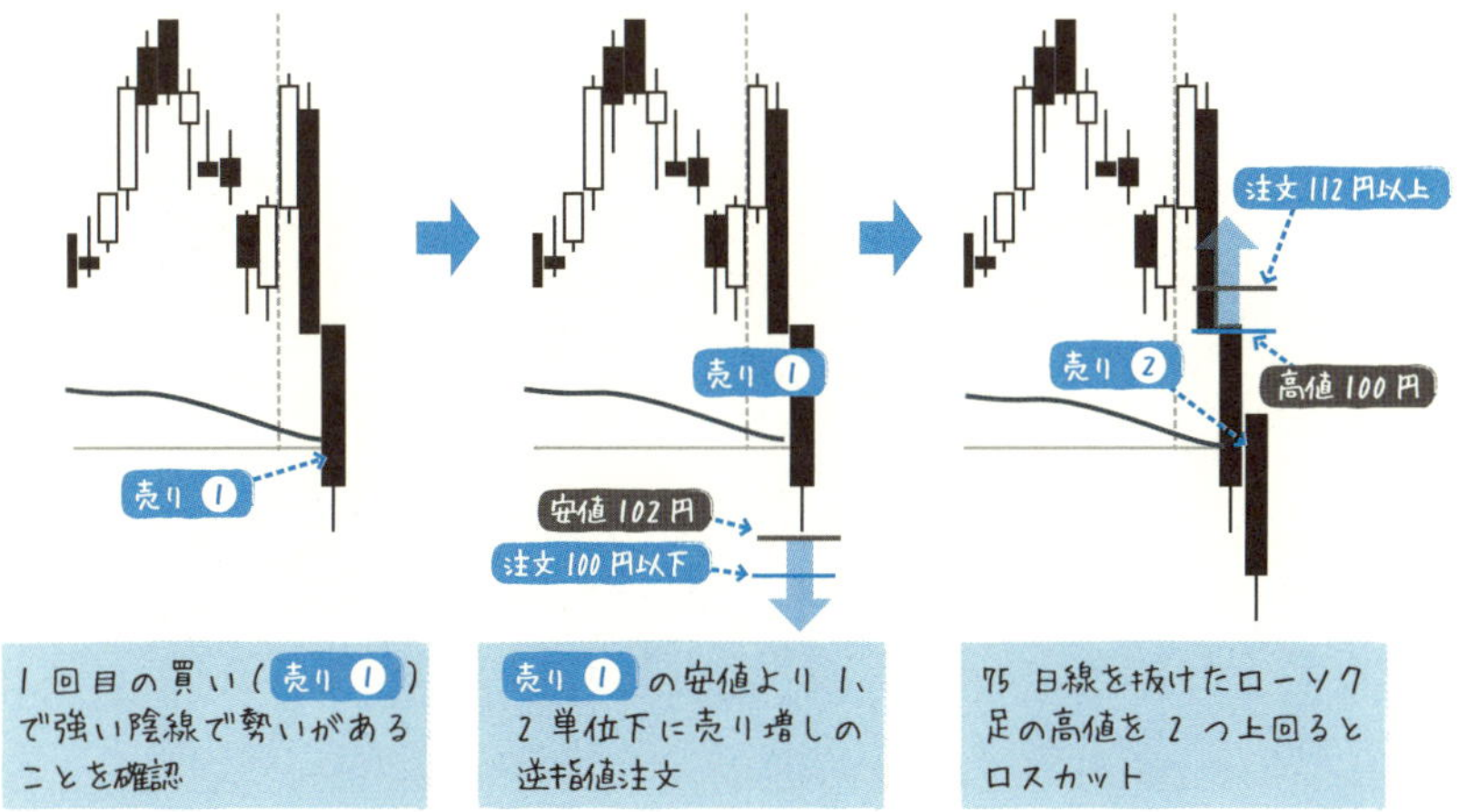
売り 1
安値 102 円
注文 100 円以下
売り 1
注文 112 円以上
高値 100 円
売り 2
1回目の買い（売り 1）で強い陰線で勢いがあることを確認
売り 1 の安値より 1、2 単位下に売り増しの逆指値注文
75 日線を抜けたローソク足の高値を 2 つ上回るとロスカット

最後の言葉が人間の心理を表しています。やはり利益になるところだけを見てしまうので、それ以外のことは忘れてしまいがちです。しかし、「**売り増しは何を根拠にして行うのか、売り増しの基準は何なのかを忘れたら、〝売り増しの理論〟は意味がなくなる**」ということを忘れないでください。

もちろんこれは「買い増しの理論」のときも同じです。

売り増しの理論と売買ポイントの設定をわかりやすく説明する動画を本書特典サイトに用意しました。ぜひ参考にしてください。

特典動画⑱ 売り増しの理論と売買ポイントの設定
(http://www.tbladvisory.com/book002)

3 特別に私のトレードの一部始終を大公開します

長い道のりでしたね。下降相場で起きている心理の動きから、売買のポイント、売買するための銘柄を仕入れて管理する方法、

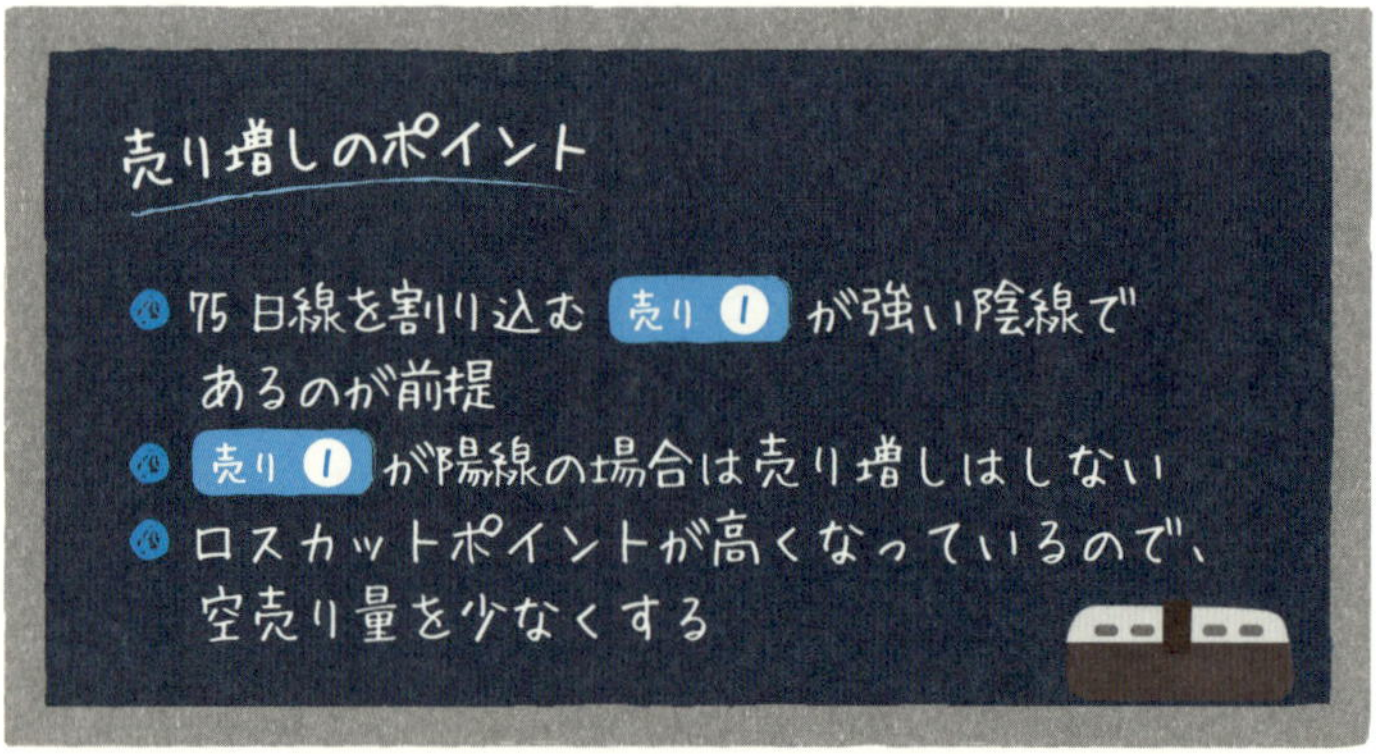

売り増しのポイント
75日線を割り込む 売り① が強い陰線であるのが前提
売り① が陽線の場合は売り増しはしない
ロスカットポイントが高くなっているので、空売り量を少なくする

仕上げとして買いでも空売りでも利益を最大化するプロの技まで、必要なものはすべてお話ししました。

旅で言えば、目的地の選定から楽しい観光案内、気をつけるポイントまで、また空港へのアクセスから入国する方法までをすべてカバーしたことになります。楽しかったですか？

それでは、心の自由と経済的自由を達成するこの素晴らしい旅を楽しんでくださいね。「もっと興奮する旅の案内書を持って戻ってきます。次に会うときまでお元気で！」と言いたいところですが、ここまで紹介したすべてのことを使って私が「0」の状態から銘柄を選定して、売買ポイントを決めて実際の売買をする様子、そしてポートフォリオの管理から取引記録をつけるまでの全プロセスをお見せしようと思います。しかも、このプロセスを書き込みながら進捗管理までできるシートを実際に活用しているので、そのシートを特典におつけします。

前著で渡した「取引記録シート」よりさらに進化した空売りのシミュレーション機能までついた「**高機能版の取引記録シート**」です。

はやる気持ちはわかりますが、お話ししたように、前著を含む本2冊分プラス特典動画まで含む膨大な知識をまとめて活用していくプロセスです。ここで1度振り返る時間を持ちましょう。

不明なところはもう一度読み返すなりして、きちんと頭を整理してから進むことをお勧めします。

次は私の頭の中をそのまま公開する旅です。ワクワクする気持ちで行きましょう。

Episode 7

「利益は思いっきりほしい」と遠慮なく言えますか

「お支払いはすんでいます。あちらの方がお支払いになりました」

東南アジアなど、海外のセミナーの前に会場付近のレストランで食事をするとよく起こることです。セミナー参加予定者が私を見つけては、先に食事代を支払ってしまいます。日本でいうおもてなしか先生への尊敬を込めてなどと考えがちですが、実は少し違います。

その人にお礼を伝えながらなぜ私の分まで払ったのかと聞くと、ほぼ例外なくこのような答えが返ってきます。

「私は２年後に百万長者になるためにあなたのクラスに来ました。２年後にあなたに奢る豪華な食事を先に実現させました。２年後には本当に豪華なところに招待しますので、Shifu（師父）！　よろしくお願いします」

どう感じましたか？　欲深い人間だと思いますか？　２年後に百万長者なんてふざけたことを！　と思いましたか？　では次の問いに答えてみてください。

- **売り増しのポイントを一生懸命覚える目的は何ですか？**
- **利益を大きくしたいのでなければ何のためですか？**
- **「利益を大きく」とはいくらですか？**
- **いつ百万長者になりますか？**

「夢に日付を」「夢は具体的な数字で語る」など、自己啓発系本やセミナーではよく聞く話ですね。しかし不思議なことに、「お金」が絡むとなかなか本音を出さないのが日本人の特徴です。「お金」ほど数字で表しやすいものもないのにです。しかし外国の受講生に上記の質問をすると、ほぼ全員が１秒の躊躇もなく具体的な数字を言います。そして「2 年以内に百万長者」と語っていたその受講生は、大体目標を達成していきます（私に奢ったから成功したという意味ではありませんよ）。

日本人は子どものときからお金のことを口にするのがタブー視される教育を受けるので、自分も知らないうちについつい「自分にブレーキ」をかけてしまいます。もちろんこれは文化の違いだけで良し悪しの問題ではありません。しかし、「2 年後にハーバード大学に留学したい」という目標があるからこそ、それにあわせて情報を調べたり、必要な勉強をしたりすることができます。1,000 万円の貯蓄がほしかったら、「ほしい」とはっきり言ってみてください。「お金なんて」というところに 1,000 万円の貯蓄が訪れることはまずありません。

ある東南アジアの青年との会話がずっと頭の中に残っています。

「利益は“できるだけ、思いっきりほしい”と書きましたね」

「はい、それで家族を思いっきり幸せにしたいです」

「お金だけで家族は幸せになれますか？　お金のことばかり追いかけると家族のことがおろそかにならないでしょうか？」

「お金を稼ぐのと家族をおろそかにするのがどうして同義語ですか？　両立できないと誰が言いましたか？」

7時限目 プロの頭をコピーする 銘柄選定から利益確定まで

プロと呼ばれている人たちは、銘柄をどのような観点で見てトレードする根拠を加えるのか。

ここまで学んできた知識を総動員して、ひとつの売買戦略として実行するプロセスと「私の秘技」を大公開します。

01 勝つための「取引の7ステップ」

1 「取引の7ステップ」と読者特典について

株の売買は、次頁の7ステップに沿って進みます。これは、ある日突然空から降ってきたわけではなく、私が長年、全世界の市場で取引を重ねているうちに固まってきたプロセスです。もちろん、これよりさらに複雑な分析をしたり、分析以前にニュースなどの情報収集に膨大な時間をかける投資家もいますが、それはその人の選択肢として大いにありです。

「これが完璧なものです」とはいいませんが、最小限の時間で経済的な自由を実現して、その生活を維持するのに必要十分なプロセスです。このプロセスを土台にして、あなたがさらにほしいと思う情報はどんどん追加してください。

7つのステップは読者特典としてダウンロードできる「**トレード戦略の7ステップシート**」を使って実施有無と進捗を管理しながら進めます。読者特典サイトよりダウンロードしてください。

● 取引の7ステップ

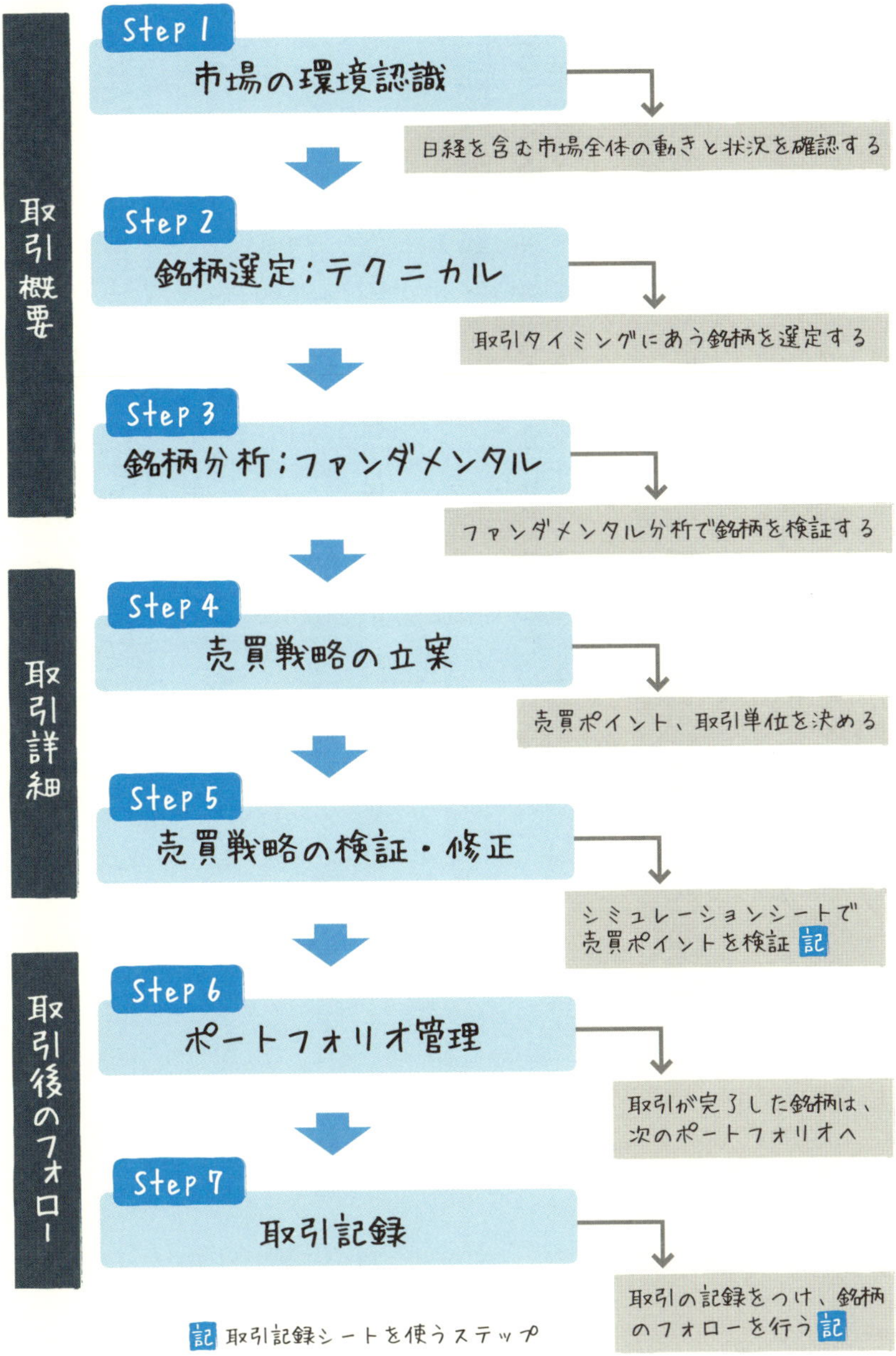
取引概要
Step 1
市場の環境認識
日経を含む市場全体の動きと状況を確認する
Step 2
銘柄選定：テクニカル
取引タイミングにあう銘柄を選定する
Step 3
銘柄分析：ファンダメンタル
ファンダメンタル分析で銘柄を検証する
取引詳細
Step 4
売買戦略の立案
売買ポイント、取引単位を決める
Step 5
売買戦略の検証・修正
シミュレーションシートで売買ポイントを検証 記
取引後のフォロー
Step 6
ポートフォリオ管理
取引が完了した銘柄は、次のポートフォリオへ
Step 7
取引記録
取引の記録をつけ、銘柄のフォローを行う 記
記 取引記録シートを使うステップ

読者特典 トレード戦略の7ステップシート
(http://www.tbladvisory.com/book002)

なお7ステップの中で、売買ポイントの検証と取引結果の分析は「取引記録シート」を使って行います。前著の読者特典としてダウンロードした「取引記録シート」をもっともっと勝てるようにバージョンアップしているので、説明を読む前にこちらもダウンロードして準備しておいてください。使い方の説明は、前著の付録を修正、加筆したものです。

読者特典 取引記録シート2
(http://www.tbladvisory.com/book002)

2 トレード戦略の7ステップシートの全体像と構成

「トレード戦略の7ステップシート」と「取引記録シート2」はダウンロードできましたか？セキュリティの観点から両方のシートはマクロやプログラミングを使わずにすべて関数のみでつくられています。まず「トレード戦略の7ステップシート」を開いて、よく見てみてください。

先ほどの7ステップがそのまま並んだ形で、ステップ別にさらに細かくタスクが分かれています。各タスクにはその内容が書かれていて、最後の列で実施したかどうかをチェックすることによって進捗の管理もできるようになっています。

次節からの説明を十分理解して、このシートを活用することで、「利益を出し続けるしくみ」を手に入れてください。

● トレード戦略の7ステップシートの全体像と構成

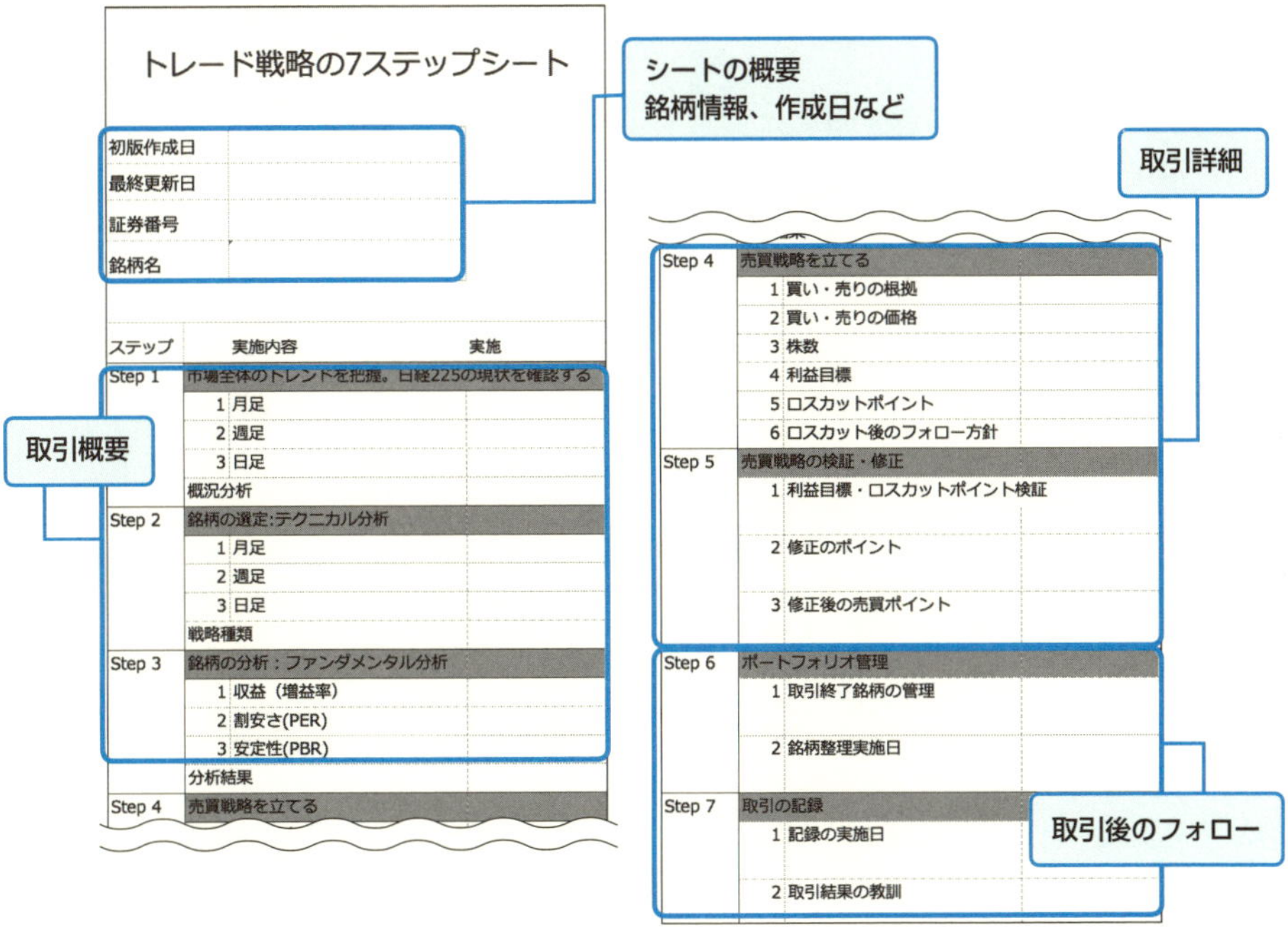

トレード戦略の7ステップシート
シートの概要
銘柄情報、作成日など
初版作成日
最終更新日
証券番号
銘柄名
ステップ
実施内容
実施
Step 1
市場全体のトレンドを把握。日経225の現状を確認する
1 月足
2 週足
3 日足
概況分析
取引概要
Step 2
銘柄の選定:テクニカル分析
1 月足
2 週足
3 日足
戦略種類
Step 3
銘柄の分析：ファンダメンタル分析
1 収益（増益率）
2 割安さ(PER)
3 安定性(PBR)
分析結果
Step 4
売買戦略を立てる
取引詳細
Step 4
売買戦略を立てる
1 買い・売りの根拠
2 買い・売りの価格
3 株数
4 利益目標
5 ロスカットポイント
6 ロスカット後のフォロー方針
Step 5
売買戦略の検証・修正
1 利益目標・ロスカットポイント検証
2 修正のポイント
3 修正後の売買ポイント
Step 6
ポートフォリオ管理
1 取引終了銘柄の管理
2 銘柄整理実施日
Step 7
取引の記録
1 記録の実施日
2 取引結果の教訓
取引後のフォロー

02 **取引概要** 市場全体の環境認識から銘柄の選定と分析まで

1 **取引概要**の意味と目的

まず、「トレンド戦略の7ステップシート」の**Step1**から**Step3**で、各ステップごとのタスクとその意味について「取引概要」をお話しします。「〝取引概要〟の意味と目的は、**気になった銘柄の分析にいきなり入る前に、市場全体の状況を把握することで、戦略の方向性を大まかに決めること**」です。

2 **Step1** 日経全体の動きを把握する

「**投資をはじめたばかりの初心者に見られる最も大きな間違いは、市場の動きをおろそかにすること**」です。ある意味当然ですが、人は自分が気にしている銘柄が最もかわいくて、それが利益になるかどうかだけが気になります。しかし、自分の銘柄も結局は大きな市場の中のひとつの要素だということを考えると、市場全体の動きを無視することは賢明な行動とはいえません。

どうしたらいいかというと、「**市場全体の動きをまず長期から短期までのチャートで把握する**」ようにしましょう。テクニカル的に、２０１５年3月末日現在の日経は、相当な高値圏に接近していますが、連日で15年振りの高値を更新している上昇トレンドの状況です。この分析結果を**Step 1**の月足から日足までの欄に書き込みます。書き方に正解はないので、とにかくやり続けることが大切です。

「**ファンダメンタル的に市場を把握するには、参考になる記事を毎日少しずつでも読んでいき、ノウハウを蓄積していくこと**」です。最初は何を言っているのかわからなくても、好奇心を持って読んでみてください。1カ月も経たないうちに見違えるほど変わる自分に驚くはずです。ファンダメンタル的な解説記事でお勧めなのは、何よりも日本経済新聞（**http://nikkei.com**）の解説記事です。市場が終わる15時から40～50分ほど経ったところで「東証大引」のようなタイトルでその日の動きが解説されています。

また私も、ファンダメンタル分析に加え、世界の市場状況、テクニカル的な観点を加えた「日経概況」をホームページで毎日配信しています。毎日読んでいくことで大きな力になるので、ぜひ毎日チェックしてみてください。

● **ジョン・シュウギョウの日経概況（http://www.tbladvisory.com/topics/）**

● Step 1 市場全体のトレンドの書き方

Step 1	市場全体のトレンドを把握。日経225の現状を確認する	
	1 月足	
	2 週足	
	3 日足	
	概況分析	

日経の月・週・日足のチャート分析結果を記入

日経月足

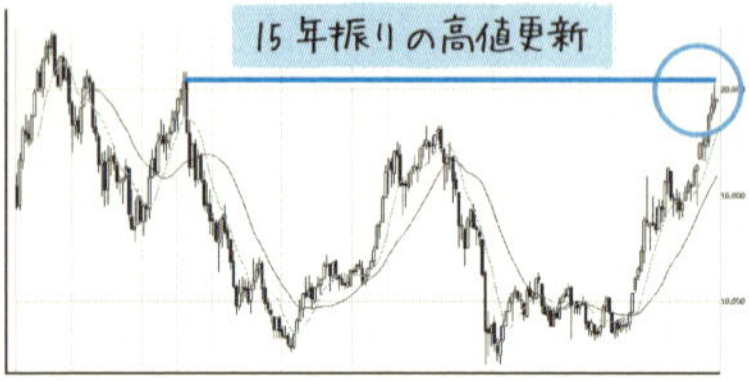

15年振りの高値更新

日経週足

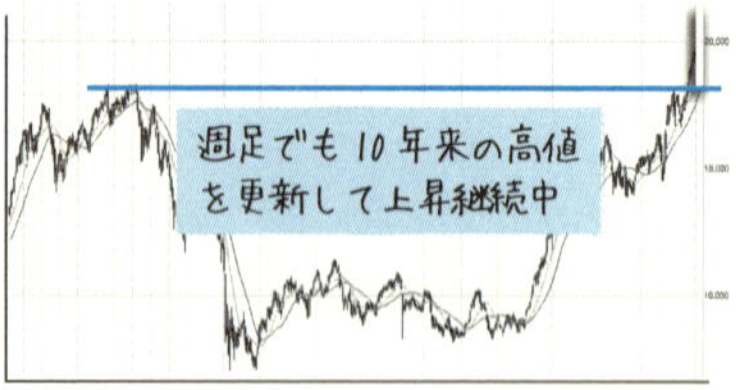

週足でも10年来の高値を更新して上昇継続中

日経日足

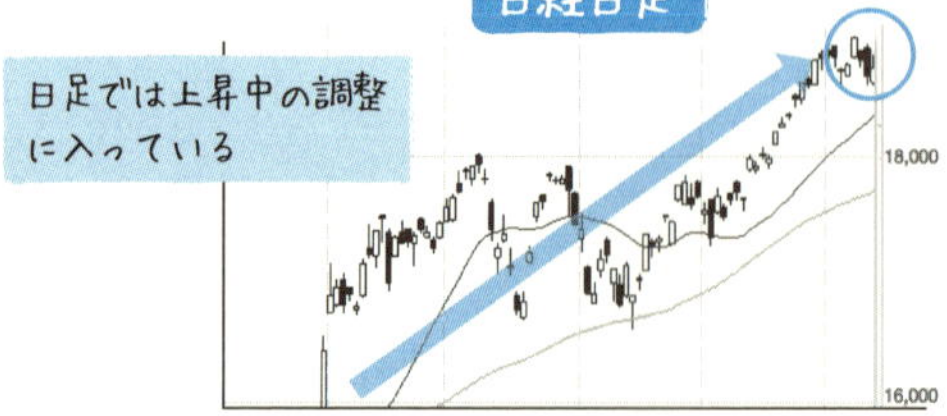

日足では上昇中の調整に入っている
18,000
16,000

Step 1	市場全体のトレンドを把握。日経225の現状を確認する。		
	1 月足	15年振りの高値更新	✔
	2 週足	週足でも10年来の高値を更新して上昇継続中	✔
	3 日足	日足では上昇中の調整に入っている	✔
	概況分析	2万円台に向けて上昇中であるが、調整気味	✔

市場全体のトレンドを把握。日経 225 の現状を確認する

書き込んだら、実施したことにチェックを入れる

3 Step 2 気になる銘柄をテクニカル的に選ぶ

市場全体のトレンド把握が終わると、仕入れ先からタイミングがあう銘柄を選定します。ときには Step 1 と Step 2 が逆になる場合があります。

たとえば毎日ポートフォリオの銘柄を観察していると、チャートが売買タイミングに適した銘柄が見つかることがあります。またニュースで話題になった銘柄をチェックしていたら、チャートが売買タイミングにちょうどよかったというようなこともあります。どちらにしても、銘柄を選定したあとに、必ず市場全体のトレンド把握をするようにします。

次頁の例は「6588 東芝テック」のチャートです。空売り1回目が終わり、ポートフォリオの空売り2回目に登録しておいて、タイミングを待っていた銘柄がちょうどいい動きになってきたところです。この段階では、いきなり範囲を小さくして売買ポイントを決めるのではなく、日経同様、月足から日足までの長期的なトレンドを見て、現在の株価がどういった位置にあるのかを分析します。その分析結果を Step 2 に書き込みます。

今回戦略を立てるこの銘柄は、天井から下がってくるとき1回暴落を起こしたあと、下向きになりだした75日線に1回戻ってきて上に抜けたばかりです。ここから再び75日線を下に抜けると2回目の下げで大きな利益が期待できそうです。

● Step 2 テクニカル分析

トレード戦略の７ステップシートのチャートの概要

Step 2	銘柄の選定:テクニカル分析		
	1	月足	
	2	週足	
	3	日足	
	戦略種類		

初版作成日	15/03/31
最終更新日	
銘柄番号	6588
銘柄名	東芝テック

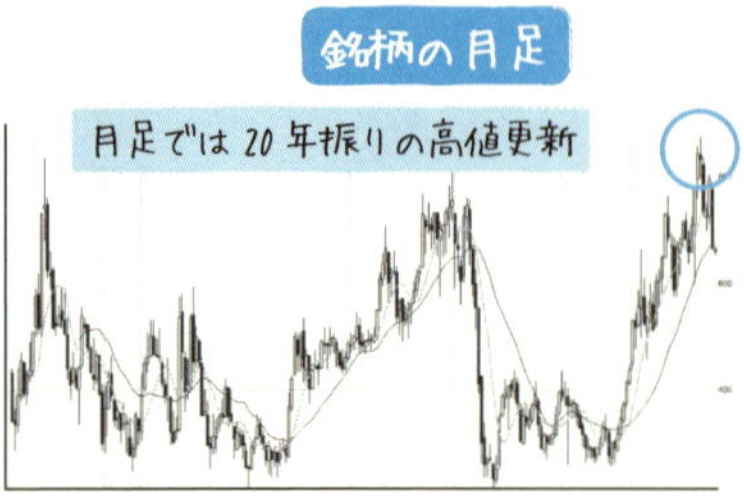

銘柄の月足
月足では20年振りの高値更新

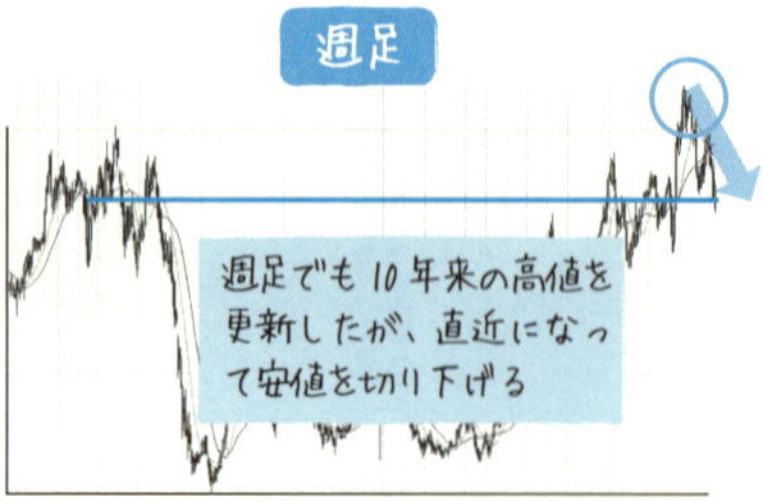

週足
週足でも10年来の高値を更新したが、直近になって安値を切り下げる

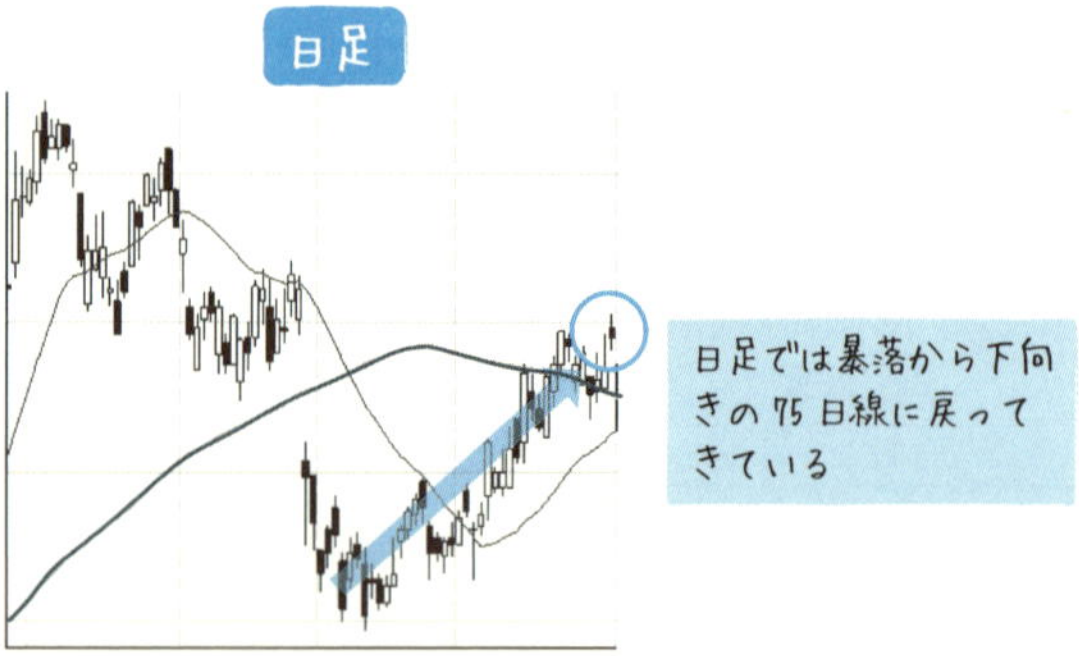

日足
日足では暴落から下向きの75日線に戻ってきている

Step2	銘柄の選定:テクニカル分析			
	1	月足	月足では20年振りの高値更新	✔
	2	週足	週足でも10年来の高値を更新したが、直近になって安値を切り下げる	✔
	3	日足	日足では暴落から下向きの75日線に戻ってきている	✔
	戦略種類	空売り、下降2回目:ここからこのまま下げて行くと、下降2回目の下げになる		✔

4 Step 3 ファンダメンタル分析をして、トレードの根拠を固める

テクニカル分析を通じて大体の戦略の方向が決まれば、ファンダメンタル的に根拠を固めます。ファンダメンタル分析については、前著「世界一やさしい 株の教科書 1年生」を参考にしてください。Step 3で提示されている3つの基準（増益率、PER、PBR）に沿って分析した結果（次頁参照）を書き込みます。

この銘柄の場合、予想増益率は業界平均よりよくないのでOKですが、PERの比較をしてみると業界平均を超えて割高になっています。「**PBRは安定しているようですが、増益率が悪くPERも割高なので、空売りするのに問題はなさそう**」だと判断できます。「**ファンダメンタル分析のコツは難しすぎることを考えないこと**」です。慣れてくると分析の枠を少しずつ増やしていけますが、最初からあれもこれもと取り入れると、分析に埋もれて自分が何をしていたのかすら忘れてしまうことがあります。「**テクニカル指標と同様にやりすぎないことが大事**」です。

Step 3までが、市場全体の雰囲気を把握して銘柄を選定する取引概要です。ここまでは、いくらで空売りをするとか肝心なことは決めていないので、ぼんやりしているのがポイントです。ここですべてを決めようとすると長期的な視点を失うので、ここでは「**まだぼんやりでいい**」と心得てください。

Step 3 ファンダメンタル分析

Step 3	銘柄の分析：ファンダメンタル分析	
	1 収益（増益率）	
	2 割安さ(PER)	
	3 安定性(PBR)	
	分析結果	

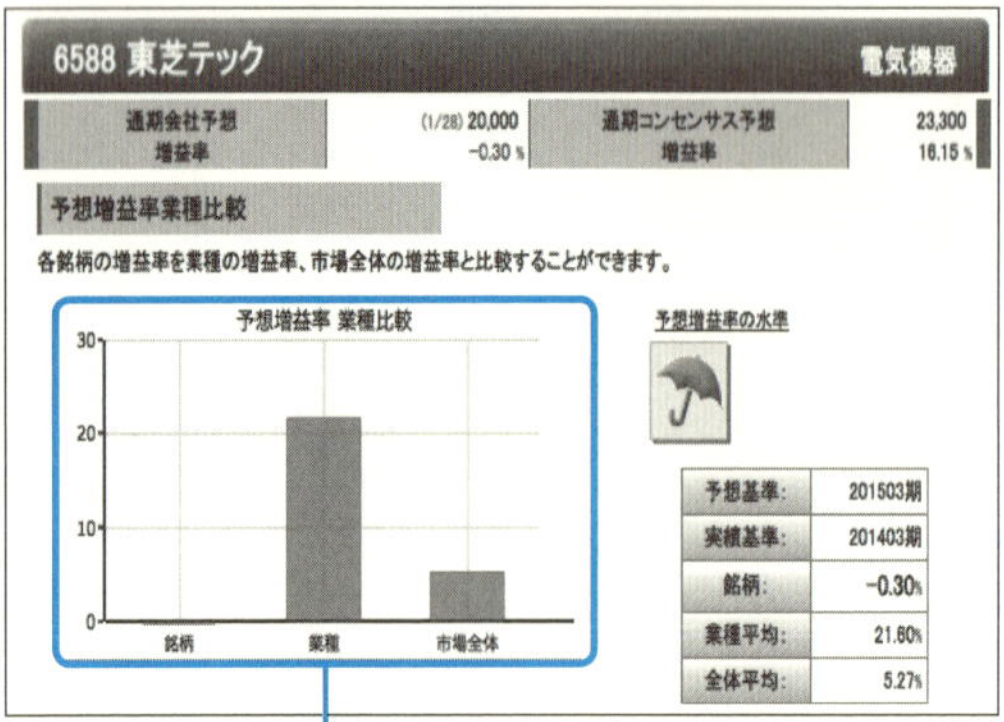
6588 東芝テック
電気機器
通期会社予想
増益率
(1/28) 20,000
−0.30 %
通期コンセンサス予想
増益率
23,300
16.15 %
予想増益率業種比較
各銘柄の増益率を業種の増益率、市場全体の増益率と比較することができます。
予想増益率 業種比較
30
20
10
0
銘柄
業種
市場全体
予想増益率の水準
予想基準: 201503期
実績基準: 201403期
銘柄: −0.30%
業種平均: 21.60%
全体平均: 5.27%

予想増益率は業界平均より低くなっている

PERは業界平均より高く、割高になっている

指標	6588	業界平均	市場全体
PER	27.3 倍	22.4倍	19.7倍
PBR	1.2	1.7	1.3

Step3	銘柄の分析：ファンダメンタル分析		
	1	収益（増益率） 業種平均20.92%に対し、0.3% (会社予想)、16.15%、(アナリスト)でよくない	✔
	2	割安さ（PER） 業界22.4倍に対し、27.3倍で割高	✔
	3	安定性（PBR） 業界1.7倍に対し、1.2倍で安定	✔
	分析結果	ファンダメンタル的にも収益性が業界平均以下で、株価が割高の可能性。空売りは可能と判断	✔

Yahoo!ファイナンスの「業績予報」から「IFIS株予報」へ飛ぶと見られるよ！

Study 3

「信用評価損益率」を見れば、人間の心理が読める

6時限目ではチャートフォリオを使って、市場全体の状況を直感的に感じ取る方法についてお話ししました。これはチャートのパターンを見て、感覚的に市場がどうなっているかを考えるすぐれた方法です。

今度は、せっかく信用取引について勉強したので、信用取引に関するデータを用いて市場全体の流れを推測することにチャレンジしてみましょう。

信用取引のデータの中で、相場の転換点を観測するのによく用いられるのが「**信用評価損益率**」という指標です。これは東京証券取引所が毎週水曜日に発表する信用取引残高のデータをもとに、日本経済新聞社が算出して木曜日の朝刊で紹介している指標です。名前のとおり、「**信用取引で株式を購入した投資家がどれくらいの含み損益を抱えているかを率で示す指標**」です。

ここで注意してほしい点は、「**信用で買っている投資家の状況を表している**」ということです。つまり空売りをしている投資家の状況は反映されていません。

この指標の面白い点は、一般的に「**マイナスになる傾向が強い**」ということです。これはなぜでしょうか。

あなたの心理状態と照らしあわせてみるとよくわかるはずです。人は含み損が出るとその損失をがまんしてしまいますが、含み益が出ると「利益があるうちに」と、すぐにその利益を確定してしまう傾向があります。あなたもそういう行動を取っていますよね？

1万円の含み損がある場合は「ちょっとほっといたら明日は元に戻るかも」と考え、1万円の含み益が出ていたのに、それが目の前で9,000円、8,000円と目減りしてくると、焦ってすぐ売りたくなりますよね？　あなたがそうなら、投資家全体の気持ちを表すデータにもそれが現れるはずです。

結局、「**含み益がある取引は早めに片づけられ、市場には 反転して利益になってくれる含み損のポジションが多く残る**」ことになります。このような理由で信用評価損益率はマイナスになる傾向があるわけです。

単純な数字の並びと思いがちなデータの中にも、実は人間の心理が如実に現れます。

では、人の心理が反映されているこのデータを相場の転換にどのように使うのか？

次のStudy 4（237頁参照）で続きをお話しします。

03

取引詳細 トレード戦略の立て方と検証のしかたまで

1 取引詳細 の意味と目的

取引概要が決まると、いよいよ具体的な取引の戦略を詳細に決めるところです。この段階で大事なのは、「**戦略を立てるだけでなく、シミュレーションを通じて戦略を検証すること、そして間違いがあれば戦略を見直す**」ということです。そのときに活用するのが前著でも紹介した「取引記録シート」です。本書では、空売りにも対応した機能強化版「取引記録シート２」を用いてお話しします。「トレンド戦略の７ステップシート」と併用していきます。

2 Step 4 実際に売買戦略を立ててみる

まずは利益確定目標を決める

中・長期のチャート分析結果に基づいて、日足上で直近3～4カ月の範囲に絞って投資戦略を立てます。

下の例は引き続き「6588 東芝テック」のチャートですが、下向きの75日線を1回上に抜け、800円付近の値段で立ち止まっています。

この状態から75日線を下に抜けてそのまま下げ続けると、下降2回目のパターンになります。1回目の暴落で700円まで下げていたので、2回目のこの取引でもその線までか、またはそれより安い位置まで期待できそうです。

こういう場合、いったん利益目標は700円に決めることにしましょう。

Step 4 売買戦略の立案

Step 4	売買戦略を立てる	
	1 買い・売りの根拠	
	2 買い・売りの価格	
	3 株数	
	4 利益目標	
	5 ロスカットポイント	
	6 ロスカット後のフォロー方針	

始値 798
高値 803
安値 791
終値 795
75日移動平均線 775

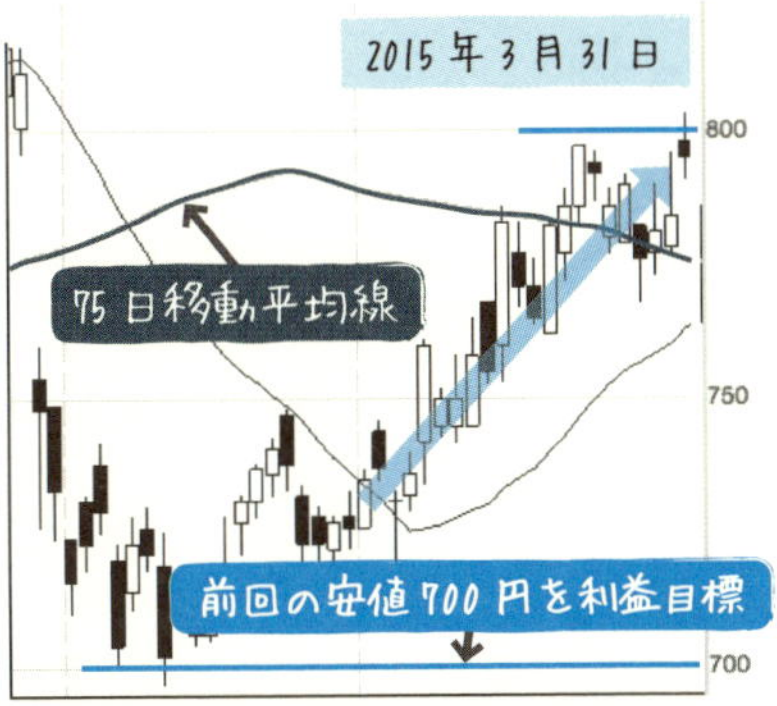

Step4	売買戦略を立てる	
	1 買い・売りの根拠 テクニカル的に下降2回目、ファンダメンタルとして割高の可能性	✔
	2 買い・売りの価格 774円以下で空売り。3/31の75日移動平均線が775に位置	✔
	3 株数 2,000株。初心者段階なので、少ない株数で勝負	✔
	4 利益目標 2/10に記録した下降1回目の安値700円	✔
	5 ロスカットポイント 777円以上。75日線を下から上に抜ける位置	✔
	6 ロスカット後のフォロー方針 まだ下降2回目の可能性があるので、もう一度取引するために観察し続ける	✔

そして次は？　はい、もちろんロスカットの設定です。

次はロスカットを設定する

75日線を完全に抜けて約定するか、またがって約定するか、今日の時点ではわからないので、とりあえず、75日線を下から上に抜けて、戻ってきたらロスカットするようにしましょう。

ここまでの情報を「トレンド戦略の7ステップシート」Step 4に書き込み、売買戦略を立てます。次はこのまま空売りを仕掛けるのではなく、「取引記録シート 2」を使ってシミュレーションして、売買戦略が正しいかを検証します。

3 Step 5 売買戦略の検証と戦略の修正のしかた

「トレンド戦略の7ステップシート」Step 5は、「取引記録シート 2」の中にある「取引記録」シートを使って検証していきます。

「取引記録」シートの構成

「取引記録シート 2」の準備はよろしいでしょうか。前著「株の教科書 1年生」の特典、「取引記録シート」を使ったことのない人のために、構成と使い方をStep 4まで戦略を立てた「6588 東芝テック」を例にしてお話しします。

まず、取引記録日誌の基本となる「取引記録」シートの構成をマスターしましょう。「取引記録シート２」の中にある「取引記録」シートは３つの大きなパーツから構成されています。さらに、それぞれ２つのパーツに分かれるので、合計６つのパーツから構成されていることになります。

次頁で構成を把握したあと、「売買前の戦略検証」「修正時と売買の結果が出てから」に分けて使い方とともに各パーツのお話しをします。

●「取引記録」シートの構成

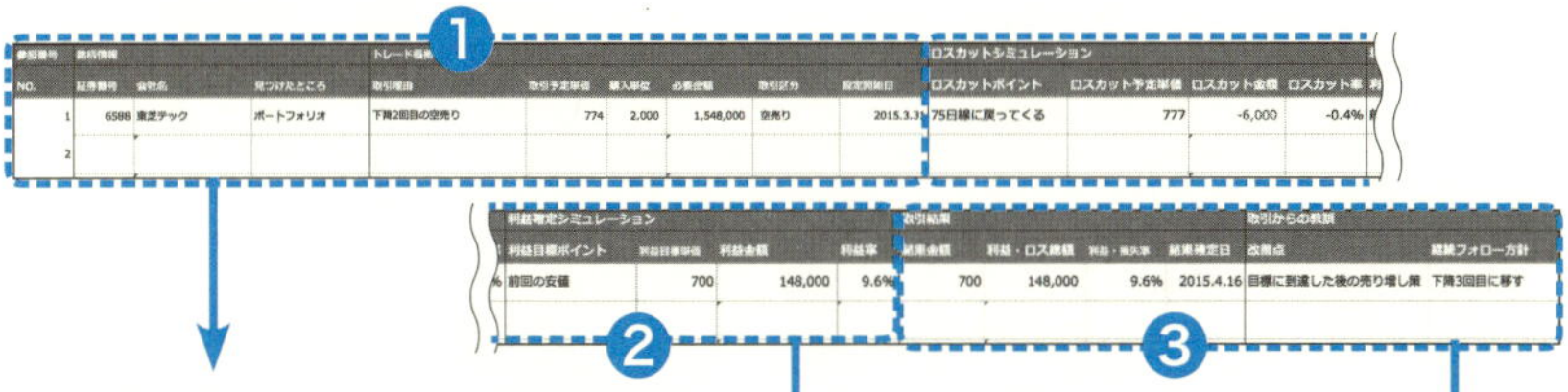

❶ 銘柄情報・トレードの設定パーツ

参照番号	銘柄情報			トレード根拠・設定情報					
NO.	証券番号	会社名	見つけたところ	取引理由	取引予定単価	購入単位	必要金額	取引区分	設定開始日
1	6588	東芝テック	ポートフォリオ	下降2回目の空売り	774	2,000	1,548,000	空売り	2015.3.31
2									

❷ シミュレーションパーツ

ロスカットシミュレーション				利益確定シミュレーション			
ロスカットポイント	ロスカット予定単価	ロスカット金額	ロスカット率	利益目標ポイント	利益目標単価	利益金額	利益率
75日線に戻ってくる	777	-6,000	-0.4%	前回の安値	700	148,000	9.6%

❸ 取引結果・教訓のパーツ

取引結果				取引からの教訓	
結果金額	利益・ロス総額	利益・損失率	結果確定日	改善点	継続フォロー方針
700	148,000	9.6%	2015.4.16	目標に到達した後の売り増し策	下降3回目に移す

※ ❸「取引結果・教訓のパーツ」は次節でお話しします。

取引記録①

「銘柄情報・トレードの設定パーツ」を埋めて取引に必要な情報を集める

①-Ⓐ ①-Ⓑ ①-Ⓒ 銘柄情報の設定

Ⓐに「証券番号」を入力すると、「**List**」シートからⒷに「会社名」を自動で取得してきます。「トレード戦略の7ステップシート」の概要部分にも同じしくみがあるので、「証券番号」を入れておきます。

上場企業は増減があるので、東証のサイトから定期的にリストを取得してアップデートするか、ときどき本書の特典サイトから「取引記録シート2」の最新版をダウンロードするようにして、「**List**」シートを常に最新のものにしておきましょう。特典サイトには、定期的にアップデートしたものが置いてあるので、活用してください。

Ⓒの「見つけたところ」には、その銘柄に注目するにいたったソース（情報源）を入力します。たとえば「値上がりランキング」「○○新聞の記事」「75日線低乖離率ランキング」

● 銘柄情報の設定（「取引記録」シート）

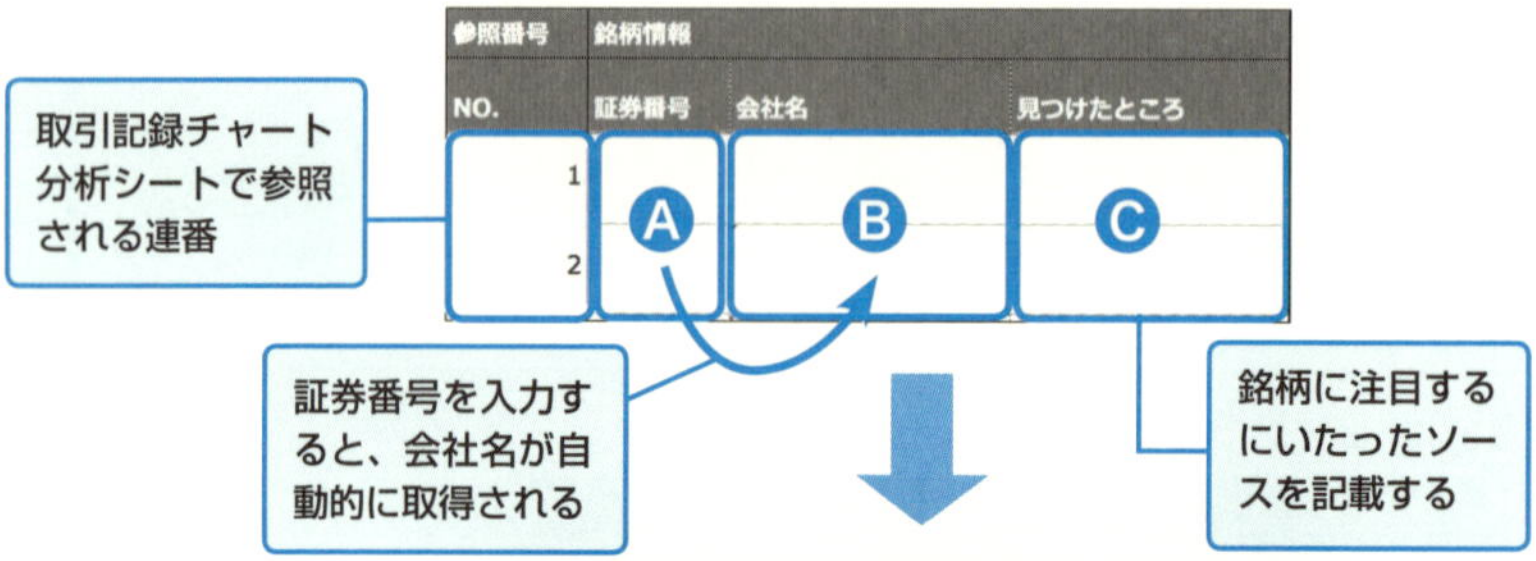
参照番号
銘柄情報
NO.
証券番号
会社名
見つけたところ
1
2
A
B
C
取引記録チャート分析シートで参照される連番
証券番号を入力すると、会社名が自動的に取得される
銘柄に注目するにいたったソースを記載する

記入例

参照番号	銘柄情報		
NO.	証券番号	会社名	見つけたところ
1	6588	東芝テック	ポートフォリオ

などの外部ソースか、自分のポートフォリオから再びトレードすると決めたものは「ポートフォリオ」などのように入力します。

「トレード戦略の7ステップシート」は、思考の流れを可視化して進捗を管理するという意味が大きいので、このような細かい情報は「取引記録シート2」で管理するのがいいでしょう。「**ソースの意味は、〝あとで見ると自分の主な情報源がわかる〟しくみ**」です。

①-D トレード根拠・設定情報

Dの「取引理由」にこの銘柄を買う理由を書きます。このパーツで最も重要な項目ですが、ここは「トレード戦略の7ステップシート」のStep 4の1から持ってきます。「**簡単な書き方でいいので、どちらかには必ず書く**」ようにしてください。

「**75日線に近づいているから**」「**75日線を1回タッチしてトレンド転換をするから**」「**下降1回目から戻ってきたので**」というように、ひと言だけでも、あとから見たときなぜそこに買いまたは空売りの理由があったのかわかるようにしておきます。逆に「**この項目が埋められないと根拠なきトレードをしようとしていること**

● トレード根拠・設定情報（「取引記録」シート）

トレード根拠・設定情報					
取引理由	取引予定単価	購入単位	必要金額	取引区分	設定開始日
D	E	F	G	H	I

記入例

トレード根拠・設定情報					
取引理由	取引予定単価	購入単位	必要金額	取引区分	設定開始日
下降2回目の空売り	774	2,000	1,548,000	空売り	2015.3.31

になるので、前に進むことができない」ということになります。

あとは、逆指値でⒺの「取引予定単価（注文する価格）」とⒻの「購入単位（買う口数）」を記録すると、必要な金額がⒼに自動的に計算されます。

ここで「**ひとつの銘柄にあまりにも大きな金額を投資していないか**」、必ず検証してください。

次に、買いの戦略か空売りの戦略かをⒽで選んでください。ここで「空売り」を選ぶと、株価が下がれば利益として計算されるようになっています。ここを間違って選ぶと逆の計算になってしまうので、必ず設定してください。

そして、最後に逆指値注文を設定しはじめた日付をⒾの「設定開始日」に記録します。「**この日付から結果が確定した日までの期間が、実質的にこのトレードを行った期間**」になります。

取引記録❷

「シミュレーションパーツ」を埋めて取引が妥当か検証する

❷-❶-Ⓙ ロスカットシミュレーション

シミュレーションパーツの前半はロスカットのシミュレーションです。買い・空売りの根拠に基づいて、その反対の論理でロスカットの価格を設定してください。たとえば「75日線を下から上に抜ける根拠で買う」なら、「**75日線を割る、設定した日の安値割れが〝ロスカットポイント〟**」になります。その際設定する価格が「ロスカット予定単価」です。

ロスカットポイントも、買う理由同様とても重要です。「**ここが埋められないということはロス**

カットのポイントが見えていない」ということなので、そのトレードについてもう一度検証する必要があります。もちろん買いの根拠（取引理由）が決まっていなければ、このロスカットポイントも書けないはずです。Ⓚの「ロスカット予定単価」を入力すると「ロスカット金額Ⓛ」と「ロスカット率Ⓜ」が自動的に計算されます。これらを次の「**2-2 利益確定シミュレーション**」の「利益金額」「利益比率」と比較するのが、後ほどのポイントです。この場合は777円以上になるとロスカットする設定で、ロスカット金額は6000円、投資した金額の0・4％になると計算されています。

2-2-N 利益確定シミュレーション

次は「利益確定シミュレーション」です。ロスカット同様、買う前にすでに利益確定売りのポイントをある程度定めておきます。たとえば、買いの段階ではまだトレンドがなく、ボリンジャーバンドが狭く横ばいの状態なので、「ボリンジャーバンドの2σに到達したら売る」が

● ロスカットシミュレーション（「取引記録」シート）

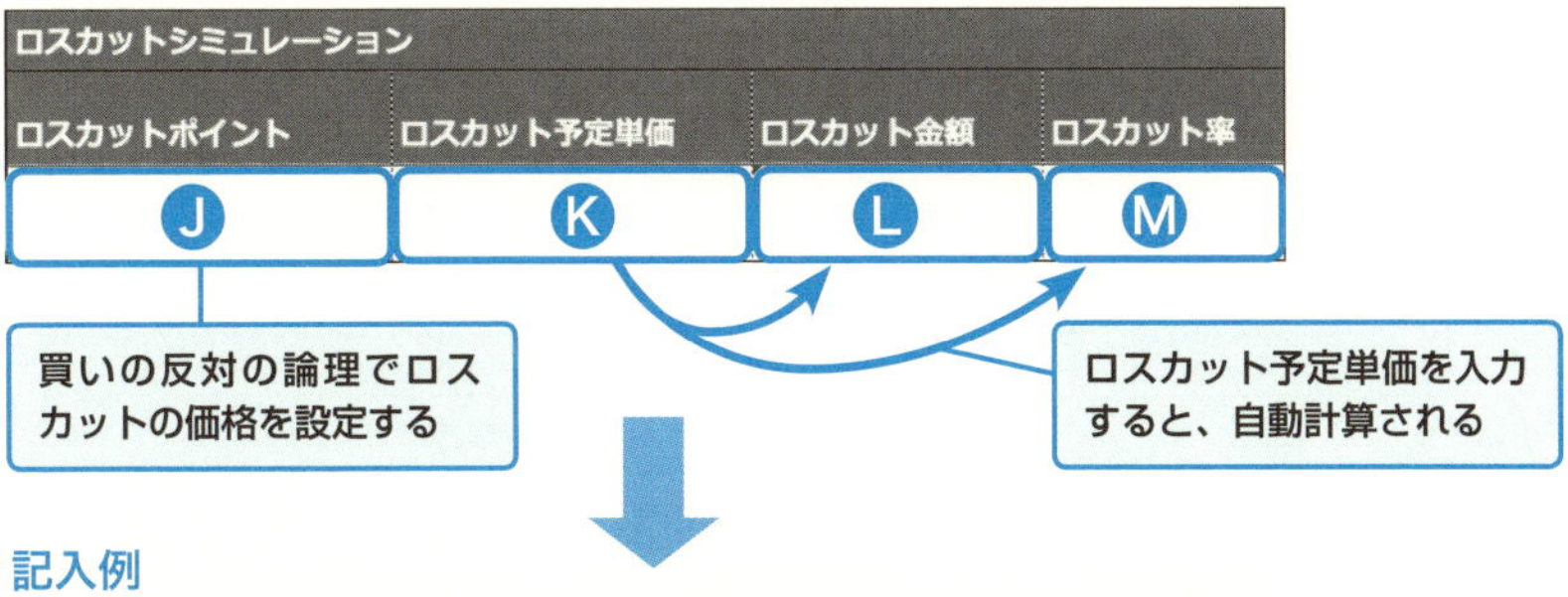

記入例

ロスカットシミュレーション			
ロスカットポイント	ロスカット予定単価	ロスカット金額	ロスカット率
75日線に戻ってくる	777	-6,000	-0.4%

「利益目標ポイントⓃ」になって、その際の価格が「利益目標単価Ⓞ」になります。買ったあとトレンドが発生した場合は、利益目標を引き上げることもあります。今回の例で考えると、下降1回目で見られた安値700円を目標にするので、その金額を記入します。

「利益目標単価」まで入力すると、想定される「利益金額Ⓟ」と「利益率Ⓠ」が自動的に計算されます。この金額と比率をロスカットのシミュレーション金額と比較してください。この例では14万8千円、9・6％の利益率で計画に妥当性があることがわかります。妥当性とは、ロスカット金額と利益目標の比較で行います。

ここで「**ロスカット予定金額のほうが大きくなっているとしたら、その取引計画は何かが間違っている**」可能性が高いです。今までお話ししてきた取引は、「**利益を大きく、損失を小さく押さえるのが大前提**」のはずなのに、それが崩れているということです。再度検証して取引を見直してください。それでも利益のほうが大きくならなければ、「**その取引は捨てるのが正解**」です。このように

● **利益確定シミュレーション（「取引記録」シート）**

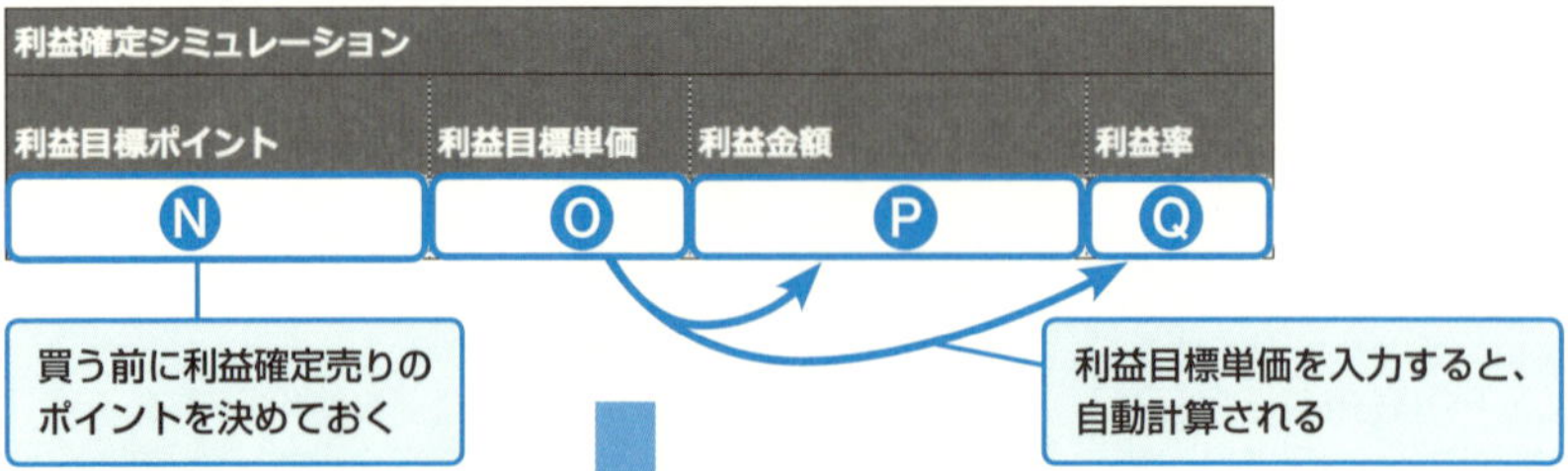

記入例

利益確定シミュレーション			
利益目標ポイント	利益目標単価	利益金額	利益率
前回の安値	700	148,000	9.6%

取引に入る前から妥当性の検証までできるのがシミュレーションパーツのメリットです。ぜひ活用してください

取引記録チャート分析
チャートを貼りつけて売買ポイントをまとめる 取引前

売買前のパーツがすべて埋まったら、「取引記録シート２」の中にある「取引記録チャート分析」シートに、チャートの画像を貼りつけます。「取引記録チャート分析」シートはテンプレートをコピーして使います。

「取引記録」シートと同じ形をしていますが、テーブルが1行のみで下は真っ白いスペースになっています。「取引記録」シートから、チャートを貼りつけたい銘柄の参照番号を「取引記録チャート分析」シートの「参照番号Ⓡ」に書き込むと、その番号のデータが

●「取引記録チャート分析」シートにチャートを貼りつける 取引前

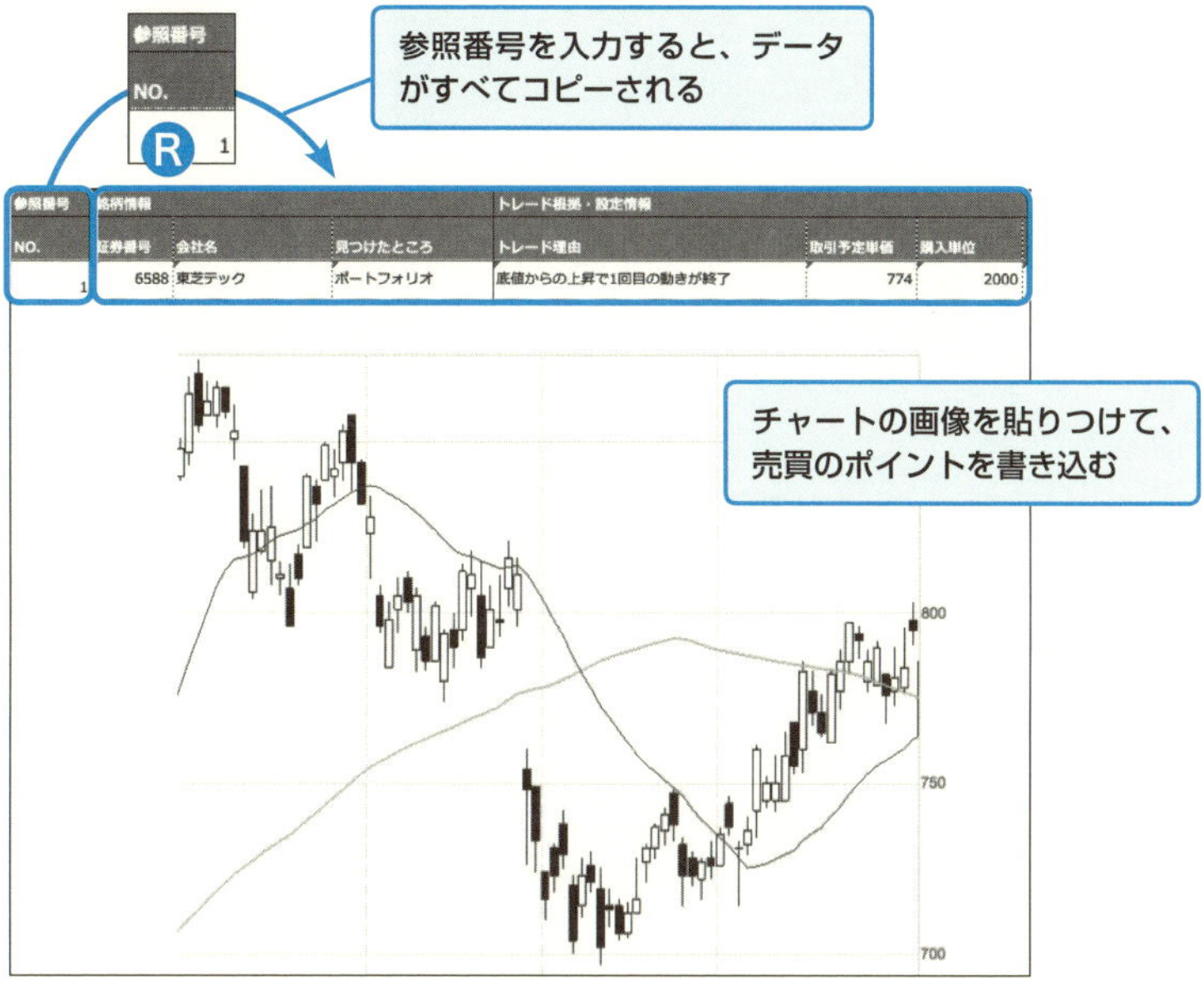

「取引記録」シートからすべてコピーされます。あとは下のスペースにチャートの画像を貼りつけて、画像の上や横に売買ポイントを書き込みます。

売買ポイントはすべてのシミュレーションに対して書くに越したことはないのですが、**「すべてのシミュレーションに対してチャート分析を書き込むのは大変なので、重要だと思うものに絞り込む」**のがポイントです。

私の場合は、**「最も利益になりそうな取引や、新たに取得したスキルに基づいて行う取引を詳細に分析する」**ようにしています。

ここまでで、売買前の準備は全部整いました。ここで「トレード戦略の7ステップシート」に戻り、検証が終わったことを記録します。

シミュレーションを通じて売買戦略が正しいことまで検証できました。あとは完成した戦略にしたがって取引を行うだけです。

売買前の「取引記録シート 2」作成プロセスについて、わかりやすく説明する動画を本書特典サイトに用意しました。ぜひ参考にしてください。

特典動画⑲ 「取引記録シート 2」による売買前のシミュレーション
(http://www.tbladvisory.com/book002)

ここでひとつ注意していただきたいことがあります。それは**「実行しない**

● Step 5 売買戦略の検証・修正の記録をしっかりまとめる

Step5	売買戦略の検証・修正		
	1	利益目標・ロスカットポイント検証 ロスカット時-6,000(0.4%), 利益達成時+148,000(9.6%)で妥当	✓
	2	修正のポイント 利益目標がロスカット金額の2倍以上に設定されているので、正しい	✓
	3	修正後の売買ポイント 75日線を曲がって約定した場合は、その日の高値に修正することも考慮する	✓

と意味がない」ということです。

「こんなに一生懸命分析しておいて実行しないことってあるの？」と思いがちですが、そんな不思議なことが、現実にはよく起こります。いざ実際の資金を投じて取引に入ろうとしたら、怖くなって動けなくなる人が意外と多くいます。そして、戦略の結果だけ見守りますと言い、結果がうまくいくと喜んだりします。しかし、バーチャルでその戦略が成功したとしても、実際にはほとんど身についていません。「**レーシングゲームがどれだけ上手でも、実際にF1のサーキットで走れるわけがありません。実際の車でサーキットに出て、時速50キロメートルでもいいので、走ってみることが大切**」です。

シミュレーションがしっかりできたら、実践あるのみ！

04 取引後のフォロー 利益を出し続けるためのしくみ

1 取引後のフォローの意味と目的

戦略がうまくいって、目標とした利益を達成することができました。めでたし、めでたし、お疲れさまですと、早速ほかの銘柄を探しに行きたくなります。しかし、ここで最後のひと手間を加えることが、あなたの株式投資の上達スピードを左右します。利益が取れてもロスカットになったとしても、その後のフォローが今後の成長にとっては非常に大事だということです。

2 Step 6 ポートフォリオを管理することで次の一手が見えてくる

前述したとおり、利益になる取引を行った場合は、その銘柄をポートフォリオ上でアップデートします。今回の場合は「下降2回目」で取引をして利益になったので、「下降2回目」から「下降3回目」のところに移します。ポートフォリオの管理をきちんとしておくと、いつでもどの局面にある銘柄でも見つかるというメリットがあります。

「**銘柄を次の局面に移すアップデートも大事ですが、もうひとつ重要なことは〝捨てること〟**」です。トレンドが崩れて、変動性が高くなって流れが読めなくなった銘柄や出来高が激減して取引に適さなくなった銘柄は、大胆に捨てる勇気も必要です。大体の人は銘柄を仕入れることには熱心ですが、捨てることがなかなかできず、いつの間にかポートフォリオの中が管理されていない銘柄で溢れる状態になります。余計なもので溢れているということは、肝心なものまで見逃してしまう恐れがあります。「**ポートフォリオは単なるノートではなく、自分に計り知れない利益をもたらす可能性の宝石箱**」です。

● Step 6 ポートフォリオの管理

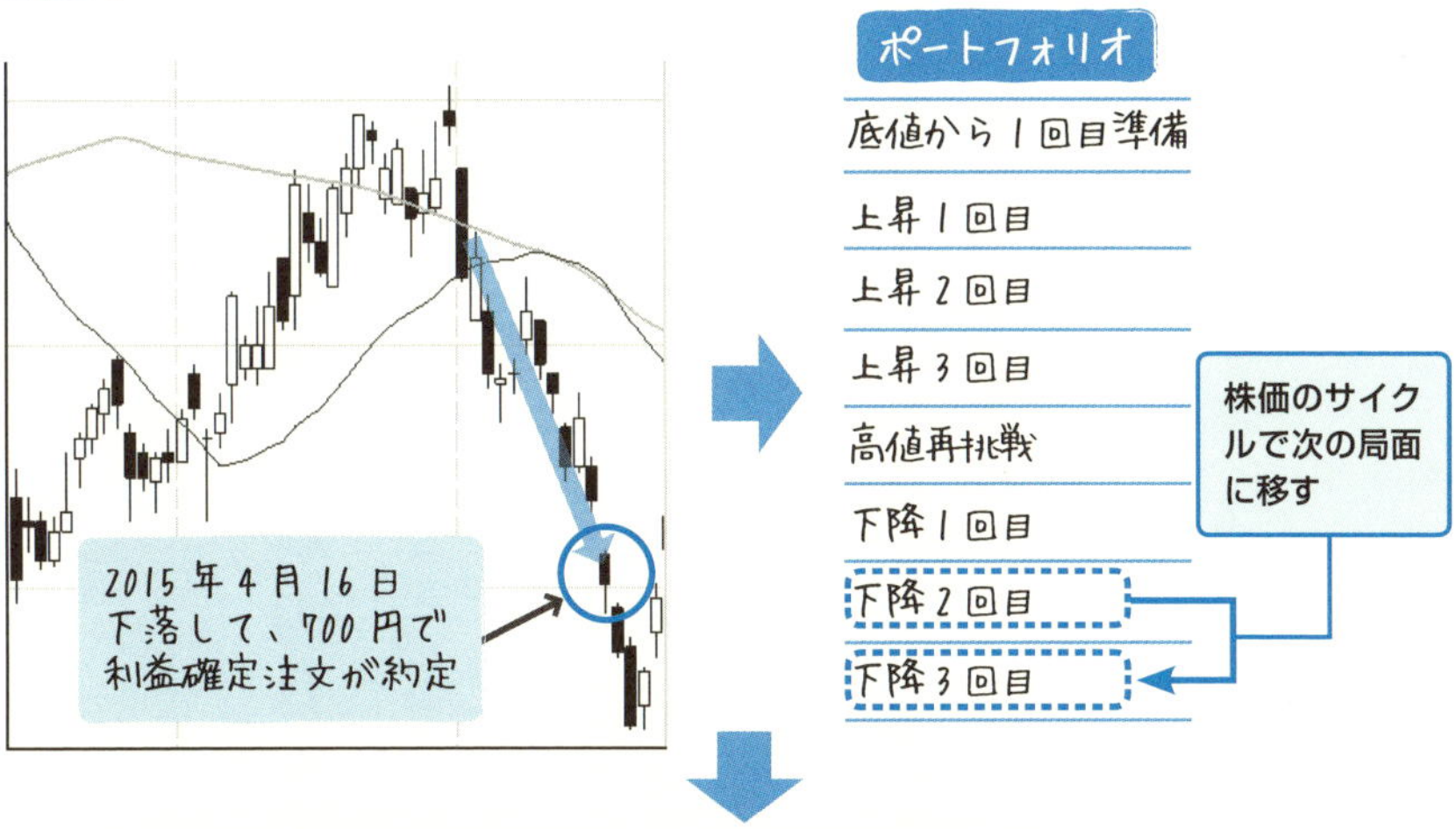
2015年4月16日
下落して、700円で
利益確定注文が約定
ポートフォリオ
底値から1回目準備
上昇1回目
上昇2回目
上昇3回目
高値再挑戦
下降1回目
下降2回目
下降3回目
株価のサイクルで次の局面に移す

Step 6	ポートフォリオ管理		
	1	トレード終了銘柄の管理	
		下降2回目から消して下降3回目のポートフォリオに移動	✔
	2	銘柄整理実施日	
		2015/4/19 日曜日	✔

Step 7 取引の取引記録、結果と教訓を書こう

取引記録③

「取引結果・教訓の設定パーツ」を埋めて取引の教訓を自分のものにする

ポートフォリオの管理まで終わると、「取引記録シート2」に戻り、結果を書き込みます。「取引記録」シートは Step 5 のシミュレーション状態で止まっています。このままで放置しておくと、あとになって振り返っても結果がわからず、その取引から得られた教訓も残らなくなります。「取引記録」シートを自分のバイブルにするにはもう一歩必要です。「**結果の数字**」と、利益が取れてもロスカットでも「**その取引から得られた教訓**」を書き込みます。

そしていくつかの取引から最も大きな教訓をもたらした取引を選び出し、チャートまで貼りつけて分析結果を書き込むと完璧です。「**すべての取引に対してチャート分析結果まで書き込むと面倒臭いと感じて続かなくなるので、自分が楽しむほどに続けるのがポイント**」です。

では取引記録シートに、先ほど説明した例につけ加えていきます。返済注文が約定した結果、取引が思うように動けば利益で終わり、思うようにいかなければ残念ながらロスカットで終了する場合もあります。大事なことは「**取引結果が出たらその結果を確認して、今回のトレードで何を学んだかを考える**」ことです。

そして最もおろそかにしがちなのが、その後のフォロー方針です。シートの残りの部分でトレードの教訓をしっかり自分のものにしましょう。

3-A 取引結果を書き込む

返済注文が成立した金額を「結果金額Ⓢ」欄に書き込みます。「取引根拠・設定情報」の価格情報に基づいて「利益・ロス総額Ⓣ」が自動的に計算されます。同時に「利益・損失率Ⓤ」も自動計算されます。ただしこの数字は、「**証券会社へ支払う手数料、源泉徴収される税金が引かれていないので、証券会社のサイトで確認する最終的な金額より多くなっている**」ことに注意してください。

返済注文が約定した日を「結果約定日Ⓥ」に入力します。

ロスカットになる場合、金額の欄はマイナスのついた赤字になります。赤い字を見るとつらい気持ちになりますが、「もう2度とこの会社は見向きもしない」と終わらせてしまうのではなく、せっかくの学びを無駄にしないように、もうひと踏ん張りして教訓のところまで進んで

● 取引結果と教訓の記録

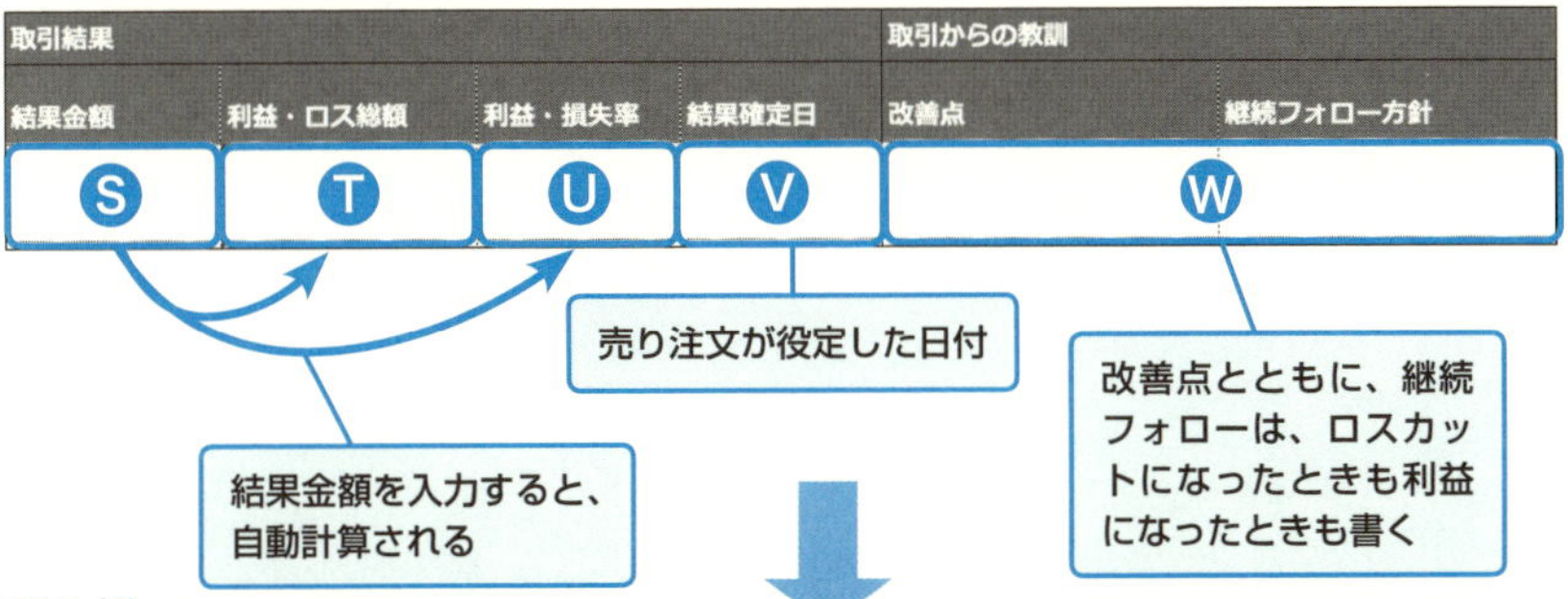
取引結果
取引からの教訓
結果金額
利益・ロス総額
利益・損失率
結果確定日
改善点
継続フォロー方針
S
T
U
V
W
売り注文が約定した日付
結果金額を入力すると、自動計算される
改善点とともに、継続フォローは、ロスカットになったときも利益になったときも書く

記入例

取引結果				取引からの教訓	
結果金額	利益・ロス総額	利益・損失率	結果確定日	改善点	継続フォロー方針
700	148,000	9.6%	2015.4.16	目標に到達した後の売り増し策	下降3回目に移す

ください。

③-Ⓑ 取引から得た教訓を書き込む

ロスカットになると、しばらくの間はその会社関連のものは見たくもないのが人の本音です。もちろん私にもたくさんのロスカットの経験があります。しかしロスカットには、想像する以上に多くの学びが隠れています。「**〝ロスをずっとロスとして残さない〟改善策を施していくと、前回のロスカットは利益のためのもの**」になります。

まず、「取引からの教訓」の最初に、「改善点Ⓦ」を書き込みます。「目標にしていた価格に到達したのに、まだ上がると思って持ち続けていたら結局ロスカットで終わってしまった」といった場合は、「**次回から利益目標に到達したらちゃんと利益確定する**」と1行だけでも書き込みます。同じことを何回か書き込んでいくと、自然に自分の行動を問い直すようになります。

サルでもないのに、いつまで同じあやまちをし続けるのか？

厳しい言い方になりますが、この言葉の意味をしっかり考えてください。そして大事なのが「**継続フォロー方針**」です。ロスカットにはなったけれど、まだ上昇トレンドに変わる可能性は残っているので、「**継続して観察して、トレンド転換をしたら再び買いにいく**」といったように書きます。シミュレーション前に取引戦略シートに書き込んだのと同じ場合もあれば、変わる場合もあります。

ロスカットになったけれど、あとから見るとやはり大きなトレンドが発生していたということはよく起こります。**「ロスカットは人生の勝負に負けたわけでもなく、資産を減らすことでもない」**ことを覚えておいてください。また**「同じ銘柄を継続フォローすることで、その銘柄の癖がわかり、利益を出す確率が高まる」**ことも覚えておいてください。

継続フォローはロスカットのときのみならず、利益になったときも重要です。利益になったけど、次にその利益をもっと大きくするにはどうしたらいいかを改善点に書き、下降2回目のフェーズが終わったので、下降3回目のフェーズで継続して空売りをしていくといった方針を立てます。これはポートフォリオの管理でも説明した**「鮮度管理」**の考え方でもあります。

「勝っても負けても〝継続フォロー〟は何よりも強い味方になる」ので、必ずやるようにしてください。

取引記録チャート分析

チャートを貼りつけて売買ポイントをまとめる 取引後

「継続フォロー方針」まで書き込むと、同じデータが「取引記録チャート分析」シートに反映されます。取引記録の最終ステップとして、取引が終了したあとのチャートを「取引記録チャート分析」シートに貼りつけて、ポイントを書き込みます。

取引をはじめる前のチャートの横に貼りつけて比較できる状態にしておくと、あとからより鮮明にイメージすることができます。さらにより鮮明にイメージするために私がよくやっていたことは、「**わざわざ売買前・売買後のチャートをプリントアウトして手書きでポイントと感情を書き込むこと**」です。アナログ的な行動ですが、人間はやはり手書きのほうが圧倒的に記憶に残ります。その記録チャートをノートに貯めていくと、いつの間にか自分のノウハウが詰まった宝物になっていきます。「**自分の得意な勝ちパターンと利益を極大化する"かけがえのないノート"**」になります。

参考として、私の場合はポートフォリオの管理を含めた取引後のフォローを、日曜日の夜に1、2時間ほどかけてやります。その週に取引が終わった銘柄をポートフォリオ上で移動するなどのアップデートをして、取引記録をつけます。

以上の過程をわかりやすく説明する動画を本書特典サイトに用意しました。ぜひこの仕上げの動画を参考にして、自分のものにしてください。

特典動画⑳ 取引記録シートによる売買後の記録
(http://www.tbladvisory.com/book002)

● 「取引記録チャート分析」シートにチャートを貼りつける 取引後

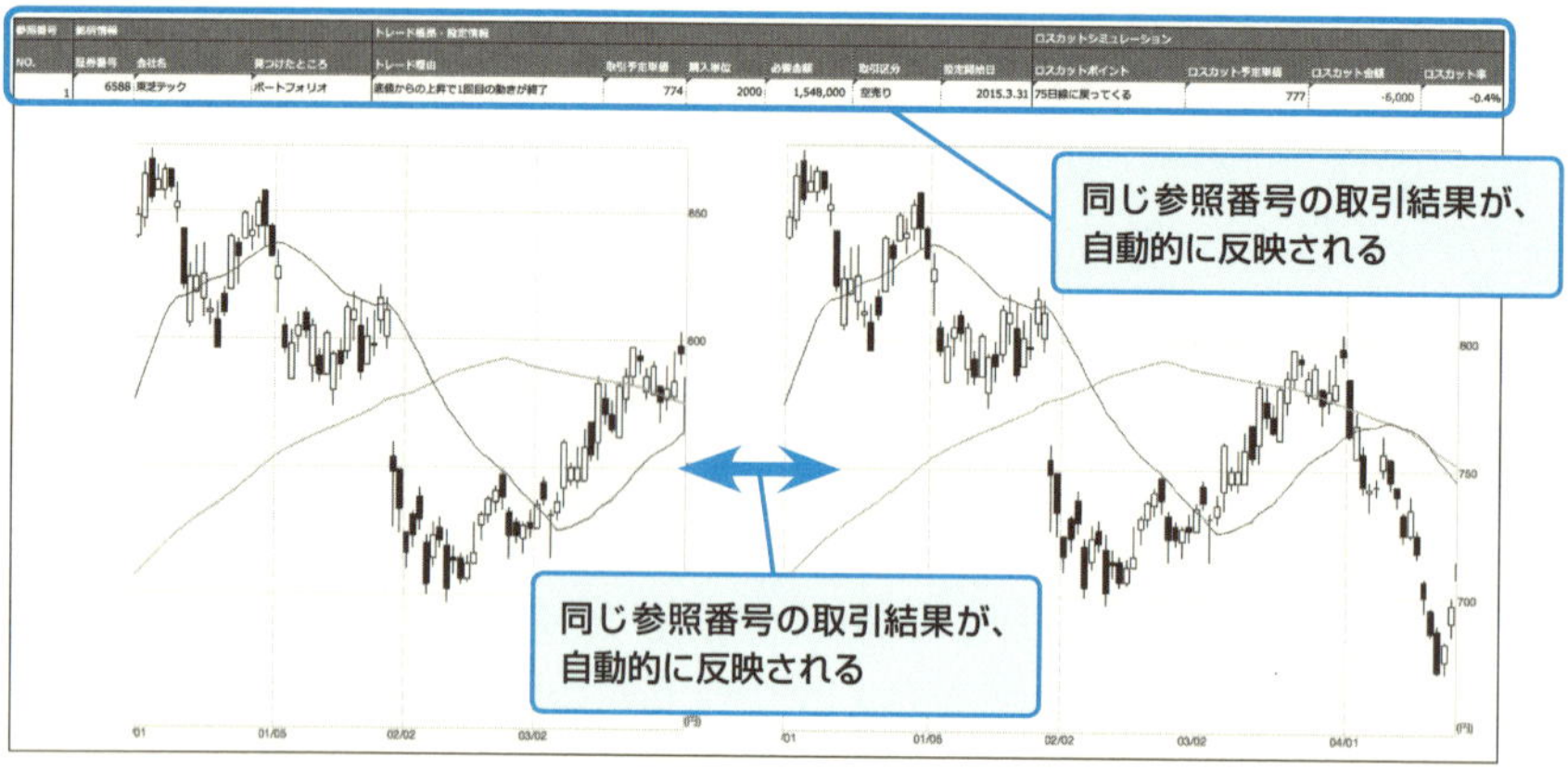
同じ参照番号の取引結果が、自動的に反映される
同じ参照番号の取引結果が、自動的に反映される

最後に取引戦略シートの**Step 7**まで記入すると、
ひとつの取引は完了します。

勝っても負けても自分のトレードをしっかり分析することで、自分の勝ちパターンを手に入れよう！
かけがえのない宝箱のノートを手に入れるぞ！
手書きで正直に思っていることを書いておくと、あとですごく役立つよ！

● Step 7 取引の記録をつけて、教訓をしっかり自分のものにする

Step7	トレードの記録		
	1	記録の実施日	
		2015/4/19 日曜日	✔
	2	トレード結果の教訓	
		下降1回目を下回るのが多い下降2回目としては利益目標を見直してもよかった	✔

05 投資も人生も同じことです

1 やれるかぎり実行してほしい

長い旅でしたね。疲れましたか？　疲れを感じないようにメリハリをつけて、楽しい語りかけになるようにベストを尽くしましたが、どのように受け止められたか、それはあなた次第です。

最後の章を終えることで、あなたはプロが相場に向かうときにどのような思考回路で挑んでいるのかまでわかるようになりました。ここで示した7つのステップは嘘偽りが一切ない、私の頭の中、そのままです。

いちいち記録するのは面倒臭い、そんな時間がないというような場合でも、せめてこのステップに沿って行動してみてください。実践するかしないかも結局はあなた次第ですが、これを実践することであなたの投資が安定してくることは間違いありません。

2 いつだって答えは自分の中にある

最後に、投資だけでなく人生全般に関して私が得た大事な教訓をシェアして楽しい旅を終わりにします。

「いつ、どんな場合でも答えは自分の中にある」

プロのコーチでもある私も常に気づかされることですが、いつでも答えは自分の中にあり、それを探し出すことができるということです。投資も、人生の大事な決断も、すべては自分の中にあります。

- **友だちから「この会社はいいよ」と言われて買った株が、高い確率で成功しましたか？**
- **銘柄予想の達人という人たちの「占い」は常に当たっていますか？**
- **あなたの結婚相手は友だちが決めてくれますか？**
- **あなたが東京に住むか、ペナンに住むかは、両親が決めることでしょうか？**

これらの質問に「イエス！」と答えるなら、あなたの人生は誰のものですか？

投資は孤独な決断の連続といわれますが、人生だって結局は一緒です。

その孤独を少しでも分かちあって、連帯感を持たせるのがパートナーであり、友だちであり、仲間です。しかし、その存在があなたを代替することはできません。

この本はあなたの楽しい仲間になってほしい一念から生まれたものです。しかし、あなたの代わりにはなれないし、なるべきものでもありません。いつまでもあなたのそばにいますが、「**あくまでも主人公はあなたです。すべてはあなたの中にある**」ということを忘れないでください。

そしてもうひとり、大事な仲間「ジョン先生」がいることを忘れないでください。

答えはあなたの
中にあります！

Study 4

「信用評価損益率」で天井と底がわかる

Study 3（213 頁参照）で、「信用評価損益率」に人の心理が現れることをお話ししました。ここでは、この指標を相場反転のサインとして捉える方法について考えてみます。

「マイナスになりやすい信用評価損益率が 0 を超えて 10% に近づいていくというのは、市場がトレンドに乗って強気になっている」ということにほかなりません。評価損益率が高くなればだんだん過熱してきて、そろそろ天井というサインを出します。つまりオシレーター系指標として働くわけです。

逆にマイナスのほうに伸びて、含み損が 15 ～ 20% 近くなると追証になりやすくなります。「**損益率が–10% を超えて–15% 前後になると追証になる人が多くなり、大量の売りが市場に出やすくなります**」。この動きは売るものがなくなるまで続き、やがて反転して戻ってきます。信用評価損益率が転換のサインになるのはこういった理由からです。

では、実際の例を見ながらそれを検証してみましょう。下のチャートは、日経新聞社の「信用評価損益率」データに、松井証券が社内のデータを加えて作成した損益率に、日経指数の動きを相関したグラフです。

2013 年 5 月 13 日の信用評価損益率は、異様に高い 9.14% に到達しています。その後日経平均は、5 月 22 日の 1 万 5,627 円 26 銭をピークに調整ムードに入ることがわかります。一方、2014 年 10 月 17 日に信用評価損益率が異例の低さである－ 15.58% に達すると、日経平均は同日の 1 万 4,532 円 51 銭を底に 2015 年の 2 万円超え相場に向かいます。日本だけでなく、全世界を沸かせた大相場がこの小さな数字からはじまったと思うと面白いですね。

● **日経平均と評価損益率（買い方）**

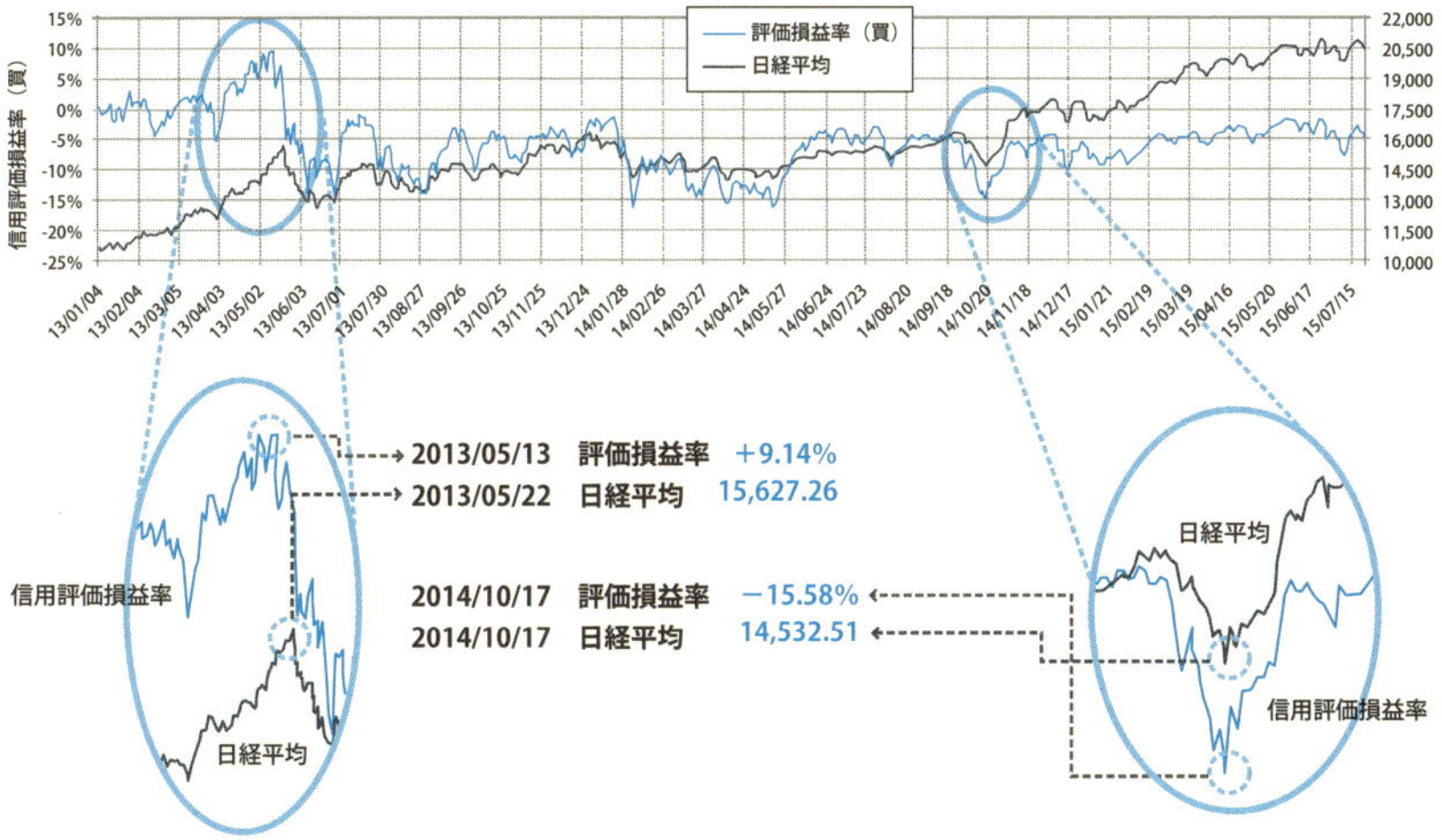

あとがき

２０１４年12月は、私の人生にとって大きな転換点となりました。

初心者のために書いた初の著作「世界一やさしい 株の教科書 1年生」が予想を超えるスピードで個人投資家の支持を集めました。現在も毎日届く感謝のメッセージ、応援のコメントは一行一行が私の大事な財産になり、自分が考えたこと、ベストを尽くしたことが間違っていなかったという確信を与えてくれました。

そしてもうひとつ、すべての相場に対応する初心者のガイドラインができあがりました。

前作の続きという位置づけでありながら、独立したガイドとしても成り立つという難題を乗り越えて本書は誕生しました。基準はいつだって一緒です。

「**自分が初心者のときにこんな本がほしかった！**」と言えるかです。


本書も数多くの方々に支えられたからこそ完成することができたのは言うまでもありません。

今回の執筆にあたっても絶対的な信頼とともに優しい鞭で激励してくださったソーテック社の福田清峰編集部長には大きな感謝の念を申し上げます。初著作時、執筆のイロハから本が出てからのほうが大事という大きな教訓をくださったインプリメントの木村博史社長にも感謝します。

一文無しで韓国を飛び出した息子が作家になって戻ってきたと喜びながら、読めない日本語の本を、大切に玄関先に飾ってくれている韓国の両親にはいつも無限の感謝と愛情を送ります。

いつも忙しい父のバッグにミニカーをこっそり隠しておく素晴らしいセンスの持ち主、娘のAyeonちゃんと息子のJinwooくん、静かで力強い微笑みでいつも夫を支えてくれる妻のワジュンにも世界一の愛情を送ります。

そして何よりも前作から大きな声援を送ってくれている全世界の読者のみなさま、東京をはじめ、世界に広がるＴＢＬ投資アカデミーの素晴らしい仲間たちにも感謝します。いつも申し上げるように、あなたたちなしに今の私はありません。

スペースの関係でお一人お一人の名前を挙げることはできませんが、私のここまでを支えてくれたすべての方々に感謝します。

暖かいコートに身を包んで執筆をはじめましたが、いつの間にか世の中が暖かくなり半袖で脱稿を迎えました。再びタンスからコートを取り出すころには、さらに世の中をよくするものを持って戻って参ります。

いつもありがとうございます。

Today is the Best day of Life.　今日が人生最高の日です。

２０１５年初秋　人生最高の日に　ジョン・シュウギョウ

世《せ》界一《かいいち》やさしい　株《かぶ》の信用取引《しんようとりひき》の教《きょう》科《か》書《しょ》　1年生《ねんせい》

2015年9月30日　初版　第1刷発行
2024年9月30日　初版　第12刷発行

著　者　ジョン・シュウギョウ
発行人　柳澤淳一
編集人　久保田賢二
発行所　株式会社　ソーテック社
〒102-0072 東京都千代田区飯田橋 4-9-5　スギタビル 4F
電話：注文専用　03-3262-5320
FAX：　03-3262-5326
印刷所　TOPPAN クロレ株式会社

ISBN978-4-8007-2025-2